Trierer Schriften
zur Wirtschaftstheorie
und Wirtschaftspolitik

herausgegeben von
Prof. Dr. El-Shagi El-Shagi
Prof. Dr. Eckhard Knappe
Prof. Dr. Hellmuth Milde

Band 11

Die Neue Ökonomie

Bedeutung, Problembereiche, Funktionsbedingungen
und Erfordernisse

Makram El-Shagi

Centaurus Verlag & Media UG 2004

Makram El-Shagi, geb. 1979, hat Volkswirtschaftslehre an der Universität Trier studiert. Seit 2001 ist er am Lehrstuhl für VWL, insbesondere internationale Wirtschaftsbeziehungen, der Universität Mannheim tätig, wo er 2003 seine Doktorprüfung zum Dr. rer. pol. ablegte und sich gegenwärtig habilitiert.

Die Deutsche Bibliothek – CIP-Einheitsaufnahme

El-Shagi, Makram:
Die Neue Ökonomie : Bedeutung, Problembereiche,
Funktionsbedingungen und Erfordernisse / Makram El-Shagi. -
Herbolzheim: Centaurus-Verl., 2004
    (Trierer Schriften zur Wirtschaftstheorie und Wirtschaftspolitik ; Bd. 11)
    Zugl.: Mannheim, Univ., Diss., 2003
    ISBN 978-3-8255-0501-1   ISBN 978-3-86226-371-4 (eBook)
    DOI 10.1007/978-3-86226-371-4

ISSN 0940-7200

© *CENTAURUS Verlags-GmbH & Co. KG, Herbolzheim 2004*

Satz: Vorlage des Autors
Umschlaggestaltung: DTP-Studio, Antje Walter, Hinterzarten

Gliederung

Abkürzungsverzeichnis

ADSL	Asynchronous Digital Subscriber Line
AOL	America On Line
BIP	Bruttoinlandsprodukt
BSE	Bombay Stock Exchange
CEO	Chief Executive Officer
DAX	Deutscher Aktienindex
DoJ	Department of Justice
DRAM	Dynamic Random Access Memory
DSL	Digital Subscriber Line
EuGH	Europäischer Gerichtshof
FTP	File Transfer Protocol
GATT	General Agreement on Tariffs and Trade
GPL	General Public License
HTTP	Hypertext Transfer Protocol
IE	Internet Explorer
IAP	Internet Access Provider
ICP	Internet Content Provider
IPR	Intellectual Property Rights
ISDN	Integrated Services Digital Network
ISP	Internet Service Provider
IT	Informationstechnologie
kbit	Kilobit
MB	Megabyte
MBit	Megabit
NAIRU	Non-Accelerating Inflation Rate of Unemployment
NASDAQ	National Association of Securities Dealers Automated Quotations
NASSCOM	National Association of Software and Service Companies
NEMAX	Neuer Markt Aktien Index
NIAT	Neue Internationale Arbeitsteilung
NIC	Newly Industrialized Country
OECD	Organization for Economic Cooperation and Development
OEM	Original Equipment Manufacturer
PD	Public Domain
PDF	Portable Document Format
ROM	Read Only Memory

RTF	Rich Text Format
SMTP	Simple Mail Transfer Protocol
TRIPS	Trade Related Aspects of Intellectual Property
WTO	World Trade Organization
VHS	Video Home System
XML	Extensible Markup Language

Vorwort

Die vorliegende Arbeit ist als Dissertation während meiner Tätigkeit als wissenschaftlicher Mitarbeiter von Prof. Dr. Jürgen Schröder am Lehrstuhl für Volkswirtschaftslehre insbesondere internationale Wirtschaftsbeziehungen an der Universität Mannheim entstanden. Ihm, meinem Doktorvater, möchte ich an erster Stelle und ganz besonders danken. Er hat mir von Anfang an in zahlreichen Gesprächen mit wertvollen Anregungen und Hinweisen weitergeholfen. Es war aber nicht nur die fachliche Betreuung, sondern auch das menschliche Klima, das er am Lehrstuhl geschaffen hat, für das zügige Vorankommen bei der Arbeit an der Dissertation von großer Bedeutung.

Ebenso danke ich meinem Zweitgutachter Prof. Dr. Roland Vaubel, der mir durch sein ausführliches und detailliertes Gutachten nochmals weitere wertvolle Hinweise gegeben hat.

Meinen Kolleginnen und Kollegen ebenso sowie Frau Evamaria Klag und den wissenschaftlichen Hilfskräften möchte ich danken für die Hilfsbereitschaft, die mir die letzten Jahre entgegengebracht wurde ebenso wie für die vielen anregenden und weiterführenden Diskussionen.

Last but not least danke ich auch noch ganz herzlich Frau Sabine Rother, die mir mit ihrem kompetenten, gründlichen Lektorat die Druckvorbereitung ganz wesentlich erleichtert hat.

Makram El-Shagi
Mannheim, März 2004

Geleitwort

Kaum eine Entwicklung hat in den letzten Jahrzehnten den Strukturwandel, die Konjunkturverläufe, das wirtschaftliche Wachstum und die weltwirtschaftliche Integration so beeinflusst, wie die massive Expansion der Informations- und Kommunikationstechnologien, d.h. der sogenannten Neuen Ökonomie.

Die Arbeit von Makram El-Shagi ist eine mit summa cum laude bewertete Doktorarbeit an der Fakultät für Volkswirtschaftslehre an der Universität Mannheim. Sie analysiert in hervorragender Weise die Funktionsgrundlagen, die Wirkungen und die sich durch die New Economy ergebenden Herausforderungen für die Wirtschafts- bzw. Ordnungspolitik. El-Shagi beeindruckt vor allem durch die Fülle neuer Überlegungen, wie nicht zuletzt die Betrachtung des Humankapitals im Kontext der Property-Rights-Problematik der New Economy, die Erklärung der Volatilität in der New Economy und auch die Analyse möglicher Spekulationssteuern zeigen.

Auch der Kollege Vaubel schreibt in seinem Gutachten zur vorliegenden Arbeit: „Herr El-Shagi ist ein außerordentlich kreativer Kopf, der reihenweise erstklassige neue Ideen produziert und zwischen bekannten Theorien neuartige Zusammenhänge aufdeckt."

Die Arbeit dürfte für jeden der sich für Fragen der New Economy interessiert eine Pflichtlektüre sein.

Der Autor hat an der Universität Trier Volkswirtschaftslehre studiert, wo er als Jahrgangsbester sein Studium im Alter von 21 Jahren abgeschlossen hat, was einen Rekord darstellen dürfte. Während des Studiums war er Stipendiat der Studienstiftung des Deutschen Volkes. Im Juli 2001 hat er seine Tätigkeit als wissenschaftlicher Mitarbeiter an meinem Lehrstuhl angefangen. Erwartungsgemäß hat er seine Dissertation in zwei Jahren angefertigt und die Promotion im Alter von 24 Jahren beendet, was für unsere Fakultät ebenfalls Rekord sein dürfte. Ab April 2004 besetzt er eine C1 Stelle an meinem Lehrstuhl, auf der er sich habilitiert.

Prof. Dr. Jürgen Schröder
Mannheim, März 2004

1 Einleitung

Kaum ein Sektor hat das Interesse der Öffentlichkeit in den letzten Jahren so sehr auf sich ziehen können, wie die Neue Ökonomie. Noch vor wenigen Jahren als Heilsbringer verehrt, der ewiges Wachstum bringen sollte, und nun für einen der größten Börseneinbrüche der Geschichte verantwortlich, beschäftigt die Diskussion um die New Economy neben Anlegern, Spekulanten und Politikern auch zunehmend die Wirtschaftswissenschaft.

Die Veränderungen, die die Neue Ökonomie mit sich brachte, waren so drastisch, dass manche Autoren gar meinen, die Neue Ökonomie würde nach neuen Regeln funktionieren.[1] Teilweise steigerten sich solche Thesen bis hin zu der Aussage, dass auf Knappheit der Produktionsfaktoren basierende Analyseansätze hier „keine Erkenntnisfortschritte mehr" liefern könnten.[2]

Eine solch extreme Aussage, ist selbstverständlich nicht haltbar. Sie würde bedeuten, dass Produkte der Neuen Ökonomie keine ökonomischen Güter sind und dass deren Produktion nicht mit gesamtwirtschaftlichen Kosten verbunden ist.

Richtig ist, dass gängige Funktionen, mit denen in der ökonomischen Theorie versucht wird, die Realität abzubilden, hier so nicht mehr zur Anwendung kommen können, da z.B. Funktionen, die von zunehmenden Grenzkosten ausgehen, die Realität der New Economy nicht korrekt widerspiegeln. Das entzieht sie aber nicht der ökonomischen Analyse an sich. Vielmehr gilt es, die komplexen Bausteine der ökonomischen Theorie, die sich mit eben solchen Ausnahmesituationen beschäftigen, wie die Theorien über öffentliche Güter, Erfahrungsgüter, externe Effekte und Größenvorteile, ebenso wie die verschiedenen Teilbereiche der Institutionenökonomik (Theorie der Property-Rights, Transaktionskostentheorie und Prinzipal-Agenten-Ansatz) aber auch die Wettbewerbstheorie entsprechend anzuwenden.

Durch die veränderten Bedingungen entsteht auch wirtschaftspolitischer Handlungsbedarf. Mit den Fragen, wie die New Economy tatsächlich auf die Volkswirtschaften wirkt, und wie der entsprechende Handlungsbedarf aussehen kann, beschäftigt sich die vorliegende Arbeit.

Nach einer Begriffsklärung (Kapitel 2.1) und kurzer Darstellung der zunehmenden Bedeutung der Neuen Ökonomie (Kapitel 2.2) werden die Wirkungen auf wichtige Grundlagen des Wirtschaftslebens allgemein wie Produktivität, Wachstum und Beschäftigung sowie die Konsequenzen für die internationale Arbeitsteilung analysiert (Kapitel 3).

---

[1] Vgl. Kelly (1998).
[2] Schmidt (2001a), S. 14.

Das **Kernstück** der vorliegenden Arbeit bildet die Auseinandersetzung mit den zentralen Besonderheiten der Neuen Ökonomie und den sich daraus ergebenden Problembereichen auch im Hinblick auf dadurch eventuell resultierenden wirtschaftspolitischen Handlungsbedarf (Kapitel 4).

Es werden die Besonderheiten von Informationsgütern als wesentliches Produkt der New Economy untersucht. Dazu gehören nicht nur der Erfahrungsgutcharakter und der „öffentliches Gut"-Charakter solcher Güter, sondern auch die Bedeutung von Humankapital für ihre Erstellung und die daraus resultierende Stellung des Humankapitals in der Neuen Ökonomie (Kapitel 4.1).

Im Anschluss werden die Wettbewerbsprobleme, die sich durch die speziellen Eigenschaften der New Economy ergeben, analysiert (Kapitel 4.2). Dabei wird hauptsächlich auf Netzwerkeffekte, aber auch auf andere Größenvorteile ebenso wie die Konsequenzen der massiven Reduktion der Transaktions- bzw. Informationskosten eingegangen.

Als dritter, zentraler Punkt werden die der Neuen Ökonomie inhärente hohe Volatilität und die sich hieraus ergebenden gesamtwirtschaftlichen Effekte analysiert (Kapitel 4.3).

Vor einem abschließenden Fazit der Arbeit werden dann die Erfordernisse sowohl in Bezug auf institutionelle Rahmenbedingungen als auch auf die Produktionsfaktoren aufgezeigt, die erfüllt sein müssen, damit die Neue Ökonomie prosperieren kann bzw. die Neue Ökonomie die erhoffte positive Wirkung haben kann (Kapitel 5).

2 Begriffsabgrenzung und Ausbreitung der New Economy

2.1 Begriffsabgrenzung

Die Neue Ökonomie wird kaum einheitlich verstanden. So ist die Zahl der genauen Abgrenzungen ähnlich hoch wie die Zahl der Autoren, die sich mit der so aktuellen Problematik auseinandersetzen. Grundsätzlich lassen sich aber zwei Gruppen der Definition finden[3]:

Einmal wird die Neue Ökonomie betrachtet als neuer Sektor der Volkswirtschaften. Neben den Informations- und Kommunikationstechnologien wird hier auch oft die Biotechnologie als anderer „High-End"-Bereich der Forschung integriert. Letztere Einbeziehung ist weniger problematisch als es scheint, da auch die Biotechnologie ein sehr forschungsintensiver Sektor ist, bei dem z.T. die Idee – und damit das Informationsgut – eine zentrale Bedeutung einnimmt. Teile der Schlüsse, die für die Informations- und Kommunikationsindustrien gelten, sind dementsprechend auch hier zu übernehmen, gerade dort z.B., wo es um den so wichtigen Bereich des Humankapitals geht. Dennoch sind die Unterschiede in anderen Bereichen (z.B. dann, wenn es um die konkreten Produkte des Sektors geht) so groß, dass eine gemeinsame Analyse wenig sinnvoll scheint. U.a. deshalb wird die Biotechnologie im Rahmen dieser Arbeit im wesentlichen ausgeklammert. Ähnlich kritisch ist die Zuordnung anderer Branchen, die zwar Informations- oder Kommunikationsprodukte herstellen und vertreiben, aber teilweise schon sehr lange existieren, wie z.B. die Telefongesellschaften oder Medienunternehmen.

Die zweite – eher makroökonomische – Sichtweise der New Economy bezieht sich auf die Änderungen, die Informations- und Kommunikationstechnologien für die Gesamtwirtschaft mit sich gebracht haben. New Economy bezeichnet hier nicht mehr einen Sektor, sondern stellt einen Begriff dar, der die wirtschaftliche Entwicklung, die sich in den letzen Jahren bzw. im letzten Jahrzehnt besonders in den Vereinigten Staaten ergab, beschreibt.[4] In diesem Zusammenhang beschreibt der Begriff jene wirtschaftliche Entwicklung, die zumindest jenseits des Atlantiks hohe Wachstumsraten, bei abnehmender Arbeitslosigkeit und niedriger Inflation ermöglichte. Der längste Aufschwung der amerikanischen Geschichte ist insofern untrennbar mit dieser Sichtweise auf die Neue Ökonomie verbunden. Als extreme

---

[3] Zu umfassenderen Vergleichen vgl. z.B. Ehrke (2001) sowie Meyer(2002), S. 215 ff.
[4] Vgl. zu dieser Definition z.B. Kalmbach (2000), S. 108.

Variante jener Sichtweise lassen sich dann auch die Veröffentlichungen sehen, die glauben, die New Economy wäre ein so fundamentaler Wechsel[5], dass tradierte ökonomische Gesetzmäßigkeiten systematisch keine Anwendung mehr finden könnten[6], und die deshalb nach einer neuen Wirtschaftswissenschaft verlangen.[7]

In der vorliegenden Arbeit soll die erste der beiden Abgrenzungen – also die sektorale – verwandt werden. Dennoch soll versucht werden, beiden Fragestellungen, also sowohl der nach den Besonderheiten dieses Sektors als auch der nach der Wirkung auf andere Sektoren, die kaum trennbar miteinander verknüpft sind, nachzugehen.

Ausgeklammert für die Zwecke der sektoralen Abgrenzung wird – wie angesprochen – die Biotechnologie, da diese in wesentlichen Fragen zu große Unterschiede zu den anderen betrachteten Sektoren aufweist.

Vor dem Beginn der eigentlichen Analyse in Kapitel 3 sollen im folgenden Teilkapitel einige Kerndaten vorgestellt werden, die die rasante Entwicklung der New Economy aufzeigen sollen und so bereits eine Vorstellung über das Veränderungspotential geben können, das die Neue Ökonomie mit sich bringt.

2.2 Die Ausbreitung und Entwicklung der Informations- und Kommunikationstechnologien

Ein anderer Sektor mit einer Innovationsintensität, die mit der der New Economy vergleichbar ist, scheint im Moment kaum vorstellbar. Seit mittlerweile über 30 Jahren kommt es in grob 18 Monaten zu einer Verdoppelung der Leistungsfähigkeit von Microprozessoren. Die Entwicklung hat dabei eine derartige Dauer erreicht, die nicht einmal vom Entdecker des nach ihm benannten Moor'schen Gesetzes – dem Intel-Mitbegründer Gordon E. Moore – erwartet wurde. Immer noch zeichnen sich keine Hinweise ab, die darauf hindeuten, dass diese Entwicklung in absehbarer Zeit zu einem Ende kommt.[8] Die Produktivitätssteigerungen in diesem Bereich waren gleichzeitig so groß, dass bei dieser massiv steigenden

---

[5] Einige Autoren wie Kalmbach (2001a), S. 8 trennen diese Gruppe nochmals als dritte Sichtweise der Neuen Ökonomie. Grundsätzlich ist die Idee aber auch die, die Neue Ökonomie eher als Phänomen, denn als Sektor zu begreifen und lässt sich damit logisch der oben angeführten Gruppe zuordnen.

[6] Vgl. Schmidt (2001a), S. 14.

[7] Vgl. Kelly (1998).

[8] Das Moor'sche Gesetz im engeren Sinne argumentiert über die Dichte der Transistorenpackung auf den Microchips. In dieser Form muss es zwangsläufig irgendwann zum Erliegen kommen, da es aus physikalischen Gründen eine untere Grenze für die Größe eines Transistors gibt. Das muss jedoch nicht heissen, dass nicht andere technische Entwicklungen, die anderweitige Verbesserungen erlauben, dann nicht zu faktisch vergleichbaren Ergebnissen führen.

Qualität der Produkte die Preise (nicht auf die Rechenleistung, sondern auf das Gerät bezogen) lange Zeit gefallen sind.

Zur Verdeutlichung: Wenn sich die Luftfahrtindustrie seit Mitte der 60er Jahre ähnlich stark entwickelt hätte, so hätte eine Boing 767 Mitte der 80er Jahre mit 20 Liter Benzin in 20 Minuten die Erde umrunden können und hätte dabei nur 500 US-$ gekostet.[9]

Noch wesentlicher aber als die Entwicklung im Bereich der Rechenleistung ist wahrscheinlich die Entwicklung im Bereich der Kommunikation. Mit der Ausbreitung der Neuen Ökonomie und damit insbesondere von Informations- und Kommunikationstechnologien hat die Verfügbarkeit von Information drastisch zugenommen. Von 1997 bis 2000 hat die Zahl der Internethostrechner von unter 35 auf über 120 pro 10000 Personen zugenommen.[10] Im nur wenig längeren Zeitraum von 1996 bis 2000 versechsfachte sich die Zahl der Internetnutzer von knapp 60 auf deutlich über 360 Millionen Menschen. Allein von 1999 bis 2000 betrug der Zuwachs ca. 50 %.[11] Durch zahlreiche Suchmaschinen und mehr noch durch die redaktionellen Webverzeichnisse wird zunehmend Ordnung in die verfügbare Information gebracht. Aus der theoretischen Verfügbarkeit von Information wird so eine tatsächlich zu geringen Kosten nutzbare Informationsquelle. So wird beispielsweise allein das größte Webverzeichnis Yahoo! Mittlerweile von ca. 237 Millionen Usern monatlich genutzt.[12]

Auch im Bereich der Kommunikation hat sich in den letzten Jahren viel getan. Im Zeitraum von 1996 bis 1998 hat sich die Zahl der Telefonhauptleitungen pro 1000 Personen um gut 10 % gesteigert. Besonders profitierten hier die Länder mit niedrigem und mittlerem Einkommen[13] mit Wachstumsraten von über 100 % bzw. ca. 40 %. In den letzten 35 Jahren ist die Zahl der interkontinentalen Telefonverbindungen zwischen den USA und Europa von 138 auf 1,5 Millionen gestiegen.[14] Parallel dazu findet der Einsatz von E-Mails immer weitere Verbreitung. Allein über den größten Provider AOL werden täglich über 150 Millionen E-Mails von ca. 30 Mio. Nutzern versandt.[15] Zunehmende Möglichkeiten im Bereich der Internetsicherheit erlauben sogar die Übermittlung sensibler Informationen über das Internet. Gerade der Handel über das Internet konnte von dieser Entwicklung stark profitieren. So hat beispielsweise das Online-Auktionshaus Ebay seine Nutzer in weniger als vier Jahren verzwanzigfachen können (siehe Abb. 1).

---

[9] Weltbank (2000), S. 29.
[10] Weltbank (1998) und Weltbank (2000), Tabelle 19.
[11] devdata.worldbank.org.
[12] www.yahoo.com.
[13] Abgrenzung nach Weltentwicklungsbericht.
[14] Kotz nach Filc (2002), S. 97.
[15] www.aolpresse.de

Abb. 1: Ebay-User in Millionen

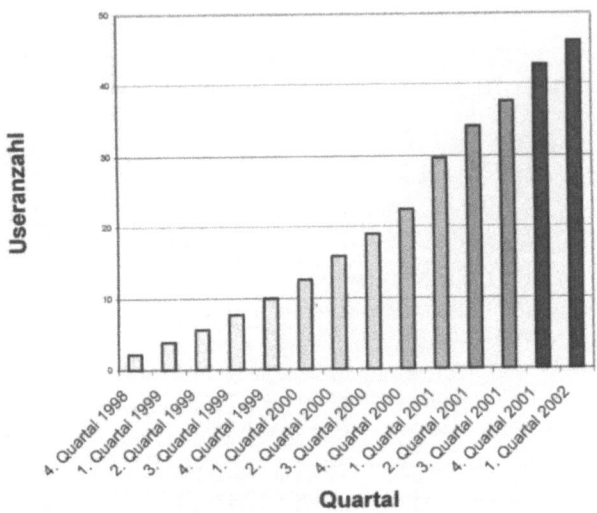

Quelle: *Eigene Darstellung nach Werten von www.shareholder.com*

Die Informationstechnologie ist nicht einfach eine neue Branche unter vielen anderen. Vielmehr haben die neuen Methoden der Informations- und Kommunikationstechnologie auch das Antlitz anderer Branchen fundamental verändert. Diese Wirkung auf Prozessinnovation, die im folgenden Kapitel noch näher analysiert wird, hat vor keiner Branche halt gemacht. Selbst sehr traditionelle Branchen, wie die Landwirtschaft spürten die Veränderung, sowohl in der Produktion selbst durch neue Produktionsmethoden, die Effizienzsteigerungen ermöglichen, als auch auf den Absatzmärkten durch die neuen Möglichkeiten des E-Commerce.[16]

---

[16]   Vgl. Müller (2001b), S. 41 ff.

3 Wirkungen auf Produktivität, Wachstum und internationale Arbeitsteilung

3.1 Wirkungen auf Produktivität und Wachstum

3.1.1 Die Wirkung fallender Informationskosten

Schon Adam Smith wies mit seinem berühmt gewordenen Beispiel der Nadelherstellung auf die Effizienzvorteile hin, die Arbeitsteilung zu bieten weiß.[17] Was Smith noch nicht berücksichtigte, waren die erstmals von Coase 1937 explizit behandelten Transaktionskosten[18], die mit zunehmendem Grad der Arbeitsteilung verstärkt anfallen.[19]

Jeder Tausch – so weiß heute jeder Ökonom – ist mit Kosten verbunden, die im Rahmen von Anbahnung, Abschluss und Überwachung eines Vertrages entstehen. In diesem Zusammenhang wird zwischen den sogenannten Such- und Informationskosten, den Verhandlungs- und Entscheidungskosten sowie den Überwachungs- und Durchsetzungskosten unterschieden.[20] Diese Bezeichnungen sind insofern irreführend, als sie verschleiern, dass eben nicht nur die explizit so bezeichneten Informationskosten, sondern auch die Suchkosten und im weiteren Sinne auch die Überwachungskosten Informationskosten sind. Generell liegt die Ursache der Transaktionskosten in Informationsdefiziten und -asymmetrien, die durch begrenzte Verfügbarkeit von Information, begrenzte Verarbeitungskapazitäten und opportunistisches Verhalten (im Sinne bewusster Informationszurückhaltung zum Erlangen strategischer Vorteile) verursacht werden. Dementsprechend ist es durchaus legitim zu sagen, dass Transaktionskosten sich primär als Kosten für Information und Kommunikation (zur Verhandlung und Informationsgewinnung) bezeichnen lassen. Die Relevanz der Frage, wie die Informations- und Kommunikations-

---

[17] Vgl. Smith (1776), Nachdruck von 1974, S. 109 ff.

[18] Vgl. Coase (1937), S. 386 ff.

[19] Vgl. zu einer früheren Formalisierung dieses Zusammenhangs Becker, Murphy (1992), S. 1141 ff.

[20] Vgl. Williamson (1981), S. 552. Die in der Literatur übliche Subsummierung der Informationskosten unter die Transaktionskosten ist nicht unumstritten. Sie ist in diesem Zusammenhang allerdings legitim, da die Informationskosten – auch wenn es nicht zur Transaktion kommt – in Kauf genommen wurden, um die Möglichkeit einer Transaktion zu evaluieren. Eine generelle Unterordnung ist schon insofern nicht zulässig, als es auch völlig transaktionsunabhängige Informationskosten z.B. im Sinne der Kosten für ein Informationsgut wie Software gibt.

technologien den „Transaction Sector" beeinflussen, der in den Industrienationen heute auf etwa 60 % des Sozialproduktes geschätzt wird, ist somit nur naheliegend.[21] Bereits 1970 betrugen die Transaktionskosten ca. 55 % des US-amerikanischen Sozialprodukts – angesichts der Tatsache, dass die Messung eine deutlich engere Abgrenzung der Transaktionskosten erfordert, als dies in der Regel in ökonomischen Lehrbüchern der Fall ist, ist dies ein beachtlich hohes Ergebnis.[22]

Wie sehr sich die Nutzung der neuen Informations- und Kommunikationsmöglichkeiten bemerkbar macht, zeigen erste empirische Studien, die deutlich überdurchschnittlich hohe Gewinne für jene Firmen zeigen, die bereits früh das Internet zu nutzen wussten und so besonders innerbetriebliche Transaktionskosten senken konnten, wie die großen New-Economy-Konzerne Microsoft und Cisco. Schätzungen sprechen von bis zu 20 % Kostenersparnis, die auch in den Betrieben der alten Ökonomie realisiert werden könnten.[23]

Im Bereich der Beschaffung werden in der Literatur z.T. Schätzungen angestellt, die bei den Prozesskosten (also fast reinen Transaktionskosten) auf 90 Prozent Einsparungspotential durch Maßnahmen des sogenannten E-Procurement hoffen lassen. Deutlich niedrigere, aber dennoch immer noch immense Potentiale zwischen 10 und 25 Prozent werden für Produktion und Lagerung veranschlagt.[24]

Nicht zuletzt wird das Wachstumspotential, das die New Economy zu bieten hat, durch diese Funktion der neuen Technologien als Prozessinnovation bestimmt. Die

---

[21] Vgl. Durth (2000), S. 637

[22] Vgl. Wallis, North (1986), S. 95 und 120 f. Ohne dabei speziell auf Transaktionskosten abzustellen, zeigen auch Black und Lynch, dass es einen empirisch nachweisbaren Zusammenhang zwischen dem Einsatz von Computern außerhalb des Managements und der Unternehmensproduktivität gibt. Vgl. dazu Black, Lynch (1997), insbesondere S. 36; und Black, Lynch (2000), insbesondere S. 34 ff.

Wallis und North versuchen bei ihrer Arbeit, die Kosten für Transaktionsdienste – also jene Transaktionskosten die an andere Marktteilnehmer tatsächlich gezahlt werden – herauszuarbeiten. Ein wesentlicher Teil der selbst getragenen Suchkosten fällt dadurch bereits weg. Ansatzpunkt war die Überlegung, dass jenes Geld Transaktionskosten sei, das der Nachfrager zahlt, das aber nicht beim Anbieter ankommt. D.h., dass bestimmte, mit Verkauf, Vermittlung, Rechtsabsicherung etc. befasste Branchen komplett dem Transaktionssektor zugeordnet werden. Der Transaktionskostenanteil in den „non-transaction-industries" wurde durch eine Aufteilung der jeweiligen Arbeitsplätze in eher produzierende und jene, die eher mit Transaktionsfunktionen befasst sind, abgegrenzt. Die Gehälter für Aufseher, Vertriebsmitarbeiter etc. wurden dementsprechend den Transaktionskosten zugerechnet.

Diese Abgrenzung ist nicht so eindeutig. So weist z.B. Alic (1997) darauf hin, dass Teile der Produktionsgüter insbesondere Computer faktisch zu den Dienstleistungsbereichen gehören, in denen sie eingesetzt werden (Buchhaltung etc.). In der Logik (nicht aber der formalen Abgrenzung) von Wallis, North müssten sie somit zu den Transaktionskosten gerechnet werden. Picot (2001b), S. 47 weist darauf hin, dass nach einer solchen (durchaus legitimen) Abgrenzung gut 80 % des Bruttosozialproduktes auf Informations- und Kommunikationstätigkeiten entfallen.

[23] Vgl. Schmidt (2001), S. 11

[24] Weiber (2001), S. 55.

Güter der neuen Ökonomie dienen hier als transaktionskostenreduzierende Investitionsgüter, die neue Optionen in fast allen Bereichen von Produktion, Vertrieb und Verwaltung eröffnen. [25] So können – wie kurz angesprochen – Betriebe ihre Effizienz drastisch steigern. Aber noch wichtiger ist die einleitend bereits angedeutete Bedeutung für die Arbeitsteilung. Die immer weiter sinkenden Transaktionskosten, gerade im Bereich der Koordinationskosten und Kommunikationskosten, lassen immer weitere Spezialisierung auf komparative Vorteile hin zu. Die Produktionskosten sinken so nochmals deutlich. [26] Aus volkswirtschaftlicher Sicht sind deshalb massive Wohlfahrtszuwächse zu erwarten.

Durch z.T. massive Netzwerkeffekte sind die gezeigten positiven Effekte auf die Transaktionskosten teilweise selbstverstärkend. Jeder weitere Anwender von Internet, E-Mail oder auch von Onlinemarktplätzen erhöht den jeweiligen Wert für die gesamte Gemeinschaft. Allerdings sind auch gewisse Probleme nicht zu übersehen. Bereits heute wird im Zusammenhang mit dem Internet – trotz der angesprochenen Suchmaschinen und Verzeichnisse – häufig von Informationsüberflutung gesprochen. E-Mail-Adressen werden teilweise geradezu bombardiert mit sogenannten Spam-Mails. Trotz der Netzwerkeffekte darf die Wirkungsstärke der Neuen Ökonomie – so groß sie auch sein mag – nicht als anhaltend steigend angesehen werden.

Auch ein zweiter Faktor begrenzt die Wirkung, die die sinkenden Transaktionskosten entfalten können. Mit abnehmender Firmengröße mögen Spezialisierungsvorteile steigen. Gleichzeitig steigt aber auch das Risiko, z.B. da kleine Firmen mit weniger breitem Angebot in der Regel stark von Nachfrageschwankungen in einzelnen Bereichen abhängen. Und eben dieses Risiko kann auch wieder zu volkswirtschaftlichen Verlusten führen. Besonders in der New Economy, einem Sektor, der so schnelllebig ist, wie kaum eine Branche (bzw. Gruppe von Branchen) vorher je war, ist die Einordnung im Spannungsfeld zwischen Flexibilität und Spezialisierung, die letztlich auch spezifische Investitionen erfordert, [27] noch mehr als gewohnt entscheidend. Noch mehr als die tatsächliche Beschränkung technischer Möglichkeiten setzt diese Entwicklung dem Ausmaß an Spezialisierung eine Grenze. Während die Spezialisierungsvorteile für immer kleinere Firmen sprechen, sind große Firmen durch ihre Breite flexibler und können Risiken intern ausgleichen. [28] Der Kapitalmarkt ist nur bedingt in der Lage diesen negativen Bias zuungunsten kleiner Firmen auszugleichen. Hier ist vor allem zu beachten, dass für die Bewertung einer Firma im Sinne einer validen Risikoevaluation immer gewisse Fixkosten anfallen. Dadurch ist die Bewertung eines kleinen Unternehmens gemes-

---

[25] Vgl. Siebert (2000), S. 6.
[26] Schlueter-Langdon (2001), S. 64.
[27] Burmann (2001), S. 46.
[28] Zu einer genaueren Analyse dieses Zusammenhangs siehe die Kapitel zur Volatilität.

sen an den möglichen Erträgen aus einem eventuellen Kredit bzw. einer Investition in diese Firma überproportional teuer im Vergleich zur Bewertung einer großen Firma. Bei gleichem Risiko wäre eine kleine Firma am Kapitalmarkt daher schlechter gestellt als ein größeres Unternehmen.

Insofern ist die These, die Neue Ökonomie würde das Unternehmensrisiko systematisch senken, da so Informationen leichter verfügbar wären,[29] übereilt. Zwar entsteht ein wesentlicher Teil unternehmerischen Risikos aus Informationsdefiziten, aber diese Informationsdefizite beziehen sich insbesondere auf Fragen zukünftiger Entwicklung und Kundenpräferenzen. Diese Informationen sind aber auch durch das Internet nur unwesentlich leichter zugänglich. Gerade angesichts schnellerer Kundenreaktionen durch verbesserte Preis- und Qualitätsinformationen erhöht sich somit sogar das Marktrisiko der Unternehmen unter Umständen, da sich die Informationsflüsse systematisch zugunsten der Kunden verschieben. Richtig ist aber sicher, dass in anderen Teilbereichen risikosenkende Wirkungen zu erwarten sind, z.B. da durch zunehmende Möglichkeiten zur Kommunikation und zur Just-in-Time-Produktion die Notwendigkeit zur Lagerhaltung abnimmt. Vor allem aber wird die Reaktionsfähigkeit der Unternehmen deutlich erhöht, da auch unternehmensinterne Informationen durch die Möglichkeiten der modernen Datenverarbeitung schneller vorliegen. Während noch vor einigen Jahren beispielsweise der Weltjahresabschluss eines Konzerns frühestens ein halbes Jahr nach Ende des Geschäftsjahres vorlag, reicht heute eine Zeit von wenigen Wochen oder gar wenigen Tagen.[30] Diese erhöhte Reaktionsfähigkeit kann sicherlich, sofern nicht andere Rigiditäten diese zu sehr einschränken und die Nutzung des durch die New Economy geschaffenen Potentials verhindern, risikomindernd wirken. Dennoch darf eben nicht vergessen werden, risikosteigernde und risikomindernde Faktoren gegeneinander abzuwägen, was ein Pauschalurteil, wie das oben angeführte, verbietet.

3.1.2 Wettbewerbsintensivierung und sich daraus ergebende positive Wirkungen

Die Wirkungen der fortschreitenden Entwicklung von Informations- und Kommunikationstechnologien gehen weit über die direkten Effekte der gesunkenen Informationskosten, wie die genannten Effekte, zunehmender Arbeitsteilung und anderen Effizienzsteigerungen hinaus. Abnehmende Informationskosten und die daraus resultierende zunehmende Informationsausbreitung erleichtern den Konsumenten und auch den Produzenten auf ihren Bezugsmärkten in zahlreichen Sektoren sowohl der New als auch der Old Economy in erheblichem Umfang sowohl Preis- als

---

[29] Vgl. zu einer solchen Haltung z.B. Blum (2001), S. 24 ff.
[30] Vgl. Picot (2001b), S. 48 f.

auch Qualitätsvergleiche. Regionale Trennungen und sogar nationale Grenzen verlieren dabei gerade durch die Möglichkeiten des Internets zunehmend an Bedeutung. Ein Unternehmen steht heute nicht länger nur in Konkurrenz zu geographisch nahen Wettbewerbern, sondern vielmehr zu zahllosen vergleichbaren Anbietern weltweit. Die Preissetzungsspielräume durch die Ausnutzung von Informationsasymmetrien schrumpfen stark zusammen. Zunehmende Informationsausbreitung erzeugt somit nicht nur die bereits beschriebenen Effizienzgewinne, sondern außerdem eine höhere Wettbewerbsintensität.

Neben der steigenden Allokationseffizienz durch diese Wettbewerbsintensivierung können so auch die anderen positiven, dynamischen Wettbewerbseffekte noch besser greifen. Der permanente Wettbewerbsdruck zwingt die Unternehmen zu weiterem Handeln. Effizienzspielräume müssen ausgenutzt werden. Um dauerhaft wettbewerbsfähig zu bleiben, ist eine zukunftsorientierte Geschäftspolitik unumgänglich. So werden sowohl Investionen als auch – was vielleicht noch bedeutender ist – zunehmender technischer Fortschritt induziert. Einschränkend ist anzumerken, dass theoretisch die Gefahr besteht, dass eine Grenze in den Informationskosten unterschritten wird, die den Konkurrenzdruck so schnell wirken läßt, dass die reaktionsfreie Zeit, die es erlaubt Innovationsgewinne abzuschöpfen so stark schrumpft, dass Innovation nicht länger lohnenswert ist. Im Kapitel 4.2.2.2 wird auf dieses Argument und die verschiedenen Gründe, warum eine solche negative Entwicklung faktisch ausgeschlossen ist, detailliert eingegangen.

3.1.3 Die Erfahrung in den Vereinigten Staaten

3.1.3.1 Der große Aufschwung der 90er

In den 90er Jahren des 20. Jahrhunderts erlebten die Vereinigten Staaten von Amerika eine Periode des Wachstums, die den längsten konjunkturellen Aufschwung in der aufgezeichneten Wirtschaftsgeschichte des Landes darstellt. In der Regel wird diese positive Entwicklung mit der massiven Ausbreitung der Informations- und Kommunikationstechnologien und den daraus resultierenden Wachstumswirkungen (siehe dazu Kapitel 3.1.1) erklärt.

Was diesen Aufschwung von den anderen großen Aufschwungphasen der vergangenen Jahrzehnte unterschied, war aber nicht nur seine außergewöhnliche Länge, sondern auch – wenn nicht sogar mehr – die Tatsache, dass während dieses Aufschwungs erstmals parallel zur Abnahme der Arbeitslosigkeit die Inflation zurück ging, wie in der Abbildung 2 zu sehen. Bei den vorhergegangen vergleichbaren Boomperioden in den 60er und 80er Jahren war es hingegen nicht einmal gelungen die Inflation auch nur auf dem ursprünglichen Niveau zu stabilisieren.

Abb. 2: Inflation und Arbeitslosigkeit in den Vereinigten Staaten seit 1990

(a) Arbeitslosenquote (in Prozent der erwerbsfähigen Bevölkerung)

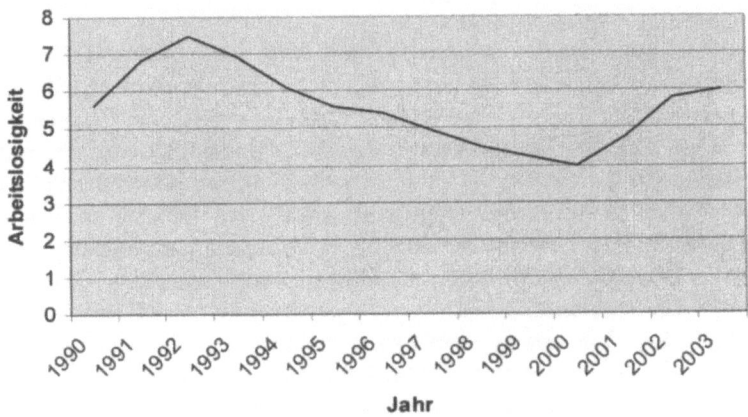

(b) Inflation (in Prozent)

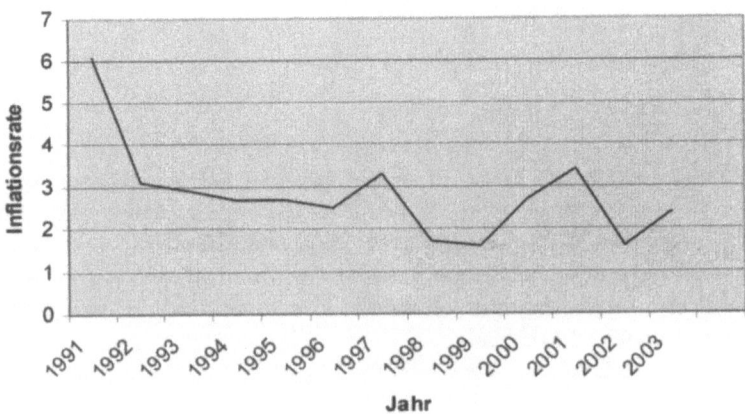

Quelle: *Eigene Darstellung auf Basis von Daten des US Department of Labor, Bureau of Labor Statistics*

Dieser scheinbare Widerspruch legte – mehr noch als die reine Länge des Aufschwungs – nahe, dass die Entwicklung mehr als ein normaler Aufschwung war, nämlich eine Verschiebung des Wachstumspfades nach oben, durch eine Senkung der natürlichen bzw. der inflationsneutralen Arbeitslosenquote.

Mehr als alles andere war es diese langanhaltend positive Entwicklung – und das macht diesen Aufschwung für eine Betrachtung der New Economy essentiell –, die viele Ökonomen dazu veranlasste, zu glauben, die Informations- und Kommunkationstechnologien wären eine derartige Veränderung, dass neue Regeln für erforderlich würden. Auch im Rahmen der herkömmlichen ökonomischen Theorie ist allerdings eine solche Entwicklung angesichts der Wirkungsweise der entwickelten Informationsprodukte leicht erklärbar. Da ja eben davon ausgegangen wird, dass die inflationsneutrale Arbeitslosenquote von den Rahmenbedingungen des Marktes abhängt, zu denen eben als entscheidende Variable auch die Informationsgeschwindigkeit gehört, ist ein Absinken nur naheliegend. Im Zeitverlauf muss dies aussehen, als gäbe es einen positiven Zusammenhang zwischen Arbeitslosigkeit und Inflation, der die bisherigen Erfahrungen konterkarieren würde. Faktisch lassen sich die Beobachtungen aber auch durch eine zügige Verschiebung der kurzfristigen, nach wie vor fallenden Phillips-Kurven erklären.

Nichtsdestotrotz stellt diese Entwicklung – sofern man akzeptiert, dass sie auf die New Economy zurückzuführen ist, was nicht unumstritten ist – den greifbarsten Beleg für das Potential der New Economy dar. Und jene Ökonomen, die die New Economy nicht als Sektor, sondern als Phänomen sehen, beziehen sich im wesentlichen auf dieses Jahrzehnt anhaltenden Wachstums.

3.1.3.2 Die These ausbleibender Konjunkturschwankungen

Auch im Zusammenhang mit dem genannten langen Aufschwung, den die Vereinigten Staaten durch die New Economy erlebten, entstand die Hoffnung, dass Konjunkturschwankungen ausbleiben könnten und dass hohes Wachstum und entsprechend niedrige Arbeitslosenzahlen bei niedrigen Inflationsraten auf Dauer zu erzielen wären. Denn während dieses Aufschwungs sanken ja, wie gesagt, Arbeitslosen- und Inflationsrate unisono.

(a) Die Wirkung des permanent ansteigenden Produktionspotentials
Diese Entwicklung wird unter anderem auf die Produktivitätsfortschritte durch die New Economy zurückgeführt. In den vergangenen Jahrzehnten war eine Triebfeder für Konjunkturschwankungen und Inflation, dass sich im Bereich niedriger Arbeitslosigkeit (insbesondere wegen hohen Wachstums) die Produktion immer mehr dem Produktionspotential annäherte, wobei die Grenzproduktivität der zusätzlichen Arbeitskräfte zunehmend geringer wurde. Die Nachfrage (durch die steigende

Lohnsumme aufgrund steigender Löhne und steigenden Arbeitseinsatzes) wächst nun stärker als die Produktion. Die Folge ist (bei entsprechender Alimentierung durch die Geldpolitik) Inflation mit der Gefahr einer sich bildenden Lohn-Preis-Spirale. Die Zentralbank müsste zunehmend mehr Inflation schaffen, um Lohnerhöhungen und -überhöhungen auszugleichen, wobei die Arbeitnehmer in ihren Lohnforderungen zunehmend mehr Inflation antizipieren und somit bereits ex-ante Ausgleich für die erwartete Inflation fordern, die daher noch höher ausfallen müsste. Der so drohenden Gefahr immer weiter ansteigender Inflation muss durch kontraktive geldpolitische Maßnahmen bzw. ein Ende der expansiven Geldpolitik entgegengewirkt werden, was dann wiederum bedeutet, dass die überhöhten Löhne zu einer Reduktion des Arbeitseinsatzes führen, was dann den Abschwung einleitet.[31]

Die Erhöhung des Produktionspotentials durch die New Economy würde dazu führen – so war die These bzw. die Hoffnung –, dass diese Schwelle, wo der Mechanismus aufgrund der abnehmenden Grenzproduktivität zu greifen beginnt, nie erreicht wird. Trotz steigenden Arbeitseinsatzes wären nämlich (und genau dies hat sich in den neunziger Jahren des letzten Jahrhunderts in den Vereinigten Staaten verwirklicht) dann sinkende Lohn-Stückkosten möglich, da das Produktivitätswachstum die dominantere der Entwicklungen darstellt.[32]

In dieser Form ist die These allerdings, wie nicht zuletzt die Abkühlung der letzten Jahre zeigt, nicht haltbar. Es scheint kaum plausibel, dass eine Prozessinnovation, so groß sie auch sein mag, dauerhaftes Wachstum des Produktionspotentials auslösen sollte, das so groß ist, dass die Schwelle, wo die Nachfrage schneller wächst als die Produktion nie erreicht wird. Richtig sind aber zwei Dinge. Gerade die schnellere Reaktionsfähigkeit der Wirtschaft sollte das Potentialwachstum der Wirtschaft tatsächlich beschleunigen. Daher sind längere und flachere Konkunjunkturzyklen von dieser Seite her durchaus denkbar. Außerdem sind einmalig, während die Innovation sich in der Wirtschaft verbreitet, besonders hohe Produktivitätszuwächse und damit erhebliches Wachstum verbunden. Da die Informations- und Kommunikationstechnologien über die Informationsgeschwindigkeit fundamentale Variablen, die die Wirkungsweise des Marktes allgemein beeinflussen, positiv beeinflusst haben, ist ferner durchaus denkbar, dass die NAIRU – also die inflationsneutrale Arbeitslosenquote – gesunken ist. Es wäre also durchaus durch die neue Ökonomie erklärbar, dass dauerhaft zumindest in einem gewissen Rahmen

---

[31] Vgl. z.B. Stierle (2001), S. 16. Hier muss betont werden, dass nicht die Geldpolitik den Abschwung einleitet, sondern die überzogenen Lohnforderungen, denen von der Arbeitnachgeberseite nachgegeben wird in der Annahme, dass die Geldpolitik dem politischen Druck nachgibt und es so zu einer Geldmengenexpansion kommt, die es erlaubt den Lohndruck auf die Preise zu übertragen. Es ist fragwürdig, inwiefern bei einer glaubwürdigen, langfristig orientierten, auf Inflationsminimierung ausgelegten Geldpolitik eine solche Erwartung überhaupt aufkommt.

[32] Riewerts, Twele (2001), S. 7.

niedrigere Inflation bei niedrigerer Arbeitslosigkeit erreichbar ist. Allerdings ist auch diese Entwicklung begrenzt.

(b) Geringerer Lagerhaltungsbedarf
Neben dem oben erörterten Prozess, der durch die abnehmende Grenzproduktivität der Arbeit im oberen Bereich des Produktionspotentials losgetreten wird, gilt die Lagerhaltung als eine der Triebfedern von Konjukturzyklen. Zurückgehende Nachfrage führt zu Lageraufbau. Der Abbau dieser Lager wieder bewirkt den Rückgang der Beschäftigung und damit einen weiteren Rückgang der Nachfrage, was den Abschwung verstärkt. Die verstärkte Verbreitung von Informations- und Kommunikationstechnologien erlaubt den Unternehmen zunehmend schnellere Reaktion auf das Marktumfeld, z.B. durch die Ermöglichung von Unternehmensstrategien, die auf die „just-in-time"-Philosophie abstellen und damit mit sehr geringer Lagerhaltung auskommen. Ein Nachfrageausfall wirkt logischerweise nach wie vor, jedoch bleiben die negativen Wirkungen deutlich eingeschränkter, da die Produktion nicht – um Lager abzubauen – stärker eingeschränkt werden muss als die Nachfrage.[33]

Die Möglichkeiten der New Economy könnten von daher durchaus Konjunkturschwankungen mildern, wenn auch nicht völlig verschwinden lassen.

3.1.3.3 Das Produktivitätsparadoxon

Das Potential der Informations- und Kommunikationstechnologien, die Produktivität deutlich zu steigern, liegt wie gezeigt – unabhängig vom Potential einer Konjunkturglättung – auf der Hand. Computer und mehr noch die Vernetzung, die die 90er Jahre des letzten Jahrhunderts bestimmt hat, schufen für viele Unternehmen massive Effizienzsteigerungspotentiale.

Trotz der sichtbaren Ausbreitung von Computern in den Unternehmen, um diese Potentiale nutzbar zu machen, kam es erst in der zweiten Hälfte der 90er Jahre zu einem signifikanten Anstieg der Produktivitätswachstumsraten in den Vereinigten Staaten. In den 70er und 80er Jahren und sogar in den frühen 90er Jahren hingegen blieb das trendmäßige Wachstum der Produktivität – trotz bereits feststellbarer Ausbreitung der Computer und anderer Informations- und Kommunikationstechnologien – um 1,4 Prozent pro Jahr. Erst seit ca. 1996 hat sich das jährliche Wachstum auf gut 2,6 Prozent erhöht.[34]

---

[33] Cecchetti (2002), S. 4.
[34] Vgl. zur Datenlage z.B. Sachverständigenrat (2000), insbesondere S. 127 und S. 129 f. sowie Kalmbach (2001b), S. 15 ff.

Abb. 3: Arbeitsproduktivitätsentwicklung in den Vereinigten Staaten
(Index: 1992 = 100)

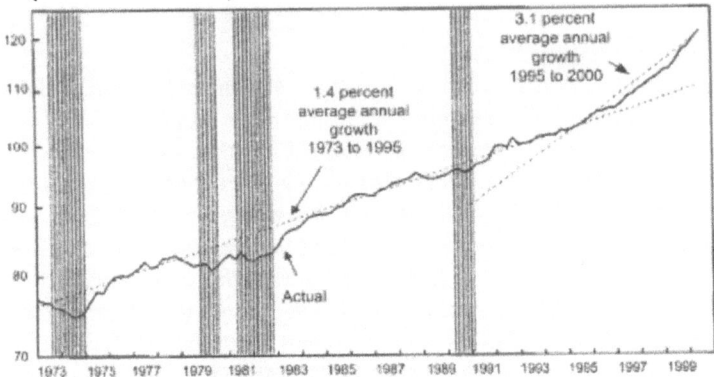

Schraffierungen kennzeichnen Rezessionsphasen.

Quelle: *Council of Economic Advisors (2001), S. 27.*

Die Computer schienen also entgegen aller Logik zunächst keinerlei Wirkung auf die Faktorproduktivitäten auszuüben. Dieses auch als Solow-Paradoxon[35] bezeichnete Phänomen wird von einigen Wissenschaftlern noch heute als ungeklärt empfunden.[36]

Diese Verwirrung besteht insbesondere, da einige Autoren glauben, dass bis heute faktisch kein sektorenübergreifender Zuwachs in den jährlichen Wachstumsraten der Faktorproduktivitäten feststellbar ist. Kritiker glauben zu erkennen, dass ein wesentlicher Teil (ca. die Hälfte) des beobachteten Anstieges zyklisch sei und weisen darauf hin, dass darüber hinaus ein wesentlicher Teil der Zugewinne im Produktivitätswachstum nicht etwa durch die New Economy in der gesamten Volkswirtschaft, sondern vielmehr im Bereich der Computerproduktion selbst, also ausschliesslich in der New Economy stattgefunden hat.[37] Sowohl frühere als auch spätere empirische Analysen widersprechen allerdings Gordon, der diese Position maßgeblich geprägt hat, in diesem Punkt massiv.[38] Gerade Untersuchungen auf Firmenebene kommen zu dem Schluss, dass Computereinsatz erheblich zum Pro-

---

[35] Solow brachte das Phänomen mit dem Satz "Man kann Computer überall sehen, nur nicht in der Produktivitätsstatistik." auf den Punkt. Daher stammt die in der Literatur gebräuchliche Bezeichnung „Solow-Paradoxon" für das Produktivitätsparadoxon der 70er und 80er Jahre. Vgl. Solow (1987), S. 36.

[36] Vgl. Klodt (2003), S. 208.

[37] Vgl. Gordon (2000), insbesondere S. 45.

[38] Zu einer Zusammenstellung der Analysen vgl. z.B. Kalmbach (2001b), S. 20 ff.

duktivitätswachstum bzw. zu dessen Anstieg beigetragen hat.[39] Auch die Zurück-
führung auf zyklisches Wachstum ist in dieser Größenordnung fraglich. Zwar ist
richtig, dass auch im Rahmen zyklischer Schwankungen das Produktivitätswachstum solche Größenordnungen erreicht hat, allerdings war hier, wie die Daten der
letzten drei Jahrzehnte zeigen, die in der Abbildung dargestellt sind, die Entwicklung der Produktivität bereits 1995 eher am oberen Rand des Trendkanals. Ein solcher Anstieg zu diesem Zeitpunkt scheint also – im Gegensatz zu Gordons Position
– ein Verlassen dieses Trends durchaus anzuzeigen oder müsste sich zumindest auf
außergewöhnliche Ursachen zurückführen lassen.

Selbst wenn aber – was nahe liegt – akzeptiert wird, dass die Durchdringung der
Ökonomie mit Computern und die Vernetzung ein erhebliches Produktivitätswachstum ausgelöst hat, so bleibt dennoch die Frage, warum die positive Wirkung
erst mit so deutlicher Verspätung eingetreten ist.

Eine nähere Betrachtung enthüllt, dass das Produktivitätsparadoxon der 70er
und 80er Jahre nicht so paradox ist, wie es zunächst den Anschein hatte, und dass
die Entwicklung der späten 90er nicht etwa ein Widerspruch zu dieser ursprünglich
schwachen Entwicklung war, sondern deren logische Konsequenz. Die frühen IT-
Investitionen unterschieden sich in einem wesentlichen Punkt sowohl von späteren
IT-Investitionen als auch den vorhergehenden Investitionen.

Die Umstellung von vorher von Hand durchgeführten Prozessen in ein IT-
basiertes System ist wesentlich mehr als der Kauf eines Computers. Gerade die
ersten Investitionen in diesem Bereich forderten zahlreiche zusätzliche, einmalige
Umstellungsinvestitionen. Darüber hinaus entstehen im Prozess des Ersetzens un-
vorhergesehene Abschreibungen der ursprünglichen Mechanismen, die verwandt
wurden, um die jeweiligen Aufgaben zu unterstützen. Diese Kosten, wie z.B. das
Einpflegen von Daten in die neuen Computersysteme oder deren Erstellung, fallen
nur einmal in dieser Höhe an. Diese höheren Kosten ließen es zunächst scheinen,
als hätte der Computereinsatz die Produktivität nicht erhöht. Hätte man die einmaligen „sunk costs" aber herausgerechnet, so ist davon auszugehen, dass die Steigerung der Produktivität von Anfang an feststellbar gewesen wäre.[40]

3.1.3.4 Zur weiteren Relativierung der positiven Entwicklung

Trotz dieser beeindruckenden Erfolge, glauben einige Autoren erkannt zu haben,
dass die Neue Ökonomie gar keine Verbesserung darstellen würde, da z.B. die
Verlagerung von Geschäften ins Internet anderen Anbietern die Kunden nehmen

---

[39] Vgl. Brynjolfsson, Hitt (2000), insbesondere S. 45.
[40] Vgl. z.B. Sachverständigenrat (2000), S. 131 f.

würde und die Verlagerung daher ein Null-Summen-Spiel wäre.[41] Eine solche Position ist kaum haltbar. Wettbewerb an sich ist ein dynamischer Prozess. Der Konkurrenzmechanismus als Herz der Marktwirtschaft funktioniert eben über solche Versuche, andere Wettbewerber zu übertreffen, um weiter im Markt bestehen zu können. Dass dieser Wettbewerb natürlich auch Verlierer kennt, tut der Tatsache, dass es sich insgesamt um Effizienzgewinne handelt, keinen Abbruch.

Abb. 4: Der „Tugendkreislauf" der New Economy in den USA

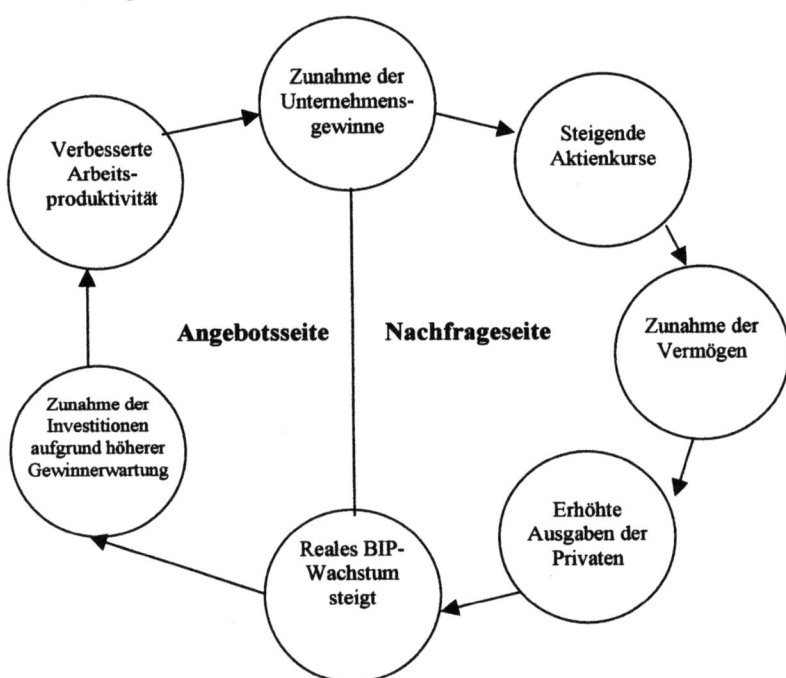

Quelle: Bluastone, Harson (2000) nach Funk (2000), S. 273.

Ein anderes Argument allerdings, das die positiven Beobachtungen in den Vereinigten Staaten zumindest relativiert, liegt darin begründet, dass Amerika unter anderem so sehr von der New Economy profitieren konnte, weil viele andere Industrienationen – besonders die Europäischen Staaten – den Aufsprung auf den Zug zu lange verpasst und vor allem die notwendigen Rahmenbedingungen nicht realisiert haben.

---

[41] Gordon (2000), S. 41.

Genauere Betrachtung der US-Daten zeigt, dass das Wachstum u.a. angetrieben wurde durch hohen Konsum (aufgrund einer sehr niedrige Sparquote, die im Wesentlichen aufgrund vermeintlicher Vermögenseffekte durch die Aktienblase zustande kam) und gleichzeitig solide Investitionen. Diese Investitionen waren im wesentlichen – da ja eben die inländische Ersparnis so außergewöhnlich niedrig war – fremdfinanziert. Die USA erlebten in der Zeit des Booms einen massiven Zufluss an Fremdkapital. Dieser Zufluss erfolgte aber primär, weil die Gläubigerstaaten eben nicht im eigenen Land derart von der New Economy profitieren konnten und deshalb vermehrt in den USA investierten. Nur so konnten die hohen Investitionen und hoher Konsum gleichzeitig realisiert werden, die den beeindruckenden Boom in dieser Form erlaubt haben.

Dieser „Tugendkreislauf" der gegenseitigen Verstärkung von Angebot und Nachfrage, wie er in Abbildung 4 veranschaulicht wird, den einige Autoren als primär verantwortlich für den langen Aufschwung sehen[42], steht aber generell auf wackeligen Beinen, da er auch im Wesentlichen über die unsicheren und schwankenden Vermögenseffekte des Aktienmarktes gespeist wird.[43] Schon aufgrund der zögerlichen Vertrauensbildung im Aktienbereich scheint es eher unwahrscheinlich, dass sich in absehbarer Zeit eine solch außerordentlich positive Entwicklung wiederholen wird.

Es sollte aber beachtet werden, dass dieses Argument lediglich in Frage stellt, inwieweit der lange Aufschwung der USA als „Normalfall" verallgemeinert werden darf und inwieweit er ein Einzelfall bleiben wird. Die zweifellos vorhandenen positiven Effekte der Produkte der New Economy sowohl für innerbetriebliche als auch gesamtwirtschaftliche Effizienz werden durch dieses Argument nicht tangiert.

3.2 Wirkungen auf die internationale Arbeitsteilung

Die sich auf den Weltmärkten abzeichnenden Entwicklungen durch die Neue Ökonomie gehen deutlich über das höhere Wachstum der Vereinigten Staaten im Vergleich zu den übrigen großen Industrienationen hinaus. Vielmehr lassen sich Hinweise finden, dass sich die internationale Arbeitsteilung zwischen den alten Industrienationen einerseits und den bisherigen Entwicklungs- bzw. Schwellenländern andererseits grundlegend verändert.[44]

Zu unterscheiden sind dabei zwei verschiedene Aspekte: einerseits die Intensivierung der Arbeitsteilung allgemein durch die Neue Ökonomie und andererseits die Aufteilung der Neuen Ökonomie als Wirtschaftssektor selbst.

---

[42] Vgl. Funk (2000), S. 272 f.
[43] Vgl. zur Problematik der Vermögenseffekte des Aktienmarktes Kapitel 4.3.4.2
[44] Vgl. El-Shagi (2001), S. 40.

Die Intensivierung der Arbeitsteilung durch die Neue Ökonomie ergibt sich, wie beschrieben wurde, im Wesentlichen durch die bewirkte Reduzierung der Transaktionskosten. Eine solche Entwicklung zeigt sich aber nicht nur auf regionaler und nationaler, sondern auch und gerade auf internationaler Ebene.

Die Kosten für globale Informationsübertragung und Kommunikation haben in der letzten Dekade auf breiter Basis abgenommen. So kostet die Übermittlung eines Megabytes an Daten zwischen New York und Tokio, die vor etwa 25 Jahren noch mit 10.000 US-$ zu Buche schlug, keine 2 US-$ mehr.[45] Die globalen Informations- und Vergleichsmöglichkeiten des Internets haben drastisch zu dieser Entwicklung beigetragen. Gerade interregionale und auch internationale Güter- und Kapitalflüsse sind besonders von dieser Entwicklung betroffen. Räumliche Entfernung und durch diese Entfernung entstehende Marktbegrenzungen verlieren zunehmend an Bedeutung.[46] Einige Autoren gehen sogar so weit, von einer tendenziellen Aufhebung zu sprechen.[47] Besonders durch die Handelsplattformen im Internet wie z.B. Ebay, die eine neue Institutionalisierung von Marktplätzen darstellen und durch zahlreiche Features den Geschäftsabschluss mittlerweile in allen Phasen – also Anbahnung, Abwicklung und Kontrolle – unterstützen, wird Handel (auch zwischen Privatpersonen) deutlich erleichtert.[48]

Dieses Absinken der Transaktionskosten gestattet einen deutlich höheren Grad an Arbeitsteilung auch und gerade an internationaler Arbeitsteilung. Entsprechende Effizienzgewinne sowie die verstärkte Nutzung komparativer Vorteile werden so erst möglich. Hinzu kommt, dass z.B. auf den Kapitalmärkten auch die Abwicklung der Transaktionen selbst zunehmend schnell und günstig erfolgen kann. Immer mehr Personen nutzen den leichter werdenden Einsatz des Internets für Kapitaltransaktionen.[49] Diese technische Entwicklung der Kapitalmärkte kann den aufgezeigten Prozess weiter stützen und intensivieren. So stieg der internationale Kapitalverkehr in den Jahren seit 1985 um mehr als 16 % jährlich. Gerade in den 90er Jahren – besonders in der zweiten Hälfte, also etwa parallel zur zunehmenden Verbreitung des Internets – wurden mit gut 22 % nochmals deutlich höhere Zuwachsraten gemessen.[50] Allein die Direktinvestitionen haben sich zwischen

---

[45] Kotz nach Filc (2002), S. 97.
[46] Vgl. u.a. Siebert (2000), S. 31.
[47] Eine solche Spekulation wie z..B. Schmidt (2001b) sie vorbringt, gilt nur sehr eingeschränkt. Soweit keine digitalen Güter betroffen sind, sind Transportkosten nach wie vor ein handelsrelevantes Hindernis. Für die digitalen Produkte der New Economy selbst kommt man diesem Zustand eines globalen Marktes zunehmend näher. Vgl. dazu Schmidt (2001b), S. 101.
[48] Vgl. u.a. Geiger (1999), S. 8 ff.
[49] Vgl. Welfens (2002), S. 67.
[50] Vgl. iwd (2002), S. 2 – 11. April.

1990 und 1997 fast vervierfacht.[51] Gerade die Entwicklungsländer, die u.a. durch die New Economy zunehmend in den Welthandel integriert werden, konnten mit Wachstumsraten des Kapitalverkehrs von 18 % seit 1985 besonders von der zunehmenden Vernetzung profitieren.[52] Vor dem Hintergrund der Tatsache, dass zumindest in den europäischen Ländern ein Teil der hohen Kapitalmobilität auf die europäische Integration zurückgeht,[53] ist dieser Vorsprung besonders beachtenswert.

Empirisch wurde die Bedeutung von Transaktionskosten für den internationalen Handel nur wenig untersucht. Beispielhafte empirische Analysen z.B. für den Telekommunikationssektor kommen aber dennoch zu eindeutigen Ergebnissen. So zeigen z.B. Welfens und Jungmittag, dass bereits ein Anstieg der Auslandsgespräche um ca. 1 % gleichzeitig eine Zunahme des Handels um 0,2 % bedeutet.[54]

Und gerade im Bereich des internationalen Handels sind die durch die Neue Ökonomie geschaffenen Expansionsmöglichkeiten bei weitem noch nicht ausgereizt. Während die Handelsplattformen zwar (wie beinahe jede Internetapplikation) theoretisch international nutzbar sind, wurden sie meist als nationale Marktplätze genutzt. Erst jetzt kommen zunehmend Plattformen auf, die durch detaillierte, bereits fertig aufgearbeitete Informationen zu Zoll und Transportkosten auch auf internationaler Ebene die Markttransparenz noch weiter erhöhen. Der Bedeutungsverfall internationaler Grenzen für den Handel ist damit absehbar.[55]

3.2.2 Die internationale Arbeitsteilung in den Sektoren der New Economy

Während die Wirkung der Neuen Ökonomie auf die Arbeitsteilung im Bereich der alten Ökonomie sich primär als Intensivierung abzeichnet, scheinen sich bei der Aufteilung der Neuen Ökonomie selbst überraschende Befunde zu ergeben. Traditionell hatten die alten Industrienationen die komparativen Vorteile im Bereich technologieintensiver Güter klar bei sich. Diese klassische Aufteilung verliert im Bereich der Informations- und Kommunikationstechnologie immer mehr von ihrer einstigen Bedeutung. Vielmehr sehen wir uns heute einer Situation gegenüber, in der wichtige Konzerne gerade im Hardwarebereich in den Newly Industrialized Countries liegen. Geschultes Fachpersonal im IT Bereich wird in einstigen Technologiehochburgen wie Deutschland bereits aus Entwicklungsländern wie Indien importiert. Es stellt sich somit die Frage, was diese Trendwende vorrangig verursacht hat. Zuerst sollen im folgenden Unterkapitel einige Belege dieser Entwicklung geboten werden. Die zwei darauf folgenden Unterkapitel werden der genann-

---

[51] Filc (2002), S. 99.
[52] Vgl. iwd (2002), S. 2 – 11. April.
[53] Vgl. Jungmittag, Untiedt (2002), S. 60 ff.
[54] Vgl. Welfens, Jungmittag (2002), S. 98 f.
[55] Vgl. Priddat (2001), S. 33 f.

ten Frage gewidmet. Dabei soll wiederum zuerst eine Erläuterung anhand der Entwicklung in Indien als ein wichtiges Beispiel erfolgen, um dann in dem darauf folgenden Unterkapitel auf die allgemeine Erklärung der betreffenden Entwicklung einzugehen.

3.2.2.1 Die New Economy in Entwicklungsländern und Newly Industrialized Countries

Bereits in den späten 70er- und frühen 80er Jahren wurde im Rahmen der Theorie der Neuen Internationalen Arbeitsteilung (NIAT) den Entwicklungsländern für die Zukunft eine bedeutendere Rolle zugeschrieben. Allerdings gingen viele Autoren damals davon aus, dass die Entwicklungsländer sich eher im Bereich der Industrieproduktion (verarbeitende Industrie) etablieren werden. Vor allem die billige Verfügbarkeit unqualifizierter Arbeit wurde in damaligen Veröffentlichungen besonders hervorgehoben.[56] Selbst der renommierte liberale Entwicklungsökonom Gerald M. Meier sah nach seiner fundierten Kritik an der Importsubstitutionsstrategie die Chance für Entwicklungsländer aufgrund ihrer Faktorausstattung in „ ... A GRADUAL PROCESS OF INDUSTRIALIZATION, THROUGH AGRICULTURAL DEVELOPMENT AND THE POTENTIAL INDUSTRIALIZATION THROUGH THE EXPORT OF SEMI-MANUFACTURED AND MANU-FACTURED PRODUCTS."[57]

Entgegen diesen Prognosen scheinen sich mit der Ausbreitung der New Economy Entwicklungsländer und NICs zunehmend nicht im geringqualifizierten, sondern gerade im humankapitalintensiven Hightech-Bereich der New Economy etablieren zu können. Zahlreiche Beispiele belegen mittlerweile den für viele überraschenden Erfolg der Entwicklungsländer und NICs sowohl im Bereich der Soft- als auch der Hardwarebranche.

Nach Daten der "National Association of Software and Service Companies" (NASSCOM) in Indien ist in den fünf Jahren von 1996 bis 2001 der Dollarwert indischer Software und IT-Dienstleistungsexporte um ca. 844 % gestiegen. Das entspricht einem jährlichen Wachstum von über 53 % pro Jahr.[58] Verglichen mit den 1,7 % Umsatzwachstum bei den deutschen IT-Unternehmen ist dies ein beträchtlicher Erfolg.[59]

Anfang 1999, also nur zwei Jahre nach dem (inzwischen aufgelösten) deutschen „Neuen Markt" (NEMAX) hatte das Entwicklungsland Indien mit dem „Bombay Stock Exchange IT" (BSE-IT) bereits einen eigenen Index für Werte aus dem IT-Bereich, dessen Verlauf in Abbildung 5 seit seiner Gründung 1999 dargestellt

---

[56] Vgl. Fröbel, Heinrichs, Kreye (1977), S. 20 ff.
[57] Meier (1980), S. 308.
[58] Vgl. www.nasscom.org
[59] iwd (2002), S. 2 – 21. März

wird[60]. Dazu kommen noch zahlreiche Softwarefirmen, die auch an internationalen Standorten gehandelt werden und z.T. durchaus bei den großen Indices wie z.B. dem NASDAQ notiert sind. Zu den großen Erfolgszeiten der „New Economy"-Aktien wurde die Entwicklung dieser Firmen durchaus ähnlich bewertet wie die Entwicklung in den Industrienationen. In nur 12 Monaten konnte sich der Wert der im BSE-IT notierten Aktien verneunfachen. Auch wenn es sich dabei genauso wie beim NASDAQ und bei NEMAX im Wesentlichen nur um eine große Aufblähung handelte, so ist doch beachtlich, dass die indische IT Industrie offensichtlich bereits so etabliert und beachtet war, dass sie in den Hypezeiten ähnlich wie westliche Werte betrachtet wurde. Gerade diese Blasenbildung auch in Indien zeigt, wie stark die Integration der indischen Softwarebranche in den Weltmarkt und vor allem die Annäherung an das Weltmarktniveau bereits fortgeschritten war. Insbesondere gilt dieses Argument, da gerade in einer Branche in der das wesentliche Produkt der Fortschritt ist, nur jene Firmen interessant sind, die an dieser oberen Kante des aktuellen Wissens mithalten können.

Ebenso beachtlich ist, dass der BSE-IT sich mit ca. 1500 Punkten seit einiger Zeit stabil besser halten konnte als die meisten anderen New Economy Indices.

Doch Indien ist kein Einzelfall. So waren von den deutlich über 11.000 IT-Fachkräften, die bis Ende März 2002 über die von der Bundesregierung initiierte Green-Card Kampagne nach Deutschland kamen, weniger als ein Viertel aus Indien. Deutlich mehr kamen sogar aus den näher liegenden Transformations-ökonomien Mittel- und Osteuropas. [61] Nur eine gute Dekade nach dem Fall der kommunistischen Zentralverwaltungswirtschaft sind diese Staaten also bereits in der Lage, hochqualifiziertes Humankapital in die alten Industrienationen, die seit vielen Jahrzehnten eine besonders hohe Humankapitalausstattung besitzen, zu exportieren.

---

[60] www.bseindia.com
[61] www.bundesregierung.de

Abb. 5: Die Entwicklung des BSE-IT seit seiner Einführung Anfang 1999[62]

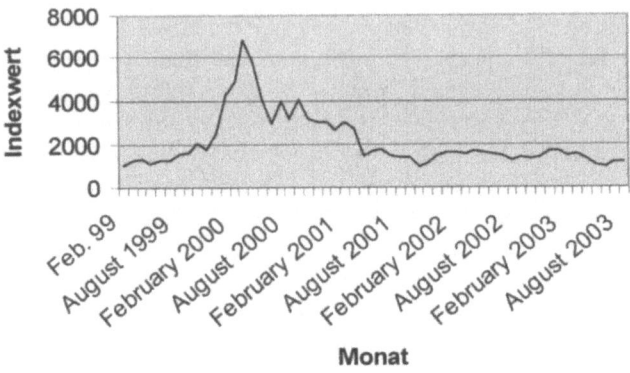

Quelle: *Eigene Darstellung nach Daten von www.bseindia.com*

Der Wandel zeigt sich aber nicht nur im Bereich der Software. Gerade die Newly Industrialized Countries in Südostasien haben auch im Bereich Hardware zu den Vorreitern der New Economy in den USA aufgeschlossen. So ist mit Samsung der weltweit viertgrößte Chipproduzent (nach Intel, Toshiba und NEC) und weltweit führende Hersteller für D-RAM in Korea ansässig. Zusammen mit Hynix kommen damit zwei der drei größten Speicherchip-Hersteller weltweit aus Südkorea. D.h., trotz des immer wieder beschworenen First-Mover-Vorteils der Vereinigten Staaten konnten sich sowohl im Chip-Sektor insgesamt als auch im Speicherchip-Sektor nur jeweils eine amerikanische Firma (Intel bei den Prozessoren, Micron bei Speicherchips) unter den drei führenden Produzenten halten.[63] Selbst in den noch wesentlich ärmeren nordafrikanischen Staaten findet sich ein aufkeimender IT-Sektor.[64]

3.2.2.2 Die Entwicklung in Indien als Erklärungsbeispiel

Z.T. ist der derzeit zu beobachtende Strukturwandel auch auf die zunehmenden Anstrengungen der betreffenden Länder, aufzuschließen, zurückzuführen. Gerade Indien hat große Anstrengungen unternommen, um ein für Unternehmen der New Economy angenehmes Klima zu schaffen. So wurden beispielsweise die Einfuhr-

---

[62] Die Graphik zeigt die Eröffnungskurse der jeweiligen Monate. Dadurch ist der Höchststand von ca. 9000 Punkten nicht ersichtlich.

[63] www.tridentmicro.com

[64] Raffa, Esposito, Iandoli, Bruno (2002), S. 339 ff.

24

zölle für Software erheblich gesenkt, um so Softwareimporte und damit Möglichkeiten zum Technologietransfer zu stärken.[65]

Was noch wichtiger ist, sind massive Anpassungen im Copyright. So hat Indien versucht, sein Copyright drastisch zu verschärfen, um so die Property Rights an intellektuellem Eigentum zu sichern. In der Literatur wird z.T. von einem der härtesten Gesetze weltweit gesprochen.[66] Wenn diese extrem positive Bewertung auch übertrieben scheint, gerade hinsichtlich der Tatsache, dass z.B. die zivilrechtliche Umsetzung massive Mängel aufweist[67], so muss doch schon eine Verbesserung an sich begrüßt werden. Der Grund für diese Bemühungen liegt ebenfalls darin, dass man sich von der Verschärfung des Copyrights eine weitere Erhöhung des Technologietransfers aber auch Verstärkung der eigenen Forschung- und Entwicklungsaktivitäten erhofft. Zwar wird durch die betreffende Verschärfung die einfache Übernahme fremder Property Rights durch Inländer erschwert, doch wird dies meist überkompensiert durch die verstärkte Einfuhr entsprechenden Wissens z.B. durch ausländische Direktinvestitionen. Diese Verbesserungen der (legalen) Übernahme ausländischen Wissens können die Nachteile bei weitem überwiegen. Empirische Studien der Weltbank zu diesem Thema konnten diese Thesen bestätigen. Hier wird gezeigt, dass nicht nur das Ausmaß der Direktinvestitionen sich auf diese Art steigern lässt, sondern dass die Direktinvestitionen zusätzlich verstärkt so erfolgen, dass Technologietransfer überhaupt möglich ist, da so nicht mehr nur niedrig qualifizierte Arbeiten, die kein wesentliches Know-How benötigen, in die Entwicklungsländer ausgelagert werden.[68]

Diese Verbesserungen für die Rahmenbedingungen des Technologietransfers haben es Indien erst ermöglicht, so massiv ,wie man es beobachten kann, vom Strukturwandel im internationalen Handel zu profitieren.

So wie für Indien ließen sich zweifellos für viele Länder Gründe finden, warum eben dieses oder jenes Land sich plötzlich auch bei humankapitalintensiven Industrien der internationalen Konkurrenz stellen kann. Aber all diese Einzelgründe erklären nicht, warum erst jetzt – zeitgleich – viele Länder, denen der Aufholprozess über Jahre und Jahrzehnte nur wenig glückte, auf einmal Erfolg haben. In der Regel sind die lokalen Maßnahmen weniger als Ursache für die Veränderung zu sehen, sondern als Rahmenbedingungen, die ein Profitieren vom generellen Umschwung erst ermöglichen.

So müssen trotz zahlreicher regionaler Faktoren, die ein Aufholen erlaubt haben, die generellen Besonderheiten der New Economy gesucht werden, die diesen Strukturwandel erst bewirkt haben. Diese allgemeinen Ursachen zugunsten eines

---

[65] Kawatra (1996), S. 147.
[66] Kawatra (1996), S. 147.
[67] Markfort (2001), S. 117 ff. u.a.
[68] Smarzynska (2002), insbesondere S. 1 ff und S. 10 ff.

Strukturwandels in der internationalen Arbeitsteilung sollen im folgenden Abschnitt herausgearbeitet werden.

3.2.2.3 Zur allgemeinen Erklärung der beobachtbaren Entwicklung

Jenseits der regionalen Gründe lassen sich primär vier Ursachen ausmachen, die den beginnenden Strukturwandel bewirkt und ermöglicht haben bzw. diesen weiter voran treiben:

- die Neuheit der Technologie,
- die abnehmende Komplementarität von Kapital und Humankapital,
- die mangelnde Flexibilität vieler Industrienationen gerade in Europa sowie
- die Selbstverstärkungseffekte des einsetzenden Wandels.

(a) Neue Technologie

In den Sektoren der „Old Economy" wurde ein Aufholprozess der technologisch weniger fortgeschrittenen Länder – seien es Entwicklungsländer oder Transformationsökonomien – schon durch die massiven Lernkurven- und anderweitigen Skaleneffekte erschwert. Zahlreiche der z.B. im DAX notierten Firmen wie Siemens oder Daimler (Gründung 1850 bzw. 1883) sind deutlich über 100 Jahre alt. Wenn auch zahlreiche technologische Entwicklungen in dieser Zeit die Produkte merklich verändert haben, so ist doch eine kontinuierliche Entwicklung zu erkennen, so dass bei jedem Schritt die bereits existierenden Firmen auf die Erfahrungen ihrer Mitarbeiter und natürlich auf die Größenvorteile durch die bereits erreichte Ausdehnung setzen konnten. Eine historische Akkumulation von Erfahrung im entsprechenden Bereich kann bei der Produktion eines Gutes wesentliche Vorteile bieten. Durch diesen günstigeren Platz auf der Lernkurve und die Skaleneffekte hatten weniger entwickelte Länder auch bei potentiellen komparativen Vorteilen kaum Chancen, in einen Markt einzudringen. Erst mit der „New Economy" – sozusagen als Schumpetersche Basisinnovation – hat sich die Ausgangssituation hier grundlegend verändert. Weniger als alle fortschrittlichen Technologien bisher bauen die Sektoren der New Economy auf bisherigem Wissen auf. Allenfalls Forschungswissen, aber nur in vernachlässigbarem Maße bereits gesammelte Erfahrungen von Mitarbeitern konnten hier als Grundstock dienen. Dementsprechend haben lediglich die USA als First Mover einen geringen Vorsprung auf der Lernkurve, während die anderen Industriestaaten den Entwicklungsländern nur knapp voraus sind. Diese verhältnismäßig dicht beieinander liegenden Positionen auf der Lernkurve machen die positive Entwicklung von Entwicklungsländern wie Indien erst möglich.

(b) Humankapital und Kapital

Trotz ihrer reichlichen Arbeitsausstattung konnten sich die Entwicklungsländer in der Vergangenheit kaum in humankapitalintensiven Branchen etablieren. Eine genauere Betrachtung der „alten" technologie- und damit meist auch humankapitalintensiven Branchen zeigt aber, dass diese Branchen, wenn sie auch relativ humankapitallastig sind, doch eine absolut hohe Kapitalausstattung benötigen. Dieser Effekt liegt einfach daran, dass hochqualifiziertes Fachpersonal in der Old Economy meist im Rahmen hochkomplexer und damit meist auch entsprechend teurer Produktionsprozesse bzw. entsprechender Forschung und Entwicklung zum Einsatz kam. Ein Aufbau solchen Humankapitals wäre den Entwicklungsländern (wenn auch erschwert) vielleicht möglich gewesen, hätte aber in Anbetracht der mangelnden Einsatzmöglichkeiten keinen Sinn gemacht. Zahlreiche hochqualifizierte Ingenieure sind völlig wertlos ohne die Chance, z.B. eine Automobilindustrie aufbauen zu können, weil es an Geld mangelt.

So waren die Chancen der Entwicklungsländer trotz ihrer Armut meist besser bei der Produktion kapitalintensiver Güter, die aber absolut betrachtet weniger Kapital benötigen, wie z.B. einfache Industriegüter.

Erst mit der Neuen Ökonomie wurde die Komplementarität zwischen Humankapital und Kapital wesentlich gelockert. Gerade in der Softwarebranche sind (abgesehen von der Ausbildung) nur minimale Investitionen nötig. Dementsprechend niedrig sind die Markteintrittsbarrieren. Hochqualifiziertes Personal kann plötzlich auch in Entwicklungsländern produktiv in Sektoren eingesetzt werden, die nur eine minimale Kapitalausstattung benötigen. Gerade der Softwarebereich stellt deshalb auch einen der Ausgangspunkte beim Strukturwandel im internationalen Handel dar.

(c) Verkrustete Strukturen in den alten Industriestaaten

Die immer wieder im Mittelpunkt der Aufmerksamkeit stehende Volatilität der New Economy bezieht sich nicht nur auf Schwankungen der Aktienkurse. Auch die Produktpreise im Hardwarebereich sind – um einen generellen Abwärtstrend herum – stark schwankend. Gerade Arbeitsspeicher ist bekannt für sehr schnelle, sehr starke Preisänderungen in beide Richtungen.

Die Absorption solcher Änderungen ist den Betrieben nur dann möglich, wenn die Rahmenbedingungen hohe Flexibilität und schnelle Anpassungen ermöglichen. In vielen alten Industriestaaten – allen vorweg Deutschland – verhindern verkrustete Strukturen, insbesondere auf dem Arbeitsmarkt, entsprechende Anpassungsreaktionen. Während Preissteigerungen so kaum zu Produktionsausweitungen genutzt werden können, führt ein starker Preisverfall schnell zu massiven Verlusten, wie der Fall von Infineon, einem der bekanntesten europäischen Speicherhersteller, zeigt.

Gerade in den NICs war es so möglich, sozusagen „institutionelle" komparative Vorteile zu erlangen.

Abb. 6: Die Entwicklung der RAM-Preise (PC-Welt: RAX-Index) vom März 2000 bis Oktober 2001

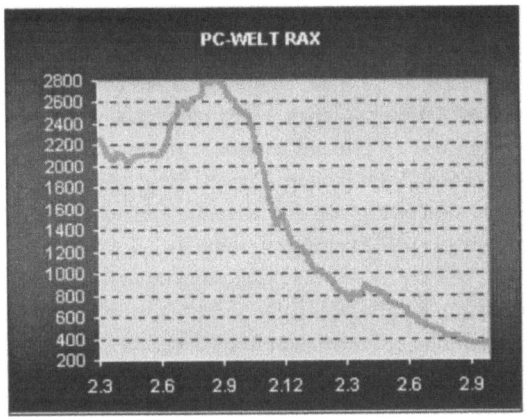

Quelle: *PC-Welt (Internet)*

So muss es nicht verwundern, dass im Arbeitsspeicherbereich mittlerweile alte Industrienationen von aufstrebenden jungen Volkswirtschaften wie Korea überholt wurden. Die Flexibilität der NICs bietet hier die Möglichkeit, eben nicht nur im Softwarebereich, sondern auch im Hardwarebereich schnell und erfolgreich Fuß zu fassen.

(d) Weitere Faktoren und Selbstverstärkungseffekte
Der besondere Vorteil der New Economy für weniger entwickelte Länder ist die Tatsache, dass sie direkt in mehrerlei Hinsicht den Aufholprozess weiter verstärkt und erleichtert.

> ➢ Die Verbreitung der Informations- und Kommunikationstechnologien senkt (wie bereits angesprochen) die Kosten für Information und Bildung.[69] D.h., die Akkumulation von Humankapital wird mit der immer weiter zunehmenden Ausbreitung der Neuen Ökonomie in den Entwicklungsländern für diese immer leichter. Durch die zunehmende Verbreitung z.B. von wissenschaftlicher Literatur im Internet können nun

---

[69] Siebert (2000), S. 31 f.

auch diese Länder von den globalen Netzwerken profitieren und wesentlich leichter Zugriff auf entsprechende Forschungsergebnisse erhalten. Diese weitere Ansammlung von Humankapital wiederum ermöglicht ein noch schnelleres Wachstum insbesondere (aber nicht ausschließlich!) in den Sektoren der New Economy.

➢ Die zunehmende Integration der Entwicklungsländer in die globalen Kommunikationsnetze hat die weltweit stark gewachsenen außenwirtschaftlichen Verflechtungen gerade für diese Länder deutlich erhöht. Der so entstehende Handelsgewinn sowie die erheblich wachsenden ausländischen Direktinvestitionen ermöglichen einen Anstieg des Wirtschaftswachstums und so ein zunehmendes Aufholen auf die Industriestaaten. So kann die im vorigen Abschnitt aufgezeigte Intensivierung des Handels letztlich ebenfalls zu einem Wandel in der Struktur der internationalen Wirtschaftsbeziehungen führen, da jetzige Entwicklungsländer so langfristig die Chance haben, ihre Produktionsstruktur stark zu diversifizieren und von den bisherigen oft stark rohstoffbasierten Wirtschaftssystemen abzukommen.

➢ Die verstärkten Direktinvestitionen wiederum ermöglichen eine Zunahme des Technologietransfers in die betreffenden Länder. Wie nicht zuletzt der Fall Indien gezeigt hat, kann dieser Technologietransfer durch die Schaffung entsprechender Rahmenbedingungen – wie z.B. den Schutz intellektueller Property Rigths – noch verstärkt werden. Weil gerade im Bereich der New Economy nicht tangible Ressourcen eine entscheidende Rolle spielen, stellt ein solcher Transfer gerade hier eine große Chance dar, da – wenn die immateriellen Ressourcen verfügbar sind – in der Regel nur wenig Sachkapital eingebracht werden muss.

3.2.3 Fazit

Trotz der immer wieder von Globalisierungsgegnern geäußerten Ängste und Vorwürfe ist die zunehmende internationale Vernetzung sicherlich positiv zu bewerten. Die zunehmende Intensivierung des Handels und der Kapitalflüsse, die die Schaffung und stärkere Nutzung komparativer Vorteile ermöglicht, bietet für jene Länder, die bereit sind, sich dem Wettbewerb zu stellen, große Chancen. Allerdings ist der Wandel der Struktur des Außenhandels aus Sicht der Industriestaaten ambivalent zu sehen. Wenn es auch für alle Vorteile hat, wenn die Entwicklungsländer auch auf technologisch hohem Niveau in der Lage sind, komparative Vorteile zu nutzen, so müssen sich die Industriestaaten doch fragen, warum sie diese komparativen Vorteile in einem der voraussichtlich interessantesten Zukunftsmärkte immer weiter zu verlieren scheinen. Nicht alle Gründe für diesen Strukturwandel liegen einfach im Wesen der Neuen Ökonomie und stellen nur natürliche Aufholprozesse dar. Vielmehr scheint es, dass die alten Industrienationen auf der „institutionellen Ebene" verlieren. Dort, wo die Aufholjagd der Entwicklungsländer nicht an deren Stärke, sondern an mangelnder Flexibilität der Industriestaaten liegt, ist ein Fall von Politikversagen gegeben, der langfristig massive Folgen haben kann. Mit dem zunehmenden Aufholen der Entwicklungsländer und NICs wird dieser institutionelle Faktor weiter an Bedeutung gewinnen. Bisher sind nur die in äußerstem Maße auf flexible Rahmenbedingungen angewiesenen Zweige wie die Speicherchipproduktion in diesen Ländern bereits stärker als in Europa. Hier, wo sich gerade Europa nicht auf die Schutzwirkung langjähriger Lernkurveneffekte verlassen kann, ist es nötig, entsprechende Flexibilisierungen vorzunehmen, um so nicht langfristig im Bereich der New Economy als Ganzes auf breiter Front abgehängt zu werden.

4 Zentrale Eigenschaften und Problembereiche

4.1 Die Besonderheiten von Informationsgütern

Der auffälligste Unterschied zwischen den klassischen Sektoren und der New Economy, wenn nicht sogar das bestimmende Merkmal des Sektors, ist die Bedeutung von Information bzw. Informationsgütern und – wie noch gezeigt werden wird – damit verbunden auch die Bedeutung von Eigentumsrechten an Humankapital. Beide haben in der New Economy, aber auch im Allgemeinen, durch diese deutlich an Bedeutung gewonnen.

Informationsprodukte – z.B. Patente oder das Copyright an Software – machen in den Informationsindustrien einen wichtigen Teil am Eigentum eines Unternehmens aus. Produktionsanlagen bzw. Lagerbestände sind so gut wie nicht vorhanden. Verhältnismäßig kleine physische Ressourcen sind z.B. ausreichend, selbst um komplexe Software zu erstellen und zu vervielfältigen. Die minimalen Reproduktionskosten solcher Ware, die fast ausschließlich aus Information besteht, macht den Schutz der Eigentumsrechte an dieser Ware so wichtig. Der Schutz dieses geistigen Eigentums wird so zur Kernfrage. Nur wenn massive Reproduktion verhindert werden kann – so wird immer wieder angeführt –, ist ein rentables Geschäft in diesen Bereichen erst möglich.

Geistiges Eigentum bzw. Intellectual Property Rights (IPR)[70] stellen somit eine Grundlage der heiß diskutierten neuen Branchen dar. Während bisher i.d.R. Waren oder Dienstleistungen im Vordergrund standen, sind es nun diese Eigentumsrechte an Information. Information kann dabei sowohl Output (wie Software) als auch eine Produktionsgrundlage im Sinne speziellen Know-Hows über bestimmte Produktionsverfahren sein.[71] Gerade letzteres ist eine zwingende Marktentwicklung. Je weiter sich die Produktionsmethoden vom Naheliegenden abheben, desto größer wird im Markt die Bedeutung der Produktionsverfahren und desto schützenswerter sind diese Verfahren aus Sicht der Unternehmen. Was im Falle der New Economy zu dieser generellen Entwicklung erschwerend hinzukommt, ist die Tatsache, dass in vielen Fällen (definitiv nicht in allen) Sachkapital in vergleichsweise vernachlässigbarem Rahmen benötigt wird.

---

[70] Entgegen der traditionellen Abgrenzung soll hier – wie auch in der neueren Literatur – geistiges Eigentum nicht nur das Urheberrecht,, sondern auch den gewerblichen Rechtsschutz umfassen, zu dem z.B. Patente usw. gehören, also die eher technischen Schutzrechte. Vgl. zu diesen Abgrenzungen z.B. Kretschmer (1997), S. 50.

[71] Vgl. Klodt(2001), S. 78.

Aus der Bedeutung dieser immateriellen, geistigen Güter erwächst dann auch als logische Konsequenz die Bedeutung von Humankapital. Das Humankapital ist hier zum primären Produktionsfaktor avanciert. Die Produktion von Wissen oder eben ganz allgemein gesprochen Information erfolgt im Wesentlichen durch entsprechende Fachkräfte. Auf der anderen Seite kann auch Know-how für die Produktion (also Information als Inputfaktor) erst durch entsprechend qualifizierte Arbeitskräfte in den Produktionsprozess sinnvoll eingebracht werden. Eine große Bedeutung von Wissen und Informationsgütern im allgemeinen erzwingt somit förmlich eine dementsprechend große Bedeutung des Humankapitals in einer solchen Branche.

In den folgenden Abschnitten sollen die Eigenarten von Informationsprodukten und auch die dadurch entstehende Bedeutung des Humankapitals näher diskutiert werden, ebenso wie die Probleme, die sich aus der gestiegenen Bedeutung von geistigem Eigentum und Eigentumsrechten an Humankapital ergeben können. Auch die Bedeutung des Humankapitals wird in diesem Kapitel behandelt, da sie untrennbar mit der Bedeutung der Informationsgüter in der New Economy verbunden ist, und die Bedeutung des Humankapitals somit durchaus als spezielle Eigenart von Informationsgütern betrachtet werden kann.

4.1.1 Informationsgüter als Erfahrungsgüter

Die Qualität einer Information ist faktisch nicht feststellbar, ohne die entsprechende Information zu besitzen. Beziehungsweise – und das geht darüber hinaus – ist die Beurteilung des Nutzens der jeweiligen Information für den gegebenen Zweck nur nach dem Kauf möglich.[72] Allgemein spricht man bei solchen Gütern, deren Beurteilung erst nach dem Kauf möglich ist, von sogenannten Erfahrungsgütern (im Gegensatz zu Inspektionsgütern).[73] Wobei angemerkt werden muss, dass die Informationsgüter (in Extremfällen) innerhalb dieser Gruppe wiederum eine Sonderstellung einnehmen.

Viele klassische Beispiele von Erfahrungsgütern sind dennoch übliche Handelswaren[74], die immer wieder bezogen werden. Nach einmaligem Test kann (unter der Voraussetzung konstanter Produkteigenschaften) ein bewährtes Produkt nachgekauft werden. Eine Information hingegen wird genau einmal benötigt. Die Repro-

---

[72] Vgl. z.B. Shapiro, Varian (1999), S. 3.

[73] Teilweise wird der Begriff des Erfahrungsgutcharakters fälschlicherweise auch auf die Existenz von Lernkurveneffekten bezogen. Solche positiven Nutzeneffekte mit zunehmendem Gebrauch eines Gutes haben allerdings nicht die allokationstheoretische Bedeutung des eigentlichen Erfahrungsgutcharakters im Sinne von Arrow. Eine Vermengung der Begriffe, ohne klare Trennung, liegt z.B. bei Rahmen-Zurek (2001), S. 83, vor.

[74] Erfahrungsgüter sind nicht zwingend immaterielle Güter, oft handelt es sich vielmehr um Waren wie z.B. Kuchen oder andere Speisen, die probiert werden müssen, um sie beurteilen zu können.

duktionskosten liegen bei Null. Allenfalls die Zuverlässigkeit oder andere nutzen-relevante Eigenschaften des Verkäufers können hier später berücksichtigt werden. In der Regel bezieht sich die Unsicherheit auf die Qualität. In Extremfällen können hier Regressforderungen geltend gemacht werden, sofern massive Qualitäts-mängel feststellbar waren. Bei Information kann es dagegen durchaus um die Nutz-barkeit der Information an sich gehen. Diese Nutzbarkeit für die eigenen Zwecke ist definitiv keine einklagbare oder auch nur garantierbare Eigenschaft eines Gutes. Während bei Qualitätsfragen durchaus Vertragsgestaltungen denkbar sind, die ent-sprechende Incentives setzen, dass mangelhafte Qualität ausgeschlossen werden kann, sind solche Absicherungsgeschäfte bei der Frage der Nützlichkeit kaum sinnvoll.

Vor allem aber ist eine Informationsvergabe systematisch nicht mehr rückgängig zu machen. Eine einmal vergebene Information ist dem Käufer nachträglich kaum mehr zu entziehen. Ein potentieller Nachfrager, der eine Information inspiziert hätte, müsste sie nicht mehr kaufen, da er die Information ja bereits hat. In diesem Zusammenhang wird nach Arrow vom Informationsparadoxon gesprochen.[75]

Dieser Erfahrungsgutcharakter im beschriebenen Maße gilt allerdings nur im Extremfall einer einzelnen gegebenen Information im Sinne von einem „Stück Wissen". Faktisch angebotene Informationsgüter erfüllen die Kriterien nur in einem eingeschränkten Rahmen. So ermöglichen z.B. bei Software (einem der we-sentlichen Informationsgüter der New Economy) eingeschränkte Demo-Versionen durchaus die Vorabkontrolle eines Gutes. Hier wird eine der Eigenschaften, die die Beurteilbarkeit des vollständigen Gutes kaum beeinflussen, ohne die aber der Nut-zen deutlich vermindert werden kann, ausgelassen – so können z.B. Textverarbei-tungssysteme bei Auslassung von Speicher und/oder Druckfunktionalität zu Verkaufszwecken demonstriert werden. Die Beurteilung der relevanten Unterschei-dungsmerkmale zwischen Verarbeitungssystemen, also die Fähigkeiten im Layout etc. sind voll beurteilbar, die tatsächliche Nutzung aber faktisch ausgeschlossen.

Auch Information z.B. im Sinne von Handlungsanweisungen, wie Patente sie häufig beinhalten, sind durchaus prüfbar, da ja der Effekt der Methode oder des Gerätes und grobe Schätzungen über die Kosten durchaus allgemein verfügbare Informationen sind, die eine Beurteilung erlauben.

Der extreme Fall des Informationsparadoxons nach Arrow tritt nur dann ein, wenn die Information sofort zu „Wissen" wird und damit dauerhaft und untrennbar mit der Person verbunden ist und zusätzlich schon durch die zur Beurteilung rele-vanten Bestandteile voll verwertbar ist. Für viele Produkte der New Economy sind diese Kriterien aber eher Ausnahme als Normalfall.

---

[75] Arrow (1962).

Auch das Erfahrungsgutargument gilt hier nur eingeschränkt. Selbst wenn ein konkretes Gut nur ein einziges Mal benötigt wird, so sind doch langfristige Geschäftsbeziehungen nichts ungewöhnliches. Vor allem wird es durch die immer leichter zugänglichen Kommunikations- und Informationstechnologien auch zunehmend einfacher, grundlegende Informationen über die Qualität eines Anbieters zu erhalten. Der Aufbau und Erhalt von Reputation sind somit wesentlich.[76]

Einschränkend ist allerdings anzumerken, dass damit das eigentliche Paradoxon, das sich nicht auf die Qualität, sondern auf die Nutzbarkeit der Information bezieht, nicht tangiert wird. Eine „hochwertige Information" kann immer noch für den jeweiligen Nachfrager nicht nutzbar sein.

Dementsprechend müsste der Markt Möglichkeiten finden, das Erfahrungsgutproblem dort, wo es trotz der genannten Argumente auftritt, zu umgehen. Eine der Möglichkeiten ist hier z.B. die Integration der Informationserstellung, was besonders von großen Firmen mit eigenen Forschungs- und-Entwicklungs-Abteilungen auch entsprechend genutzt wird.

4.1.2   Der „ öffentliches Gut"-Charakter von Informationsprodukten

Dass Informationsgüter auf privaten Märkten gehandelt werden, ist offensichtlich. Dennoch wird immer wieder argumentiert, dass Wissen und damit auch Informationsgüter durch eine vermeintliche Nichtrivalität und immer schwieriger werdende Ausschließbarkeit systematisch die Eigenschaften öffentlicher Güter besäßen.[77] Somit stellt sich die Frage, ob Informationsprodukte wirklich öffentliche Güter sind bzw. ob zumindest eine klare Entwicklung hin zum öffentlichen Gut erkennbar ist.

4.1.2.1   Tendenzen zur Nichtausschließbarkeit

Es wurde im Rahmen dieser Arbeit bereits auf die geringen Reproduktionskosten von Informationsgütern hingewiesen. Diese können, worauf u.a. in Kapitel 4.2.2.1 eingegangen wird, zu Problemen führen, selbst wenn davon ausgegangen wird, dass die betroffenen Wirtschaftssubjekte zwar opportunistisch sind, aber dennoch innerhalb des gesetzlich festgelegten Rahmens versuchen, ihren Nutzen zu maximieren. Fakt ist aber, dass zunehmend der Eigentumsschutz unterlaufen wird,

---

[76] Wie wichtig Reputation in humankapitalintensiven Branchen ist, zeigt sich auch in anderen Sektoren. So zeigt sich z.B. mittlerweile auf dem Markt für Unternehmensberatung, dass der Umsatzanteil von Kunden, die durch Empfehlungen Dritter gewonnen wurden, doppelt so groß ist, wie der Umsatzanteil der „direkten" Geschäftsabschlüsse. Vgl dazu.Glückler, Schmidt (2002), S. 1 und 9 ff.

[77] Vgl. u.a. Kollock (1999), S. 4 (working draft).

indem z.B. Raubkopien nicht nur von Computersoftware sondern auch von Musik und anderen Datenträgern in Umlauf gebracht werden.

Gerade in der jüngeren Generation, die mit dem Computer als Medium zunehmend vertraut ist, ist die Rate an Copyrightvergehen exorbitant hoch. Empirische Studien in den Vereinigten Staaten haben ergeben, dass über die Hälfte der College-Studenten nicht lizenzierte Software besitzt.[78] Wie in der Presse aber mittlerweile auch in der Fachliteratur immer wieder festgestellt, wird das Raubkopieren urheberrechtsgeschützter Daten von breiten Teilen der Bevölkerung als Kavaliersdelikt abgetan.[79] Im Wesentlichen lässt sich das auf zwei Gründe zurückzuführen: Erstens sind die Kosten zur privaten Reproduktion von Informationsprodukten in den letzten Jahren drastisch gesunken und zweitens besteht eine relativ geringe Risikoeinschätzung.

(a) Sinkende Reproduktions- Distributionskosten

Der Erwerb illegaler Kopien ist immer leichter geworden. Sowohl die Kosten der Reproduktion als auch die Kosten der Distribution haben drastisch abgenommen.[80] An den Beispielen von den Kosten für die Kopie einer CD und der Übertragung der entsprechenden Daten soll diese Entwicklung hier deutlich gemacht werden:

Mit dem Fortschreiten der Computertechnologie haben in den letzten Jahren auch für den privaten Nutzer zahlreicher Informationsgüter wie Software oder auch Musik die Kosten zur physischen Reproduktion im Sinne der Erstellung geeigneter Datenträger immer weiter abgenommen. Kostete ein CD-Brenner, der für das Beschreiben einer CD noch ca. 20 – 40 Minuten brauchte, 1996 noch über 2000 DM[81], so sind heute Brenner, die CDs in weniger als 2 Minuten erstellen, für unter 60 € erhältlich. Da diese Laufwerke auch als (für den Computernutzer in jedem Fall unabdingbares) CD-ROM-Laufwerk genutzt werden können, gehen die tatsächlichen Zusatzkosten für die eigentliche Brenn- bzw. Kopierfähigkeit faktisch gegen Null.

Der Preis für CD-Rohlinge ist in dieser Zeit von ca. 20 DM auf unter 50 Cent gefallen. Trotz einer deutlichen Leistungsverbesserung sind die Preise zur Reproduktion von CDs also in den letzten 7 Jahren um 95 % gesunken. Nicht nur die Fixkosten (durch den Brenner) sondern auch die Grenzkosten zur Erstellung neuer CD-ROMs gehen damit gegen Null, sowohl die monetären Kosten als auch die durch Zeitverlust entstehenden Opportunitätskosten.

Parallel zu dieser Entwicklung werden die Such- und Beschaffungskosten für die Information in „roher" Form immer geringer.

---

[78] Chiang, Assane (2002), S. 160.
[79] Vgl. dazu z.B. Vassaliki (2002), S. 349.
[80] Vgl.. Shapiro, Varian (1999), S. 84.
[81] www.computergeschichte.info

Abb. 6: Die Entwicklung von Übertragungsraten seit Anfang der 80er[82] in kBit/sec

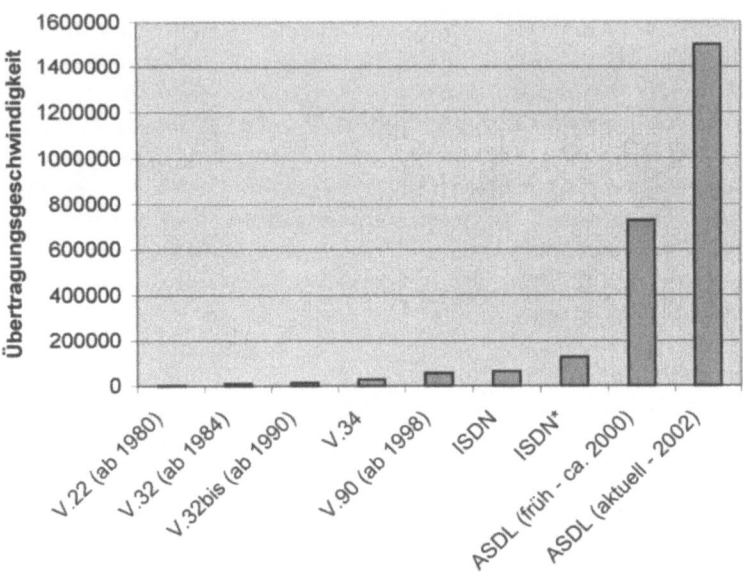

Quelle: Eigene Darstellung nach Daten von:
http://home.in.tum.de/~nollmann/glossar

Die Nutzung des Internets ist in dieser Zeit bedeutend günstiger geworden, sowohl von den Minutenpreisen her als auch und gerade umgerechnet in Datenmengen durch die geradezu explodierenden Übertragungsraten. Selbst mit dem modernsten Standard „normaler" Modems, dem V.90 Standard, bei dem mit 56 kBit/sec übertragen werden kann, würde die Übertragung einer voll beschriebenen CD-ROM (mit ca. 640 MB) noch länger als einen Tag dauern (fast 27 h). Ein moderner ADSL-Anschluss ist fähig, die gleichen Datenmengen in weniger als einer Stunde zu übertragen.[83] Bereits seit 2001 tauchen erste Systeme auf, die Stromnetze für

---

[82] Teilweise haben Techniken über viele Jahre parallel existiert. V.22 Modems hatten Übertragungsraten von 1200 kBit/sec. V.22 – V.90 sind unterschiedliche Übertragungsstandards für Modems.

*   ISDN unter Nutzung beider Kanäle,

[83] In der Praxis würden beide Standards deutlich länger brauchen als angegeben, da aus technischen Gründen die maximale Übertragungsrate nicht ausgeschöpft werden kann. Einen weitergehenden Geschwindigkeitsvergleich, der die verschiedenen Standards seit Anfang der 80er Jahre aufführt, zeigt die Abbildung 6.

Übertragungen nutzen und auch dem Privatnutzer so Übertragungsraten von mehreren Mbit/sec ermöglichen, was bisher nur für Großunternehmen, Universitäten und ähnliche Einrichtungen möglich war. Mittelfristig sollen Raten bis 20Mbit/sec denkbar sein.[84]

Die Kosten der Datenbeschaffung werden so vernachlässigbar, insbesondere angesichts neuer Tarifkonzepte wie den sogenannten Flatrates, bei denen zusätzliche Zeit bzw. zusätzliche Datenmengen keine zusätzlichen Gebühren erfordern. Während früher so gerade große Informationsprodukte wie eben ganze CDs (sei es aus dem Computer oder dem Unterhaltungsbereich) nur direkt z.B. von Bekannten möglich war, ist zumindest aufgrund gesunkener Übertragungskosten das Hemmnis zum „grenzenlosen" Tausch deutlich gesunken.

Ein weiterer Faktor, der das „günstige" Beziehen von Informationsprodukten so leicht macht, ist die zunehmend größere Gemeinde an Nutzern. Heute ist der durchschnittliche Nutzer von Informationsprodukten schon unabhängig von Internet, umgeben von zahllosen weiteren Usern, mit denen er Daten jeder Art austauschen kann. Mit dem Internet, das diese „körperlichen" Beziehungen letztlich gar obsolet macht und durch ein Vielfaches an virtuellen Kontakten ersetzt, ist die Tauschfreiheit geradezu grenzenlos geworden.[85]

Den (bisherigen) Schlusspunkt dieser Entwicklung stellen organisierte Online-Tauschbörsen wie Napster oder Kazaa dar. Damit erhält der Internetaustausch von Informationsprodukten faktisch eine institutionale Grundlage, durch die jedweder Tauschbereite weltweit unabhängig von „persönlichen virtuellen Kontakten" mit anderen Gleichgesinnten in Austausch treten kann. Eine letzte Barriere, dargestellt durch die Such- und Anbahnungskosten, ist damit ebenso wie viele andere Aspekte de facto bedeutungslos geworden.

(b) Risikowahrnehmung und gesetzlicher Schutz
Wie eine Studie von Chiang und Assane zeigt, ist einer der Hauptgründe für die Zahl der Raubkopien die Risikowahrnehmung in der Bevölkerung. Unter den College-Studenten, die Copyrightvergehen begehen, glauben ca. 50 %, dass es unmöglich oder sehr unwahrscheinlich ist, dass ein Copyrightvergehen (im kleinen Maßstab) aufgeklärt wird. Ca. 67 % halten es immerhin für unwahrscheinlich. Unter jenen, die keine Raubkopien herstellen oder in Anspruch nehmen, sind gute 10 % weniger (aber damit immer noch über 50 % der Befragten) einer entsprechenden Ansicht.

---

[84] http://www.teltarif.de
[85] Zusätzliche Nutzer stiften somit sozusagen positive Netzwerkexternalitäten, da sie durch ihre „Produkte" faktisch ein Tauschpotential und Kopierpotential für andere darstellen. Das Internet verstärkt diese Effekte nochmals. Zu näheren Analysen von Netzwerkeffekten siehe Kapitel 4.2.1.

Hinzu kommt eine relativ große Unkenntnis der betreffenden Regelungen. Erst die Kombination aus der Kenntnis über die Strafe und eine hohe Risikoeinschätzung führen zu einer signifikanten Verringerung der Raubkopien.[86]

Faktisch ergibt sich aus dieser Kombination von günstigen Kopierkosten und zumindest in der öffentlichen Wahrnehmung nicht existenter Sanktionsmöglichkeiten eine faktische Nichtausschließbarkeit für viele Informationsprodukte. Zwar durch die Neue Ökonomie erst ermöglicht, erstrecken sich diese Wirkungen aber auch auf andere Informationsprodukte, die zumindest im engeren Sinne nicht zur Neuen Ökonomie gehören. Insbesondere die Musikindustrie hat – zumindest nach eigenen Angaben – schwer unter der Tausch- und Kopiermentalität, wie sie ihren Gipfel in Napster fand, zu leiden.

Dieses Problem der Nichtausschliessbarkeit gilt vorwiegend bei Information als Konsumgut. Information als Produktionsmittel ist z.B. über Patente deutlich leichter schützbar. Dies liegt z.B. daran, dass das Risiko der Entdeckung im produzierenden Bereich deutlich höher ist. Gerade im Erfolgsfall, also wenn das mit Hilfe der Information produzierte Gut (sei es ein Informationsgut oder ein klassisches Gut) auf dem Markt erfolgreich ist, wird die illegale Übernahme im Regelfall offensichtlich. Hohe Schadensersatzforderungen stellen hier eine wirksamere Barriere dar. Diese Barriere ist unabhängig vom Entdeckungsrisiko für private Haushalte in dieser Form nicht gegeben. Die Kosten zur Verfolgung eines entsprechenden Einzelfalles sind schlichtweg erst im Falle von massierten oder sehr breit angelegten Verstößen gegen das Copyright rentabel. Die Verfolgung kleinerer Fälle hätte hier lediglich demonstrative Effekte.

Auch auf Unternehmensebene kritisch bleibt der Schutz von Wissen im wesentlichen auf internationaler Ebene. Im Gegensatz zu vielen der aufstrebenden Ökonomien existieren in nahezu allen alten Industrienationen strenge Gesetzte den Schutz intellektuellen Eigentums betreffend. Gerade durch die Globalisierung der Informationsflüsse ist aber ein wirksamer Schutz, teilweise auch durch mangelnden Schutz anderenorts, problematisch. So hat die Produktpiraterie als extremer Fall bereits in den 80er Jahren solche Auswüchse angenommen, dass pro Jahr falsche Schweizer Uhren im Wert einer viertel Mrd. Euro verkauft wurden.[87] Aber nicht nur fehlende Absicherung in Entwicklungs- und Schwellenländern, sondern auch die teils übereilten Versuche der Industrienationen (wenn auch in guter Absicht), schnell auf die neuen Probleme am Intellectual-Property-Rights-Markt durch das Aufkommen der New Economy zu reagieren, führten zu einer Vielzahl von konkurrierenden Rechten. Im Gegensatz zum Grundgedanken der Vereinheitlichung

---

[86] Chiang, Assame (2002), S. 161 ff.
[87] Kretschmer (1997), S. 52; Kollock (1999), S. 6 (working draft).

des Paris-Berner-Regimes wurde so eine nicht unerhebliche Rechtsunsicherheit geschaffen. [88]

4.1.2.2 Fehlende bzw. beschränkte Rivalität

Neben der Nichtsausschließbarkeit ist die Nichtrivalität ein entscheidendes Kriterium für die Identifikation öffentlicher Güter. Auf den ersten Blick scheint auch dieses Kriterium für Informationsprodukte, zumindest für den immateriellen Teil solcher Produkte zuzutreffen, denn es scheint offensichtlich: Wissen verbraucht sich nicht. [89]

In gewisser Weise ist die Nichtrivalität in diesem Zusammenhang fast zwingend mit der Nichtausschliessbarkeit verbunden. Denn es ist eben diese beliebige Reproduzierbarkeit von Information, die die sogenannten Übernutzungseffekte (also das klassische Problem solcher Güter, bei denen zwar keine Nichtausschließbarkeit aber dennoch Rivalität auftritt) verhindert. Zusätzliche Nutzer haben zwar die gleiche Information, aber eben gebunden an einen eigenen physischen Informationsträger. [90] Diese Reproduzierbarkeit bedeutet also, dass Wissen auch nach dem Konsum für weitere Konsumenten in gleichem Umfang und gleicher Qualität nutzbar ist. [91]

4.1.2.3 Lösungsansätze und Relativierung

Es scheint also, als würden sowohl Nichtausschliessbarkeit als auch Nichtrivalität auf Informationsgüter zutreffen, was diese zu öffentlichen Gütern machen würde. Allerdings wirken in der Marktwirtschaft verschiedene Faktoren auf eine Relativierung des „Öffentlichen Gut"-Charakters von Informationsgütern.

Für die Analyse der Nichtausschliessbarkeit muss hier unterschieden werden zwischen Raubkopien auf privater Basis, die in ihrer Masse ein Problem darstellen können, und organisierter Produktpiraterie, wie dem angeführten Fall der Schweizer Uhren.

Gerade im Letztgenannten hat sich die Situation durch die WTO, genauer durch das TRIPS[92]-Abkommen, deutlich verbessert. Während im ursprünglichen GATT, aus dem die WTO als dauerhafte Organisation später hervorging, der Schutz geistigen Eigentums noch explizit ausgeklammert wurde, hat sich mit dem TRIPS-

---

[88] Geller (1995), S. 936.
[89] Fahrni (2001), S. 18.
[90] Franck, Jungwirth(2002), S. 124.
[91] Klodt (2001a), S. 84.
[92] Trade related aspects of intellectual property

Abkommen, das seit 1995 in Kraft ist, die Situation grundlegend gewandelt. Es wurde nun erstmals versucht, den Schutz geistigen Eigentums auch international auf sichere Füße zu stellen. Für diesen Aspekt wichtig ist primär die Bindung aller Mitgliedstaaten an die Pariser und die Berner Übereinkünfte zum Schutz geistigen Eigentums und die Vorgabe der Gleichbehandlung in- und ausländischer Rechte.[93] IPR sind somit auch über die Grenzen einzelner Länder hinweg leichter schützbar. Grundlegende Belange der Rechtssicherheit sollen dadurch international besser gewährleistet werden. Wie schon im Rahmen der Diskussion zur Wirkung der New Economy auf die internationale Arbeitsteilung angemerkt wurde, führt eine solche Regelung insgesamt unter Umständen sogar zu einer Verbesserung des Technologietransfers, da die eröffneten Möglichkeiten zum legalen Transfer die verlorenen Möglichkeiten zum illegalen Transfer überwiegen können.

Der Kampf gegen private Raubkopien wird so nur am Rande beeinflusst und zwar insofern, dass für ein Anbietersegment, nämlich die unter dem Schutze der lokalen Gesetze agierenden, organisierten Produktpiraten, das Handeln erheblich erschwert wird. Das Angebot aus privaten Quellen wird dadurch aber kaum beeinträchtigt.

Entsprechend wird seitens der Industrie zunehmend versucht andere Wege zu finden, um die Entwicklung von Informationsprodukten hin zu öffentlichen Gütern zu stoppen. Doch auch dann, wenn einzelne Tauschbörsen wie z.B. Napster, der als ernsthafte Bedrohung für die Musikindustrie gesehen wurde, geschlossen werden können, kann der Tauschhandel über das Internet durch die rasant wachsenden Möglichkeiten nur begrenzt verlangsamt werden.

Während pures Aufrüsten in einem tobenden Krieg zwischen Crackern und Kopierschutzmechanismen allein aufgrund der Zahl der Betroffenen eine Schlacht ist, in der die Kopierschützer immer unterliegen müssen, gibt es durchaus Mittel und Wege, Raubkopien einzuschränken. So können z.B. zusätzliche Serviceleistungen oder gekoppelte, schwerer digitalisierbare Güter den Kauf von Originalprodukten attraktiv machen. Die Palette beginnt dabei bei CD-Inlays oder z.B. in der Spieleindustrie mit hochwertigen, gedruckten Anleitungen und geht bis zu intensiver Kundenbetreuung nach dem Kauf z.B. über Hotlines oder das Internet. Das im Reisegeschäft erfolgreiche „No-Frills"-Konzept ist hier zum Scheitern verurteilt, da erst diese Zusatzleistungen das Originalprodukt von der Kopie unterscheidbar machen.

Ebenso gibt es Argumente, die dafür sprechen, dass auch Wissen und damit Informationsprodukte in gewissem Rahmen einer Rivalität unterliegen:

Z.B. wird angeführt, dass die Information systematisch mit Informationsträgern verbunden sein müsse, für die Nichtrivalität keine Gültigkeit mehr besitzt. Dieses

---

[93] Die übrigen Regelungen sind eher handelsrechtlicher Natur und betreffen weniger grundsätzliche Schutzüberlegungen.

Argument dürfte allerdings aufgrund abnehmender Kosten für Speicherung eine abnehmende Bedeutung haben. [94]

Zu beachten ist ferner, dass der Nutzen einer Information teilweise nicht durch das Wissen an sich entsteht, sondern durch den Wissensvorsprung. Der Besitz einer solchen Information ist also absolut rival. Einfache Beispiele für solche Informationen sind unter anderem Schatzkarten.[95] Durch ihre Verbreitung verliert die Information an Wert.[96] Im Gegensatz zur Position einiger Autoren (z.B. Klodt (2001b)) ist also auch die reine Information kein klassisches nichtrivales (und damit öffentliches) Gut, da der Nutzen für einen Informationsbesitzer negativ abhängig von der Nutzung der Information durch andere sein kann. Es ist auch nicht zu vergessen, dass die Funktion der marktwirtschaftlichen Ordnung im Sinne eines dynamischen Wettbewerbs auf Informationsvorsprüngen einzelner Marktakteure basiert, die zwar nicht zementiert werden dürfen, aber auch nicht sofort verloren gehen dürfen (reaktionsfreie Zeit).[97]

Vor allem ist feststellbar, dass die Abnehmer durchaus bereit sind, für Informationsprodukte ohne feststellbare Rivalität zu zahlen. Ein Markt kann somit durchaus zustande kommen, wenn auch noch nicht gewährleistet ist, inwiefern die optimale Versorgung erzielt werden kann. Da jedoch aufgrund der nachfrageseitigen Skaleneffekte (der sogenannten Netzwerkeffekte, die im nächsten Kapitel detailliert diskutiert werden) eine breite Nutzerbasis für die Unternehmen langfristig vorteilhaft ist, ist bei vielen Produkten fragwürdig, inwiefern es wirklich zu einer Unterversorgung kommt.

Alles in allem ist nicht davon auszugehen, dass es hier zum Marktversagen im Sinne einer Unterversorgung kommt, das staatliches Eingreifen rechtfertigt. Die Fülle an Informationsgütern, vor allem die starke Softwarebranche, zeigt kaum Zeichen mangelnder Versorgung. Im übrigen ist mehr als zweifelhaft, inwiefern der Staat überhaupt fähig sein kann, eine präferenzgerechte Auswahl an Informationsgütern bereitzustellen.[98] Schon für diese Selektionsfunktion ist der Marktmechanismus entscheidend. Insofern wäre staatliche Intervention, geschweige denn staatliche Versorgung bei solchen Gütern selbst dann mehr als problematisch, wenn tatsächlich Unterversorgungsprobleme vorliegen würden, was, wie gesagt, äußerst fragwürdig ist.

Auch aus einem anderen Grund ist das Phänomen der leichten Reproduzierbarkeit, die die Möglichkeiten zu Softwarepiraterie eröffnet, ambivalent zu betrachten. Viele Informationsprodukte – namentlich ein nicht unwesentlicher Teil aller Soft-

---

[94] Klodt (2001b), S. 33.
[95] Raymond (2000b), S. 5.
[96] Vgl. u.a. Blum (2001), S. 7.
[97] Vgl. u.a. Schmidt (1999).
[98] Vgl. Sailer (2001b), S. 143 und 147.

wareprodukte – entfalten Netzwerkeffekte, d.h. – kurz zusammengefasst – die Nutzung eines Produkts durch einen zusätzlichen User erzeugt positive externe Effekte für die anderen User. Eine detaillierte Analyse der Netzwerkeffekte erfolgt in der vorliegenden Arbeit im Kontext der Wettbewerbswirkungen der New Economy (Kapitel 4.2.1), aber in einer Hinsicht sind die Netzwerkeffekte auch für das Problem der Softwarepiraterie relevant. Eine Raubkopie ist, wie erörtert wurde, schon allein aufgrund fehlender Zusatzleistungen mit einem Original nicht gleichzusetzen. Wenn nun jene User, die auf diese Zusatzleistungen nicht angewiesen sind, Raubkopien erstellen und somit als neue User den Nutzen und die Zahlungsbereitschaft bzw. Nachfrage der auf Support angewiesenen potentiellen Kunden erhöhen, kann der zusätzliche Gewinn aus diesem Segment durchaus die Gewinnminderung durch die nicht verkauften Originale an nicht-support-abhängige Kunden mit hinreichender Zahlungsbereitschaft überkompensieren.[99]

4.1.3 *Informationsgüter und Humankapital*

4.1.3.1 Die Bedeutung von Humankapital für Informationsprodukte

Mit dem Aufstieg der New Economy hat das Humankapital in der ökonomischen wie in der politischen Diskussion massiv an Bedeutung gewonnen. In Zeiten steigender Arbeitslosigkeit wurde plötzlich von einem Mangel an qualifizierten Arbeitskräften gesprochen. Diese zunehmende Bedeutung findet sich in allen Bereichen, also auch im produzierenden Gewerbe, wo immer wieder der Mangel an Ingenieuren hervorgehoben wird, ist aber am offensichtlichsten in den Bereichen der Neuen Ökonomie, wo Humankapital oft der Hauptproduktionsfaktor ist.

Die Produktion geistigen Eigentums – und mit nichts anderem beschäftigen sich ja weite Teile der neuen Sektoren – ist weniger abhängig von Sachkapital als von klugen Köpfen. Und das macht eben diese Köpfe, wie schon eingangs kurz angerissen wurde, zu einem Faktor, der in die Unternehmensbewertung mit einfließen sollte. Das „produzierte" geistige Eigentum nämlich hat zahlreiche Eigenschaften, die es als „Wertträger" z.T. ungeeignet machen, gerade im schnelllebigen Bereich der IT-Branche. Eben durch diese mangelnde Eignung von Informationsprodukten, selbst zur Wertaufbewahrung, steigt die – durch die Rolle als Produktionsfaktor ohnehin in solchen Branchen schon hohe – Bedeutung von Humankapital in der New Economy nochmals an.

Daher soll in den folgenden Punkten sowohl erörtert werden, warum Humankapital generell mit Information bzw. Informationsprodukten verknüpft ist und da-

---

[99] Shy (2001), S. 65 ff.

durch in den betrachteten Branchen an Bedeutung gewinnt (Punkte (**a**) und (**b**)), aber auch warum Informationsprodukte als Wertaufbewahrungsmittel teilweise weniger dienlich sind, was wiederum die Rolle des Humankapitals als zentrale Produktionsgrundlage dieser Informationsprodukte stärkt (Punkte (**c**) bis (**e**)).

(a) Humankapital als Produktionsfaktor
Einleitend schon erwähnt, aber an dieser Stelle nochmals angeführt ist die Tatsache, dass Humankapital der wahrscheinlich wichtigste Produktionsfaktor in Sachen Information ist. Sei es im Bereich der Forschung oder der Programmierung komplexer Software, hochqualifizierte Mitarbeiter sind die notwendige Grundlage in diesem Bereich, während auf teure Maschinen oft – aber nicht immer – verzichtet werden kann.

(b) Komplementarität von Humankapital und Wissen
Ein zweiter wesentlicher Punkt ist die Nutzbarkeit von Wissen. Wenn auch Wissen als „disembodied" theoretisch vom Humankapital lösbar ist, so ist eine gewisse Komplementarität nicht von der Hand zu weisen. Denn Wissen erfordert nicht nur in seiner Entstehung den Einsatz fähiger Köpfe, es ist auch kaum denkbar, Wissen als Input ohne qualifizierte Mitarbeiter – also ohne Humankapital – in den Produktionsprozess mit einzubringen. Wissen an sich ist unter Umständen faktisch wertlos, wenn es nicht nutzbar gemacht wird – und dafür ist eben Humankapital notwendig.[100] So lässt sich z.B. zeigen, dass mit der Einführung von IT in Unternehmen deren Bedarf an Humankapital signifikant zugenommen hat.[101]
Es ist eben diese Komplementarität, die im übrigen u.a. die New Economy so stark auf die restlichen Sektoren ausstrahlen lässt, da die Nutzung der neuen Technologien in alten Sektoren ebenfalls mit fundamentalen Umstellungen verbunden ist, eben weil auch klassische Produktion unter Anwendung von IT humankapitallastiger wird.

(c) Kurzlebigkeit von Informationsprodukten
Zahlreiche Informationsprodukte werden nur in einer sehr kurzen Zeitspanne verkauft. Nur wenige Patente dienen langfristig als Grundlage wirtschaftlicher Aktivitäten und können so analog dem „normalen" Sachkapital gewertet werden, da zumindest in einem gewissen Rahmen Wertstabilität zu erwarten ist. Nicht jedes Informationsprodukt kann eine fundamentale Erfindung sein. Vielmehr handelt es sich auch bei den Informationsprodukten der High-Tech-Branche primär um einfache Anwendungsgüter wie beispielsweise Software. Durch die schnelle technische

---

[100] Vgl. Doré, Clar (1997), S. 160 f.
[101] Zu einer ausführlichen emprischen Untersuchung auf Firmenebene vgl. Bresnahan, Brynjolfsson, Hitt (2002), insbesondere S. 356 ff.

Entwicklung sind aber ebensolche Produkte sehr schnell veraltet. Die Eigentums-rechte an den Produkten werden faktisch wertlos. Damit fallen solche Rechte als Maßstab für die lang- und sogar die mittelfristige Bewertung einer Firma z.B. an den Aktienmärkten weg.

Durch diese Entwicklung tritt die Frage in den Vordergrund, wie das Potential einer Firma zu bewerten ist, Informationsprodukte zu generieren. Ähnlich wie in der Old Economy nicht die Lagerbestände – in Analogie zu den Informationspro-dukten –, sondern primär die Produktionsmittel also das Sachkapital betrachtet werden, ist in der New Economy somit das Humankapital als Produktionsmittel von Informationsgütern ausschlaggebend.

Einschränkend ist anzumerken, dass auch Humankapital selbst zunehmend schnell obsolet werden kann.[102] Dennoch ist die Lebensdauer von Humankapital deutlich länger als die immer kürzer werdenden Produktlebenszyklen. Vor allem sind Teile dieser Entwertung von Humankapital z.B. durch Fortbildung deutlich leichter zu stoppen als die Entwertung der Informationsprodukte.

(d) Exklusive Nutzung mancher Informationsprodukte

Ferner wird Information oft exklusiv verkauft. Firmen produzieren also die Infor-mation bzw. das Informationsprodukt oft für einen Abnehmer, der sofort nach Fer-tigstellung **alle** Rechte an diesem Produkt erwirbt. Die Firma selbst besitzt also nie selbst relevante Rechte, sondern es wird lediglich erwartet, dass die Firma das Potential besitzt, solche Rechte zu generieren.

Der Grund dafür, Informationsprodukte exklusiv an einen Abnehmer zu verkau-fen, liegt häufig in der Spezifität des Produktes. Gerade in jenem Teilsektor, der sich nicht an Privatkunden, sondern an Unternehmen wendet, sind die erstellten Produkte oft sehr genau auf die konkreten Bedürfnisse des jeweiligen Abnehmers zugeschnitten. Bei solchen Produkten kann es sich sowohl um wirklich neue Soft-ware, aber auch um Anpassungsleistungen bei bestimmten Softwarearten oder um die Erstellung von Webauftritten usw. handeln.

Der Übergang zum reinen Dienstleistungserbringer ist hier fließend. Entspre-chend sind die aus der Dienstleistungsökonomik bekannten Eigenarten hier zu be-trachten, somit u.a. eben die faktische Nichtübertragbarkeit, wenn sie sich hier auch aus anderen Gründen ergibt. Während bei vielen Dienstleistungen die Nichtüber-tragbarkeit mit dem uno-actu-Prinzip in Verbindung gebracht werden kann, also mit dem Entstehungsprozess selbst verknüpft ist, ergibt sie sich hier durch die Personen- bzw. Abnehmerbindung, die daher kommt, dass das Produkt für andere Abnehmer so gut wie entwertet ist.

---

[102] Siebert (2001), S. 10.

Großteils werden solche Programme allerdings innerhalb eines Unternehmens programmiert. Über 90 % des Codes weltweit werden „in-house" für die jeweilige Firma programmiert.[103] Durch die große Outsourcing-Welle der letzten Jahre ist aber davon auszugehen, dass zunehmend mehr dieses Codes als Auftragsarbeit vergeben wird.

Wie schon im vorigen Argument ergibt sich auch hier als logische Konsequenz, dass für die langfristige Bewertung somit das „schöpferische Potential" eines Unternehmens wesentlicher ist als der Besitz des geistigen Eigentums selbst.

(e) Bindung von Informationsprodukten an Humankapital
In Bezug auf Information kann zwischen „embodied" und „disembodied" Informationen unterschieden werden. Dabei wird mit „embodied" an den Menschen gebundene Information wie Bildung und erlernte Fähigkeiten gemeint, während Wissen an sich – also Informationsprodukte – disembodied sind, d.h. nicht an den Körper gebunden. Es ist – sozusagen als geistiges Eigentum – lösbar von der Person. Aber eben diese Lösbarkeit von der Person ist bei der Erstellung von Informationsprodukten faktisch nicht gegeben. Zwar ist das fertige Produkt relativ unabhängig vom Ersteller, während der Entstehung bzw. Produktion ist es aber an den Menschen gebunden und damit zumindest zeitweise „embodied". Speziell in dieser Zeit aber auch darüber hinaus lässt sich das produzierte Know-how also nicht vollständig von der Person lösen und z.B. in Patente fassen, sondern ist im Kopf der jeweiligen Arbeitnehmer gespeichert.[104] Und dies ist für die New Economy von großer Bedeutung.

Gerade bei langfristigen Projekten sind oft wenige Schlüsselpersonen ausschlaggebend für die Entwicklung. Da während der Entstehung der Information noch kein geistiges Eigentum in dem Sinne existieren kann, bedeutet der Verlust eines entsprechenden Mitarbeiters, der den bisherigen Arbeitseinsatz sozusagen mitnehmen kann, auch den Verlust unter Umständen großer Mengen notwendigen Wissens.

Dadurch lässt sich auch die Frage beantworten, warum die New Economy zumindest in ihrer frühen Phase so sehr von der geradezu klischeehaften, archetypischen kleinen Firma dominiert wurde.

Arbeit an Informationsprodukten hat nicht – wie es normalerweise der Fall ist – über den Arbeitsprozess hinweg eine grob konstante Arbeitsproduktivität, vielmehr wird ein wesentlicher Teil der Information nach einem „Durchbruch" recht schnell erzeugt, während die restliche Zeit über z.T. mit Trial-and-Error-Verfahren die Möglichkeiten zur Überwindung von Sackgassen ausgelotet werden. Wesentlich für den Arbeitgeber als Nachfrager diesen Typs von Arbeit sind aber nur die zentralen Tage des Durchbruchs. Diese Konzentration des tatsächlichen Outputs er-

---

[103] Raymond (2000b), S. 3.
[104] Vgl. dazu z.B. Pfeiffer, Falk (1999), S. 87.

möglicht dem Arbeitnehmer große Spielräume für Moral Hazard aufgrund massiver Informationsasymmetrien zuungunsten des Arbeitgebers. Wenn z.B. ein Programmierer, der aufgrund seiner durchschnittlichen Grenzproduktivität entlohnt wird, kurz vor dem Durchbruch, den er selbst grob abschätzen kann, zu einem zweiten Unternehmen wechselt, kann er dort – sofern er glaubwürdig seine Fortschritte aufzeigen kann – eine deutlich höhere Entlohnung bzw. einmalige Zusatzentlohnung heraushandeln, da er kurzfristig deutlich überdurchschnittlich zum Unternehmenserfolg beitragen wird. Selbst wenn er keinen zweiten Arbeitgeber finden sollte, wäre im Regelfall die eigenständige Vermarktung der auf Arbeitgeberkosten entwickelten Ideen lukrativer. Der ursprüngliche Arbeitgeber hingegen, hat ihn während einer Periode, die nachträglich kaum messbare Erfolge ergibt, massiv überbezahlt.

Um in den Kategorien der klassischen Humankapitaltheorie zu bleiben, könnte also gesagt werden, dass Forschungsarbeit zumindest in einem gewissen Rahmen an sich schon der Bildung von nicht firmenspezifischem Humankapital (nach Becker) entspricht. Die Bezahlung einer solchen Humankapitalbildung führt entsprechend zu einer Moral Hazard Problematik.[105]

Die Bindung des Humankapitals an eine Firma wird somit in der New Economy zu einer entscheidenden Frage. Nur so lange ein einzelner Unternehmer selbst für sich arbeitet, ist gewährleistet, dass keine Anreize vorliegen, den Unternehmer durch die mangelnde Kontrolle über die gebunden Informationsprodukte „auszubeuten". Dies ist wohl einer der wesentlichen Gründe, warum kleine Firmen in der Neuen Ökonomie zunächst eine sehr große Bedeutung haben.[106] Die Nachteile durch diese kleinen und kleinsten Unternehmen werden im Kapitel zur Volatilität klar werden. Es ist nämlich eben diese Marktstruktur, die eine Risikostruktur mit sich brachte, die den Fall der New Economy mit bewirkt hat.[107] Beachtet werden muss in diesem Zusammenhang, dass der Schutz des Humankapitals hier verschmilzt mit dem generellen Problem des Schutzes geistigen Eigentums, das bereits diskutiert wurde, da es hier letztlich um die Sicherung noch nicht formal geschützten Wissens geht und nicht (nur) um das Produktionspotential für solches Eigentum im allgemeinen.

---

[105] Becker (1964), S. 40 ff.

[106] Die Bedeutung dieser Verschiebung der Größenordnungen war so deutlich, dass sogar ein eigenständiger neuer Begriff geprägt wurde: SOHO – „Small offices and home offices". Vgl. dazu z.B. Reichwald (2001), S. 41.

[107] Vgl. dazu insbes. Kapitel 4.3.2.3, Kapiel 4.3.3.4 und 4.3.4.1

4.1.3.2 Konsequenzen der besonderen Bedeutung von Humankapital

In der öffentlichen Diskussion wird in der Regel von den Vorteilen einer humankapitalintensiven Branche gesprochen. Die Schattenseite wird dabei nur wenig berücksichtigt. Es wurde bereits gezeigt, wie anfällig die Produktion von Informationsgütern gegenüber Moral Hazard ist. Letztlich ist es nur naheliegend, dass je größer die Bedeutung des Menschen im Produktionsprozess ist, auch die menschlichen Schwächen – wie eben der Opportunismus – an Bedeutung gewinnen. Opportunismus wird hier direkt auf zwei Wegen zur Gefahr. Einmal gibt es das klassische institutionenökonomische Problem der mangelnden Kontrollierbarkeit der Arbeitsleistung. Gerade angesichts der unregelmäßigen Erfolgskurve tritt dieses Problem verstärkt auf. Das zweite Problem – und dieses Problem ist insofern bedeutsamer, als es primär ein Problem der Neuen Ökonomie allein ist, ist das Problem der Abwanderung.

Dieses Problem ist in zweierlei Hinsicht relevant. Einmal liegt ein Problem in der oben erörterten Bindung bereits firmenintern erzeugter Informationsprodukte an die Mitarbeiter bzw. „das Humankapital", indem eine Abwanderung der betreffenden Mitarbeiter gleichzeitig eine Abwanderung damit verbundener, erst teilweise erzeugter Produkte bedeutet.

Das zweite Problem, das sich ergibt, besteht darin, dass – wie die Ausführungen in den Abschnitten (c) und (d) des obenstehenden Kapitels nahe legen – das Erzeugungspotential an Informationsprodukten für die Bewertung einer New Economy-Firma häufig im Vordergrund steht. Hohe Fluktuation bei der Belegschaft kann also entsprechend hohe Fluktuationen im zu erwartenden Gewinn und damit im Firmenwert bedeuten. Die Folgen dieses erhöhten Risikos werden im Kapitel zur Volatilität der New-Economy-Aktienmärkte näher diskutiert.

Insgesamt wird so das Humankapital, über das ein Unternehmen verfügt, zum primären Wertträger. Und eben dies macht die Bindung des Humankapitals an eine Unternehmung zur primären strategischen Frage. Die mangelnde Berücksichtigung dieser Bedeutung dürfte sogar einer der Gründe für die Krise der Neuen Ökonomie seit dem Jahr 2000 sein. Das Humankapital wurde zwar, wie es vor dem Hintergrund der vorgestellten Argumente naheliegend ist, mitbewertet, ohne aber zu berücksichtigen, wie fest die Bindung des Humankapitals an das jeweilige Unternehmen war. Faktisch haben die Aktionäre einen Anteil von etwas gekauft, das dem Verkäufer gar nicht gehörte, nämlich Anteile an den Eigentumsrechten am Humankapital der Mitarbeiter, das der Unternehmensgründer bzw. der Unternehmer selbst letztlich nur „gemietet" hat. Ein gegebener „Humankapitalstock" konnte somit vielfach verkauft werden und könnte so nicht unerheblich zur Aufblähung der New-Economy-Indices beigetragen haben. Fraglich bleibt somit zunächst, ob diese Problematik staatliches Eingreifen notwendig macht oder aber ob marktwirtschaftliche Prozesse ausreichen, um dieses Problem langfristig verschwinden zu lassen.

In diesem Zusammenhang geht es um die primär institutionenökonomische Frage nach einer optimalen Gestaltung der Prinzipal-Agenten-Beziehungen unter den Rahmenbedingungen, wie sie in Unternehmen der neuen Branchen anzutreffen sind. Und wie im folgenden Kapitel gezeigt wird, werden von den Marktakteuren hier durchaus brauchbare Lösungsansätze verfolgt, und der Staat hat durch seine Eingriffe bisher eher eine Problemlösung erschwert.

4.1.3.3 Ausgestaltung der Arbeitsbeziehungen zur Lösung der Kontroll-problematik

Der Schlüssel zur Lösung dieser Problematik liegt nicht zuletzt in den Entlohnungsansätzen. Viele der Anfangsschwierigkeiten der Neuen Ökonomie lagen in der verfehlten Unterstellung, die Entlohnungsschemata könnten aus den klassischen Sektoren – zumindest soweit dort auch qualifizierte Arbeit geleistet wurde – relativ direkt übernommen werden. In der Praxis allerdings hat sich diese Erkenntnis, wie wichtig der Arbeitnehmer für einen derart humankapitallastigen Sektor ist, schnell durchgesetzt. So waren beispielsweise die zeitweilig sehr üblichen Zahlungen in Unternehmensanteilen – wie nachfolgend dargelegt wird, neben anderen Ansätzen – eine erste Reaktion mit der versucht wurde, den Erfolg der Unternehmen mit dem Erfolg der Mitarbeiter zu koppeln und so einmal der Abwanderungsgefahr aber auch dem Moral Hazard vorzubeugen.

(a) Werkverträge und „Scheinselbständigkeit"
Was bedeutet es für die Neue Ökonomie, dass die Erstellung eines Informationsgutes bis kurz vor der Fertigstellung große Analogien zur Bildung von allgemeinem, nicht unbedingt firmenspezifischem Humankapital aufweist? Es bedeutet letztlich nichts anderes, als dass ebenso wie bei dem Ausbildungsprozess, der zu allgemeinem Humankapital führt, auch beim Informationsgut nicht der Erstellungsprozess (als Äquivalent zur Ausbildung), sondern erst die erfolgte Gütererstellung (als Äquivalent zur Erbringung der durch Ausbildung produktiveren Arbeitsleistung) entlohnt werden darf.[108]

So verwundert es nicht, dass einer Selbständigenquote zwischen 7 und 9,5 Prozent in Ost- bzw. Westdeutschland auf gesamtwirtschaftlicher Ebene eine Selbständigenquote in den New-Economy-Branchen zwischen 15 % (Software) und 23 % Prozent (Teilsektoren der Datenverarbeitung) gegenübersteht. Aus den alten Sektoren können hier nur wenige Branchen, die von ihrer Natur her der New Eco-

---

[108] Becker (1993), S. 33 f.

nomy näher liegen als dem produzierenden Gewerbe, ähnlich hohe Werte vorweisen, wie z.B. Architektur (29 %), Beratung (25 %) und Werbung (36 %).[109] Dies sind durchweg solche Sektoren, in denen, wie in der Neuen Ökonomie, Informationsprodukte produziert und verkauft werden.

Gerade in den neueren Branchen waren viele dieser Selbständigen ohne Angestellte tätig und arbeiteten vielfach nur für einen Arbeitgeber. Der Grund ist offensichtlich der oben beschriebene. Durch die Humankapitalproblematik im Zusammenhang mit geistigem Eigentum, macht es schlicht mehr Sinn, Ergebnisse statt Leistungen zu kaufen, und genau das passiert in der Neuen Ökonomie verstärkt.

Die Scheinselbständigkeitsregelung der Bundesregierung aus dem Jahr 1999 war für die New Economy ein schwerer Schlag. Rückwirkend zum 1. Januar 1999 wurde festgelegt, dass jeder Erwerbstätige, der zwei von vier Kriterien erfüllt, zwangsweise als Arbeitnehmer zu betrachten sei und entsprechend Sozialabgaben fällig würden. Diese Kriterien sind, dass

> ➤ niemand oder nur Familienangehörige vom Erwerbstätigen beschäftigt werden,
> ➤ er nicht selbst unternehmerisch am Markt auftritt,
> ➤ er eine arbeitnehmertypische Beschäftigung ausübt, bzw.
> ➤ er nur für einen Arbeitgeber arbeitet.[110]

Gerade kleine Firmen wurden davon schwer betroffen. Dabei ging es aber nicht nur um die häufig in den Vordergrund gerückte Flexibilitätsfrage.

Besonders die jungen Unternehmen beschäftigten ihre Mitarbeiter auf Basis von Werkverträgen. Die Gesetzesnovelle verbot das zumindest für den Fall – und eben dieser Fall war typisch –, dass ein Mitarbeiter seine Aufträge faktisch nur von einer einzigen Firma bekam.

Unabhängig davon, dass der verhärtete Arbeitsmarkt generell eher der Lockerung als weiterer Verkrustung bedurft hätte, war die Gesetzesänderung eine sachlich falsche Entscheidung und zwar deshalb, weil – und das soll im Folgenden dargelegt werden –sich das Arbeitsverhältnis vieler dieser „Scheinselbständigen" faktisch von dem eines normalen Arbeitnehmers unterschieden hat und diese Unterscheidung deutlich über den fehlenden Kündigungsschutz und die mangelnden Sozialabgaben hinausging.

Was bedeutete die Beschäftigung als (Schein)selbständige für die Betroffenen? Von mangelnder Arbeitsplatzsicherheit kann kaum die Rede sein. Die Überschussnachfrage war ja gerade so groß, dass eher Abwanderung befürchtet wurde. Entlassungen gab es nur im Falle von drastischen Einbrüchen, wo sie im gleichen Maße

---

[109] Pfeiffer, Falk (1999), S. 139.
[110] Merz (1999).

auch in vermeintlich sicheren Firmen aufgetreten wären. Aus Sicht der Arbeitgeber wäre in dieser Situation sogar ein Arbeitsvertrag, der ja auch den Arbeitnehmer bindet, wenn die Bedingungen wie in der alten Ökonomie wären, interessant gewesen. Warum haben sie sich trotzdem systematisch dagegen entschieden?

Der entscheidende Unterschied ist, dass ein Werkvertrag auftragsgebunden ist. Der Arbeitnehmer bzw. der selbständige Subunternehmer ist nicht nur zum Leisten von Arbeitszeit – wie beim klassischen Arbeitsvertrag –, sondern vielmehr zum tatsächlichen Erbringen der Leistung verpflichtet. Im Gegensatz zum Angestelltenverhältnis war somit das faktische Erbringen der erwarteten Leistung gesichert. Abwanderung vor Fertigstellung wurde damit ausgeschlossen, die entlohnte Leistung sicher erbracht.

Aus Sicht der Arbeitnehmer bedeutet dies eine gestiegene Verantwortung für die Erbringung der Leistung. Wie ein klassischer Unternehmer sind sie verpflichtet, auf eigenes Risiko eine Leistung vollständig zu erbringen und nicht etwa nur zu arbeiten. Angesichts der gestiegenen Bedeutung von Kreativität, Originalität und anderen kaum messbaren Variablen für die Erbringung einer Arbeitsleistung ist diese Eigenverantwortung unumgänglich.[111] Dieser Unterschied in der Eigenverantwortlichkeit ist eine derart qualifizierende Eigenschaft des Unternehmertums, dass es nicht gerechtfertigt erscheint, vielen dieser Selbständigen unter dem Begriff der Scheinselbständigkeit das Unternehmertum abzusprechen.

In der Industriesoziologie wurde dieser Wandel beschrieben mit dem Begriff des Arbeitskraftunternehmers[112], der seine Arbeitsleistung selbstverantwortlich zur Verfügung stellt. Kontrolle und Rationalisierung seines Arbeitseinsatzes obliegen damit ihm selbst. Diese Entwicklung vollzieht sich aber nicht nur in Einzelsektoren, sondern – wenn auch in unterschiedlicher Stärke – in einer Vielzahl von Branchen.[113] Insofern scheint es, als hätte die New Economy mit ihrem besonders hohen opportunistischen Spielraum generell katalytisch gewirkt und eine breite Entwicklung angestoßen.

Auch die wirtschaftswissenschaftliche Literatur beschäftigt sich mit der zunehmenden Auflösung der Schranken zwischen Erwerbsarbeit und unternehmerischer Tätigkeit. So spricht Siebert gar von einer Auflösung der „traditionellen Gegensätze zwischen Arbeit und Kapital."[114]

Ein weiterer Vorteil dieser Vertragsform war, dass der Arbeitnehmer zwar das durch ihn selbst verursachte Risiko als eigenverantwortlicher Unternehmer zu tragen hatte, aber nicht, wie bei der Entlohnung durch Anteile (das Konzept, das im folgenden Abschnitt abgehandelt wird) existenziell an den von ihm nur begrenzt

---

[111] Siebert (2001), S. 9.
[112] Pongratz, Voß (2000), S. 230.
[113] Pongratz, Voß (2002), S. 18ff. und 25f.
[114] Siebert (2001), S. 9.

beeinflussbaren Gesamterfolg des Unternehmens gebunden war. Das große Problem der alternativen interessanten Entlohnungsart trat demnach nicht auf. Dennoch betonen einige Autoren die „Angst vor dem Absturz"[115]; und selbstredend ist das Risiko jedes „Mitarbeiters" gestiegen. Aber gerade in Sektoren, in denen der Arbeitseinsatz faktisch nicht prüfbar ist und die Arbeitsleistung massiv vom persönlichen Engagement des Einzelnen abhängt, wo die Arbeit nicht standardisierbar und daher nicht leicht kontrollierbar ist, wie am Fließband, da erscheint eben jene Übernahme des Risikos der eigenen Arbeitsleistung als eines der wenigen wirksamen Kontrollinstrumente.

Mit ihrer vor dem Hintergrund der jüngsten Entwicklungen veralteten Sichtweise des Unternehmertums hat die Bundesregierung somit einen wesentlichen Zweig des Unternehmertums effektiv aus dem Markt gedrängt, nicht berücksichtigend, dass nicht die Zahl der Abnehmer sondern die Eigenständigkeit und Risikobereitschaft die kennzeichnenden Merkmale des Unternehmertums sind. Vor allem sollte berücksichtigt werden, dass gerade im Bereich der Hochqualifizierten, wie sie in der New Economy anzutreffen sind, diese atypische Beschäftigung eher als Vorteil denn als Nachteil empfunden wird.[116] Sie erfolgte also nicht nur – wie die Politik versucht vorzugaukeln – aufgrund eines arbeitgeberseitigen Drucks, um so Lohnnebenkosten zu sparen.

(b) Unternehmensbeteiligungen zur Mitarbeiterbindung
Mitarbeiterkapitalbeteiligung ist im Zuge der sich abzeichnenden in den obigen Abschnitten dargelegten Humankapitalproblematik der neuen Branchen zu einer populären Methode der Mitarbeitermotivation und -bindung geworden. Gerade Aktienoptionen stellten in einigen Unternehmen der New Economy einen wesentlichen Teil der Mitarbeiterentlohnung dar. In diesem Kontext machte die Mitarbeiterkapitalbeteiligung den Schritt aus ihrem Schattendasein als (staatlich gefördertes) Instrument der Sozial- und Tarifpolitik hin zur einer der wesentlichen personalpolitischen Entscheidungen, die für Unternehmen der New Economy durchaus zentrale strategische Bedeutung hatte.[117] Angesichts der obigen Analysen, die zeigen, wie wichtig die Eigenverantwortung unter den neuen Bedingungen ist, scheint dieser Schritt nur naheliegend.

Im folgenden Abschnitt soll kurz der Frage nachgegangen werden, inwiefern solche Modelle zur Lösung der oben angeführten Problematik helfen können. Dabei soll nicht der Sinn von Kapitalbeteiligungen generell, geschweige denn deren unterschiedliche Ausgestaltungsmöglichkeiten en detail diskutiert werden, sondern vielmehr grundlegende Überlegungen angestellt werden, inwiefern das

---

[115] Vgl. dazu z.B. Kadritzke (2000), S. 796 ff.
[116] Kaupa, Steiner (2002), S. 136 f.
[117] Vgl. Wagner (1997), S. 156.

Instrument als solches im speziellen Umfeld der Neuen Ökonomie sinnvoll Einsatz finden kann. Extremfälle wie das Management-Buy-Out oder Belegschafts-Buy-Out, die, ebenso wie die rechtlichen Fragen, in der einschlägigen Literatur einen wesentlichen Schwerpunkt haben, sind an dieser Stelle nicht von Belang.[118] Ebenso werden andere Effekte bzw. Ziele der Mitarbeiterkapitalbeteiligung, die nicht direkt oder indirekt auf die Lösung der erörterten Humankapitalproblematik abzielen, wie z.B. finanzwirtschaftliche Ziele, wie die Stärkung des Eigenkapitals oder die Nutzung von Steuervorteilen aber auch Nachfolgeüberlegungen etc., aus naheliegenden Gründen weitgehend ausgeklammert[119] auch wenn es z.T. gerade diese Ziele sind, die die Mitarbeiterkapitalbeteiligung auch in der Politik ins Gespräch gebracht haben.[120]

> Was kann Mitarbeiterkapitalbeteiligung leisten ?

Das primäre Ziel der Mitarbeiterkapitalbeteiligung ist eine Verbesserung von Motivation und vor allem eine Verbesserung der Identifikation mit dem Unternehmen, um so eine höhere Bindung der Mitarbeiter an das Unternehmen zu erreichen[121]. Gerade einer Abwanderungsgefahr kann eine solche Identifikation theoretisch entgegenwirken.

> Was kann Mitarbeiterkapitalbeteiligung nicht leisten ?

Mitarbeiterkapitalbeteiligung ist eine Beteiligung am Erfolg des Unternehmens insgesamt und damit **nicht** leistungsbezogen. Während Motivation gegen Opportunismus im „kleinen" einen guten Ansatz darstellen mag, ist es bei den großen Gewinnmöglichkeiten durch opportunistisches Verhalten in der Neuen Ökonomie fragwürdig, inwiefern die Methode der Mitarbeiterkapitalbeteiligung erfolgversprechend ist.[122]

Auch hier ist die Eigenleistung des Einzelnen nur unwesentlich an seine Entlohnung gekoppelt. Vor allem sollte bedacht werden, dass gerade falls der Einzelne

---

[118] Vgl. zu diesen Fragen kurzgefasst z.B. Wagner (1990).

[119] Zu einer kurzen Übersicht über betriebswirtschaftliche Ziele der Mitarbeiterkapitalbeteiligung siehe Eyer (2001), S. 22. Bei Löschner, Schuster (1996), S. 604, finden sich zusammengefasste Argumente, warum gerade die finanzwirtschaftlichen Ziele allerdings kaum relevant sind und somit ohnehin die personalwirtschaftlichen Ziele in den Vordergrund treten.

[120] Vgl. Schartau (2001), S. 28 f.

[121] Eyer (2001), S. 22.

[122] Clesius (1985) mutmaßt sogar, dass Formen der Kapitalbeteiligung, die nicht direkt leistungsbezogen sind keinerlei Motivationswirkung haben. Eine solch extreme Position scheint aber hier nicht angemessen, da durch den Besitz ein Identifikationsverhältnis entsteht, das die Motivation an sich steigert. Es ist nur nicht hinreichend, um opportunistisches Verhalten zu verhindern, das massive finanzielle Vorteile bringen kann. Vgl. dazu Clesius (1985), S. 64 ff.

signifikanten Einfluß auf den Unternehmenserfolg hat[123], eine enge Kopplung in jeder Konstellation sogar negative Wirkungen haben könnte. Dadurch nämlich, dass die Umverteilung der Eigenleistung so offensichtlich wird, dürfte (reales oder vermeintliches) Trittbrettfahrerverhalten anderer am Unternehmen beteiligter Mitarbeiter von den besonders leistungsfähigen, beteiligten Mitarbeitern als Nachteil empfunden werden. Im Extremfall kann so sogar das opportunistische Verhalten gefördert bzw. die Motivation beeinträchtigt werden, da der Einzelne die Partizipation der anderen an „seinem" Erfolg vermeiden möchte. Die Hochstilisierung von Mitarbeiterkapitalbeteiligungen zum „besten Anreiz für Arbeitnehmer"[124] scheint daher übereilt.

> Was für Probleme bringt Mitarbeiterkapitalbeteiligung in der New Economy?

Vor allem in einem risikoreichen Segment wie der Neuen Ökonomie ist fragwürdig, inwiefern Mitarbeiterkapitalbeteiligungen als wesentlicher Entlohnungsbestandteil sinnvoll sind. Aktienoptionen (und dies ist die übliche Art der Beteiligung gewesen),[125] die z.B. in Deutschland erst nach zwei Jahren einlösbar sind, stellen faktisch einen völlig randomisierten Einkommensbestandteil dar. Insofern ist (nachdem durch die Einbrüche der letzten Jahre diese Zufallskomponente bewusst wurde) auch die Motivationskomponente fraglich. Diese Motivation basiert letztlich auf einer vermeintlich wahrgenommenen Kopplung zwischen Eigenleistung und Output, auch wenn diese allenfalls marginal ist. Wenn aber die Kopplung zwischen Leistung der Mitarbeiter an sich und Unternehmenserfolg auf zweijähriger Basis faktisch kaum existent ist, so ist zweifelhaft inwiefern diese Motivationsbemühungen fruchten können. Denn die finanzielle Attraktivität der Aktienoptionen – die deren primären Vorteil darstellt – ist in dieser Form nicht mehr gegeben. Statt der erhofften Mitarbeiterbindung kann die so erzeugte Unsicherheit des Einkommens im Extremfall sogar abschreckend wirken und somit nicht nur „nicht funktionieren", sondern darüber hinaus einen kontraproduktiven Effekt haben.

Wie groß dieses Risiko ist, zeigt sich am (besonders harten) Fall einiger amerikanischer IT-Mitarbeiter, bei denen die Besteuerung der erhaltenen Papiere (die zum Bezugszeitpunkt festgelegt wird) deren Wert mittlerweile übersteigt. Die

---

[123] Auch dann liegt allerdings immer noch kein Leistungsbezug im Sinne einer Kopplung der Entlohnung an die individuelle Leistung des einzelnen im Unterschied zur Gesamtheit vor.
[124] Brüderle (2001), S. 21.
[125] Damit stellt die New Economy (zumindest der Teil, wo jene Entlohnungsvariante, wie sie auch im Silicon Valley selbst üblich war, angewandt wurde) eine Ausnahme dar. Typischerweise werden gerade in kleinen und mittleren Firmen eher Beteiligungsinstrumente präferiert, die weniger Einfluss seitens der Mitarbeiter gestatten, wie Genussscheine und ähnliches (vgl. zu den verschiedenen gebräuchlichen Varianten z.B. Becker, Fremmer (2001), S. 3 ff).

Optionen können also je nach rechtlichem Regime nicht nur einen zu kleinen, sondern einen negativen Einkommensbeitrag leisten.[126] Andere Beteiligungsvarianten, die nicht mit diesem Risiko behaftet sind, gelten in der Praxis auch als deutlich weniger attraktiv und können, selbst wenn oft andere Faktoren wie die Gewährleistung größerer Flexibilität etc. für sie sprechen, die gerade in der New Economy erforderliche Bindungswirkung nur schwer erzielen.[127]

Die Unternehmensbeteiligungen bieten also sowohl Vor- als auch Nachteile. Zusammenfassend bringen sie zwar die Chance, den Arbeitnehmer an den Erfolg des Unternehmens und damit auch an das Unternehmen selbst zu binden, andererseits ist gerade durch die oft eingesetzten Verkaufssperren, um dieses Ziel abzusichern, der Risikofaktor derart hoch, dass es sich unter Umständen nicht mehr rentiert, einen festen Arbeitsplatz anzunehmen, dessen Vorteil gerade in regelmäßiger Entlohnung liegen sollte. Angesichts der Tatsache, dass die Motivationswirkung (und damit auch die Bindungswirkung) gerade im Umfeld der New Economy nur am Rande auftritt, ist die Methode an sich scheinbar weniger geeignet.

Dabei muss nochmals betont werden, dass diese Argumente ausschließlich klären, wie sehr die Mitarbeiterkapitalbeteiligungen bei der Lösung der Humankapitalproblematik helfen können. Anderen möglichen Vorteilen wird dadurch kein Abbruch getan und so darf das vorstehende Fazit nicht als Plädoyer gegen Mitarbeiterkapitalbeteiligung verstanden werden. Es soll nur klar herausgearbeitet werden, welche Probleme sich auf diesem Weg lösen lassen und welche nicht. Generell gibt es andere Gründe, die gerade in der New Economy Mitarbeiterkapitalbeteiligungen interessant erscheinen lassen. Allen voran ist hier die Flexibilisierung der Löhne zu nennen, die gerade in volatilen Sektoren wie der IT-Branche entscheidend sind. Das so ermöglichte Umgehen der Lohnrigiditäten wirkt auch gesamtwirtschaftlich positiv, da Unternehmenseinbrüche abgefangen werden können.[128]

Es sollte aber generell davor gewarnt werden, die Arbeitnehmer zunehmend in die Rolle des Unternehmers zu drängen. Forderungen, dass mit dezentralen Gehaltsverhandlungen automatisch auch Gewinnbeteiligung der Mitarbeiter (z.B. über eine Mitarbeiterkapitalbeteiligung) sowie Mitarbeiterbeteiligung in der Entscheidungsfindung kommen müssten, sind eher übertrieben.[129] Es scheint zunächst naheliegend, dass Arbeitnehmer, die das Risiko eines Unternehmens mit tragen, auch an der Entscheidung beteiligt sein sollen. Aber die zwingende Verknüpfung zwischen dezentralen, flexiblen Arbeitsverträgen und einer Beteiligung in Kapital

---

[126] Die Welt (Onlineausgabe), 15.08.2001.

[127] Vgl. Heyder (2003), S. 41.

[128] Vgl. Zu diesen Argumenten (unabhängig von der New Economy) z.B.Hofmann, Holzner (2002), S. 11.

[129] Vgl. dazu z.B. Bertholds und Fehns Forderung nach „risk and reward sharing" zwischen Unternehmern und Mitarbeitern. Bertholt, Fehn (2002).

und Entscheidung ist keineswegs so selbstverständlich. Und es ist zu berücksichtigen, dass das Risiko, das der Arbeitnehmer in der New Economy übernehmen sollte, nicht das Unternehmensrisiko ist, sondern das Risiko bezüglich der Erbringung der ihm abverlangten Arbeitsleistung. Außerdem sollte der Arbeitgeber nicht das Risiko tragen, Arbeit zu entgelten, auch wenn er sie nicht länger benötigt. Dieses Risiko wird durch das restriktive Arbeitsmarktsystem Deutschlands hier normalerweise weitgehend vom Arbeitgeber getragen. Mitarbeiterkapitalbeteiligung ist zwar generell dazu geeignet, das Risiko über mehr Schultern zu verteilen, die New Economy erfordert aber nicht eine generelle Verteilung der Risiken, sondern vielmehr die Übernahme der genannten spezifischen Risiken durch die Mitarbeiter. Die Mitarbeiterkapitalbeteiligung aber kann gerade bei diesen Risiken zu einer sinnvolleren Verteilung kaum beitragen. Es scheint daher unnötig, die Arbeitnehmer in eine vollständige Unternehmerrolle hineinzuzwängen, die ihren Präferenzen offensichtlich nicht entspricht (sonst hätten sie diese Präferenz über eine Unternehmensgründung offenbart). Dies kann der Effizienz kaum zuträglich sein, stellt zusätzlich wieder einen Rückschritt in Richtung Korporatismus dar und bringt daher auch zusätzliche Rigiditäten mit sich.

(c) Orientierung an anderen humankapitalintensiven Branchen
Trotz allem sollte berücksichtigt werden, dass Humankapitallastigkeit an sich nichts Neues ist. Lediglich die Bedeutung solcher Sektoren für die Gesamtwirtschaft ist im letzten Jahrzehnt deutlich angestiegen. Allein die zunehmende Bedeutung heißt aber nicht, dass Entlohungskonzepte, wie sie in humankapitalintensiven Branchen seit jeher üblich sind, nicht länger Anwendung finden können. Insofern ist es fast erstaunlich, dass die Kenntnisse z.B. aus der Unterhaltungsbranche oder dem Sport nicht zumindest teilweise verwandt wurden.

Sicherlich gibt es deutliche Unterschiede. So ist kaum in einem anderen Sektor die Leistungserbringung zeitlich so sehr konzentriert wie beispielsweise in Forschung und Entwicklung. Dennoch müssen alle humankapitalintensiven Branchen mit der Problematik leben, nach ihren Humankapitalressourcen bewertet zu werden, und haben gelernt, entsprechend damit umzugehen.

Eines der deutlichsten Beispiele ist der Profifußball.[130] Auch hier wird der Output fast ausschließlich durch die Fußballspieler – also das Humankapital – erzeugt. Zwar erfolgt die Leistungserbringung wie auch in der Warenproduktion über die Zeit verteilt, es wird also kaum eine noch zu erbringende Leistung gezahlt (wie es in der New Economy der Fall sein kann), aber dennoch muss ein Verein bestrebt sein, Kontinuität zu gewährleisten und damit fähig sein, Humankapital dauerhaft zu binden. Im Gegensatz zur New Economy, die mit klassischen Arbeitsverträgen

---

[130] Zur Rolle des Humankapitals in der Fußballbundesliga vgl. u.a. Hübel, Swieter (2002).

arbeitet, hat sich im Profifußball eine Tradition etabliert, bei der der anwerbende Verein faktisch die Verfügungsrechte am Humankapital des Fußballers vollständig übernimmt. Selbst nach Vertragsablauf war es – bis zum Verbot durch den EuGH – üblich, hohe Ablösesummen zu zahlen, um dem letzten Verein den Spieler faktisch „abzukaufen". Ein solches System ist zwar – wie der EuGH feststellte – rechtlich zweifelhaft.[131] Dennoch erfüllt es einige der Voraussetzungen, die ein anreizkompatibles Entlohnungsmodell unter den Rahmenbedingungen der Neuen Ökonomie erfüllen muss. Darüber hinaus bietet es eine brauchbare Möglichkeit, die Property Rights an Humankapital durch die betroffenen Unternehmen wahrzunehmen.

(d) Abstellen auf Spezifität von Wissen
Ein gänzlich anderer Weg zur Minimierung opportunistischer Spielräume besteht im bewussten Schaffen hoher Spezifität von Wissen. Dieses Argument bezieht sich primär auf die Aufspaltung und Bindung von noch nicht geschütztem Wissen an mehrere erstellende Forscher oder Entwickler.

So kann z.B. durch Verteilung von Aufgaben erreicht werden, dass in seiner Gesamtheit anderweitig verwertbares Wissen von den einzelnen Mitarbeitern nicht außerhalb des Unternehmens verwertbar ist.[132] Entgegen der ursprünglichen Annahme scheinen in diesem Zusammenhang große Firmen sogar einen systematischen Vorteil zu besitzen, wenn die Firmengröße hinreichend ist, um eine entsprechende Verteilung von Teilaufgaben zu gewährleisten. Anders als im klassischen Fall, bei dem die Kontrollkosten mit zunehmender Firmengröße zunehmen, liegen hier zweigipflige Kurven vor. Kontrollkosten sind zu Beginn sehr niedrig, steigen durch die Kontrollproblematik zunächst wieder an, um dann zu sinken, wenn die Verteilungsoptionen wirksam werden, steigen letztlich aber, wenn die Firma über das maximale Ausnutzen dieser Optionen hin weiter wächst.

4.1.3.4 Fazit

Letztlich ist die Rolle des Humankapitals in der Neuen Ökonomie kein unlösbares Problem. Das Problem war – wie so oft in der New Economy – nicht die Situation an sich, sondern die Neuheit der Situation für den Markt. Sicherlich haben sich für den einzelnen Marktteilnehmer verschiedene Variablen geändert. Aber diese Veränderung, also auch solche massiven strukturellen Veränderungen, sind Teil und Sinn der Marktgeschehen. Es gibt kaum plausible Gründe, warum es nicht möglich sein sollte, diese Probleme marktintern zu lösen. Der Risikofaktor, der mit dem

---

[131] Vgl. Schellhaaß, May (2002), S. 129 f.
[132] Die Idee wurde z.B. von Kenney (1996, S. 702) im Zusammenhang mit dem Schutz intellektueller Property Rights angesprochen.

Humankapital immer verknüpft ist, wird erst dann zum Problem, wenn sinnvolle Lösungswege durch interventionistische Wirtschaftspolitik unterbunden werden. Informationsasymmetrien im Bezug auf die Strategien zur Humankapitalbindung sind nur beschränkt systematischer Natur und bestehen bzw. bestanden verstärkt aufgrund mangelnder Erfahrung mit der Handhabung der Abläufe in der Neuen Ökonomie.

4.2 Wettbewerbsprobleme

Die zunehmende Verbreitung von Informations- und Kommunikationstechnologien hat zu einer deutlichen Intensivierung des Wettbewerbs beigetragen. Insbesondere durch die günstige Informationsbeschaffung über das Internet haben Möglichkeiten zum Preisvergleich drastisch zugenommen. Gleichzeitig verlieren durch Online-Versandhäuser und Auktionsplattformen wie Amazon[133] oder Ebay[134], die privaten Handel standortunabhängig ermöglichen, regionale Marktgrenzen zunehmend an Bedeutung. Durch diese Vergrößerung des Marktes werden die Auswahlmöglichkeiten der Nachfrager gestärkt. Die vorher oft nicht rentable Abwanderung zu anderen Anbietern wird in vielen Bereichen erst durch das Internet zur echten Alternative. So hat durch den Druck aus dem Internet der Wettbewerb in einigen Branchen bereits deutlich zugenommen. Es wird also nicht nur (wie in Kapitel 3.1.1 bereits erörtert) Handel an sich erleichtert, hinzu kommt eine deutlich höhere Wettbewerbsintensität.

Trotz dieser generell positiven Wettbewerbswirkung ist die Neue Ökonomie selbst durch deutliche Wettbewerbsprobleme gekennzeichnet. Bei zahlreichen Soft- und Hardwareprodukten treten z.B. nachfrageseitige Skaleneffekte – die sogenannten Netzwerkeffekte oder Netzwerkexternalitäten – auf, d.h., der potentielle Nutzen für jeden einzelnen Nutzer wird durch jeden weiteren Anwender erhöht. Diese Netzwerkeffekte ermöglichen ein z.T. erhebliches Unternehmenswachstum. Durch dieses Wachstum, drohen unter Umständen Konzentrationstendenzen, die entsprechende Vermachtungsprobleme mit sich bringen. Das bekannteste Beispiel, das im Rahmen dieser Problematik immer wieder angeführt wird, ist der Rechtsstreit von Microsoft gegen die Vereinigten Staaten. Im folgenden Unterkapitel (4.2.1) werden Netzwerkeffekte mit besonderem Blick auf die Wettbewerbsproblematik genauer untersucht. Als Diskussionsgrundlage sollen zwei bekannte Fälle, einmal der bereits angesprochene Fall Microsoft aber auch die zunehmende Verbreitung des Open-Source-Systems Linux, dienen. Dabei wird es vorrangig um die Frage gehen, inwieweit wirklich Marktmängel vorliegen, die, abgesehen von den

---

[133] www.amazon.com bzw. www.amazon.de
[134] www.ebay.com bzw. www.ebay.de

konkreten Sanktionen Microsoft betreffend, ein systematisches staatliches Eingreifen rechtfertigen.

Im darauf folgenden Kapitel (4.2.2) sollen dann andere Quellen von Wettbewerbsproblemen in der Neuen Economy analysiert werden, z.B. die unter Umständen langfristig zweifelhaften Wirkungen nahezu vollständiger Information und die Konsequenzen extrem niedriger Grenzkosten bzw. über die Netzwerkeffekte hinausgehende Größenvorteile in der New Economy.

4.2.1 Netzwerkeffekte und deren Wettbewerbswirkungen

4.2.1.1 Netzwerkeffekte und Kompatibilität

Eines der Schlagworte, die im Zusammenhang mit der Neuen Ökonomie immer wieder auftauchen, sind „Netzwerkeffekte" bzw. Netzwerkexternalitäten. Diese Externalitäten beschreiben die positiven (externen) Effekte, die ein zusätzlicher Teilnehmer eines Netzwerks allein durch seine Teilnahme an diesem Netzwerk auf die bereits im Netzwerk befindlichen Netzwerkteilnehmer hat. Der Nutzen eines Netzwerkteilnehmers ist also positiv abhängig von der Größe des Netzwerkes bzw. der Anzahl sogenannter Netzwerkknoten.

Bei Netzwerkeffekten im ursprünglichen Sinn wird von sogenannten „direkten Netzwerkeffekten" gesprochen. Solche Netzwerkeffekte treten z.B. bei Telefonnetzen (denen sie auch ihren Namen verdanken) auf. Es ist offensichtlich, dass ein einzelnes Telefon keinen Nutzen stiftet. Der wesentliche Nutzen eines solchen Netzwerkproduktes besteht also z.B. in den Kommunikationsmöglichkeiten mit anderen Teilnehmern. Selbst wenn man nicht mit dem konkreten zusätzlichen Teilnehmer sprechen will, so erhöht doch jeder Teilnehmer den potentiellen Nutzen, da die Gebrauchsmöglichkeiten zunehmen.

In anderen Fällen entstehen positive Externalitäten auf andere Nutzer eines gleichartigen Gutes, obwohl die Verwendungsmöglichkeiten eines Gutes nicht direkt von der Zahl der Nutzer beeinflusst werden. Solche Netzwerkeffekte sind untrennbar verbunden mit dem Begriff der Kompatibilität. Kompatibilität wird dabei verwendet, um zwei an sich unterschiedliche Phänomene zu beschreiben:

Einmal werden zwei Güter als kompatibel bezeichnet, wenn ein Gut die Nutzung des anderen ermöglicht. In diesem Sinne wären z.B. ein VHS-Videoband und ein VHS-Videorecorder kompatibel, nicht aber ein VHS-Videoband und ein Betamax-Videorecorder. Ökonomisch wären solche Güter also komplementär.

Auf der anderen Seite spricht man von Kompatibilität, wenn zwei Güter die Nutzung gleichartiger dritter Güter ermöglichen, d.h. wenn die Medien (die wiederum mit diesen Gütern kompatibel sein müssen) zwischen ihnen austauschbar sind. In diesem Sinne wären also zwei VHS-Videorecorder untereinander kompatibel, da beide VHS-Videobänder abspielen können. Im Gegensatz zur oben beschriebenen Komplementaritätsbeziehung beschreibt diese Art der Kompatibilität in ökonomischen Termini das genaue Gegenteil, nämlich Substitute.

Um zwischen den beiden Formen klar unterscheiden zu können, soll im weiteren (bei Bedarf) im ersten Fall von vertikaler Kompatibilität gesprochen werden und im zweiten Fall von horizontaler Kompatibilität. Untereinander horizontal kompatible Güter stellen nun die Knoten eines Netzwerkes dar. Physische (oder zumindest technisch direkte) Verbindungen bestehen zwischen solchen Knoten allerdings im Gegensatz zu den direkten Netzwerkeffekten nicht.

Die Netzwerkexternalitäten entstehen hier nicht direkt durch einen weiteren Nutzer des horizontal kompatiblen Gutes an sich, sondern vielmehr durch indirekte Effekte über die vertikal kompatiblen Güter. Solche „indirekten Netzwerkeffekte" entstehen primär aus zwei Quellen: Zunächst besteht die Möglichkeit zum Austausch der Medien, die einem gemeinsamen Standard genügen. Mit der Verbreitung des Netzwerkgutes steigt somit die Chance über andere nutzbare Medien zu beziehen. Außerdem – und dies ist die zweite große Quelle indirekter Netzwerkeffekte – wird durch die zunehmende Verbreitung des Netzwerkgutes, ein größerer Markt für die vertikal kompatiblen Güter erzeugt, was langfristig sowohl positive Preiseffekte für den Nachfrager hat als auch die Auswahl unterschiedlicher Produkte auf diesem Markt – und damit auch den Nutzen – erhöht. Über diese vertikal kompatiblen Güter entstehen somit positive Feedback-Effekte.[135]

Diese nachfrageseitigen Skaleneffekte machen es teilweise durchaus sinnvoll, dass nur ein Anbieter alle Nachfrager versorgt, um so die Netzwerkeffekte vollständig auszunutzen. So wurden auch viele solcher Netze, gerade dort wo physische Netze ins Spiel kamen wie eben beim Telefon staatlich reglementiert bzw. vollständig staatlich geregelt.

Wenn solche Netzwerkprodukte im Markt gehandelt werden, kann es durch die induzierten Konzentrationstenzenden durchaus zu Wettbewerbsproblemen kommen. Unter Umständen können nämlich neue Anbieter eines Produktes trotz eines höheren Basisnutzens nicht mehr in den Markt eindringen, da der Gesamtnutzen inklusive des Netzwerknutzens für die potentiellen Nutzer beim Ursprungsprodukt größer ist. Die folgenden Unterkapitel versuchen zu zeigen, wo solche Effekte in der Neuen Ökonomie auftauchen, für die sie immerhin so typisch sind, dass auch von Netzwerk-Ökonomie gesprochen wird, und inwiefern sich tatsächlich die befürchteten Wettbewerbsprobleme ergeben, da, wie gezeigt werden wird, zur Nutzbarkeit dieser Effekte zur Vermachtung der Märkte einige Hindernisse zu überwinden den wären.

---

[135] Vgl. stellvertretend z.B. Stelzer (2000), S. 10.

4.2.1.2 Netzwerkeffekte in der Neuen Ökonomie

Kaum ein Sektor ist so von Netzwerkeffekten geprägt, wie die Neue Ökonomie. Standardisierung bzw. die eigene Positionierung auf einem von unterschiedlichen Standards geprägten Markt ist eine der zentralen strategischen Fragen für alle Wettbewerber. Während klassische Netzwerkeffekte wirklich daraus resultierten, dass ein größeres Netz an sich nutzenstiftend war, sind in der Neuen Ökonomie solche direkten Netzwerkeffekte nur Bruchteil der Gesamteffekte. Neben den klassischen direkten Netzwerkeffekten finden sich hier auch die beschriebenen indirekten Netzwerkeffekte. Die wesentlichsten Netzwerkexternalitäten, die die Märkte der Neuen Ökonomie dominieren, sollen im Folgenden kurz dargestellt werden:

(a) Direkte Netzwerkeffekte in der New Economy

Netzwerkeffekte im engsten und klassischen Sinne – die sogenannten direkten Netzwerkeffekte – finden sich offensichtlich im Bereich des Internets, wo – wie bei den Telefonen – noch ein physisches Netz zugrunde liegt. Wie auch beim Telefon geht es hier um die Möglichkeiten zum Datenaustausch mit anderen Parteien. Es geht also nicht um das Internet im Sinne des physischen Netzes allein, sondern vielmehr um die Kombination des rein technischen Anschlusses und der Nutzung entsprechender Standards, wie der diversen Kommunikationsprotokolle für E-mail (SMTP), Dateiaustausch (FTP) oder die Nutzung des World Wide Web (http). Aber selbst hier bestehen Unterschiede zu den klassischen Netzwerkeffekten. So ist hier eben Regelfall und nicht Ausnahme, dass die Produkte, die den Standards folgen, von einer Vielzahl von Anbietern bereitgestellt werden. Außerdem ist z.B. das Internet, wie man es kennt, aus ökonomischer Sicht schon deutlich komplexer als ein einfaches Telefonnetz, da in diesem Netzwerk sowohl Anbieter (Content-Provider) als auch Nachfrager (User) miteinander verknüpft sind.

Hinzu kommen ähnlich geartete Netzwerkeffekte z.B. durch die Nutzung gleicher Software. Zahlreiche Softwaretypen, gerade solche, die der Erstellung bzw. Verarbeitung von Daten dienen, also z.B. Textverarbeitungssysteme, Tabellenkalkulationen und ähnliches, ziehen einen wesentlichen Teil des Nutzens aus der Austauschbarkeit der generierten Daten (Datenaustauschfunktion).[136] Wobei hier offenbar der Basisnutzen deutlich größer ist als z.B. beim Telefon, da es prinzipiell denkbar ist, diese Programme alleine zu nutzen. Die Überlegung, die die Netzwerkexternalitäten bedingt, ist also wie bei Internet und Telefon weiterhin der Austausch von Daten, aber an dieser Stelle – und da ist der wesentliche Unterschied zu sehen – ist ein physisches Netzwerk im eigentlichen Sinne nicht mehr vorhanden.

---

[136] Sailer (2001a), S. 363.

Die Verbindungen zwischen den Knoten des Netzwerkes sind nur rein abstrakter Natur.

Netzwerkeffekte im weiteren Sinne, also dass jeder weitere Anwender den Nutzen anderer Teilnehmer nicht nur abhängig vom betrachteten Netzwerkgut erhöht, finden sich im Computer-Bereich auf allen Ebenen: beginnend bei der eigentlichen Hardware, über Betriebssysteme bis hin zu Anwendungssoftware und Programmiersprachen:

In jeder einzelnen der genannten Gruppen treten z.B. netzwerkrelevante Lerneffekte auf. Der Grundgedanke besagt einfach, dass es schon aus Gründen der Nutzbarkeit von Humankapital effizienter ist, auf ein verbreitetes System zu bauen. Mit zunehmender Verbreitung eines Systems steigt die Wahrscheinlichkeit, mit eben diesem System langfristig z.B. im Berufsleben konfrontiert zu werden. Die private Nutzung eben dieses Systems spart dann entsprechende Einarbeitungszeiten. Außerdem sind – eben wegen der großen Verbreitung – Lehrangebote bezüglich der betreffenden Hard- oder Software leichter verfügbar. Und hier tritt als Randaspekt erstmals ein Fall ein, der bei anderen Formen der Netzwerkeffekte in der Computerbranche der entscheidende sein wird, nämlich, dass Netzwerke durch zusätzliche Anbieter von komplementären Gütern gestärkt werden. Lerneffekte stehen damit auf der Schwelle zwischen direkten Netzwerkeffekten, bei denen die Verbreitung an sich zum Nutzen beiträgt (hier im Sinne einer weiteren Nutzbarkeit gemachter Erfahrungen), und indirekten Netzwerkeffekten, bei denen der Zusatznutzen von der besseren Austauschbarkeit eines Komplementärgutes abhängt (hier z.B. einer Lehrveranstaltung).

(b) Indirekte Netzwerkeffekte in der New Economy

Netzwerkeffekte in den neuen Sektoren entstehen auch in großem Maße durch die oben beschriebenen wechselseitigen positiven Wirkungen zwischen den Anbietern (vertikal) kompatibler Produkte – also als indirekte Netzwerkeffekte.

Diese Effekte treten auf mehreren Ebenen der IT-Technologien auf. Als wesentlich zu nennen sind hier Hardware, die kompatibel zu den gleichen Betriebssystemen ist, wie auch Betriebssysteme, die kompatibel zur gleichen Anwendungssoftware sind. Hier zeigt sich eine Besonderheit der Neuen Ökonomie: die Adapterfunktion. So ist es theoretisch durchaus möglich, dass Betriebssysteme für unterschiedliche Rechnerarchitekturen identische Programme unterstützen. Dies steht exemplarisch dafür, dass die Adapterfunktion, die Standards miteinander verknüpfen kann, hier durch Informationsprodukte, also zu sehr geringen Grenzkosten erfolgen kann. Die Unterschiede zwischen den Subnetzen sind somit teilweise eher schwammig. U.a. dadurch, aber auch aus anderen Gründen, die teilweise noch erörtert werden, existieren so entsprechend viele Produzenten in solchen Netzwerken.

Dies kann letztlich so weit gehen, dass sozusagen – im Widerspruch zum ursprünglichen Wortsinn – angebotsseitige Netzwerkeffekte entstehen und zwar in dem Sinne, dass zusätzliche Anbieter jedem einzelnen Anbieter zusätzlichen Nutzen stiften, da so weitere Nachfrage nach dem komplementären Gut induziert wird. Eine genauere Analyse eines solchen Falls, der in gewisser Weise die Marktoffenheit widerspiegelt, findet sich im Rahmen der Fallstudie zum Open-Source-Betriebssystem LINUX.

Vorab werden aber im nächsten Kapitel am Beispiel des Softwareriesen Microsoft die klassischen Wirkungen von Netzwerkeffekten untersucht und der Frage nachgegangen, inwieweit diese Effekte eine Marktvermachtung ergeben bzw. staatliches Eingreifen rechtfertigen. Der Fall Microsoft wird, wie erwähnt wurde, häufig herangezogen als Beispiel für die Wettbewerbsproblematik, die durch Netzwerkeffekte ausgelöst werden kann. Sobald es nämlich einem einzelnen Unternehmen gelingt, das eigene Produkt zum Standard zu machen und die Netzwerkeffekte für sich zu sichern, ist das Brechen der Vorherrschaft einer solchen Firma sehr schwer. Denn es wird nun schwer, den Markt durch ein neues Produkt – auch selbst, wenn es ein gutes oder sogar besseres Produkt ist – zu erobern, da man gegen den originären Nutzen aus dem im Markt befindlichen Produkt selbst und die dadurch entstehenden Netzwerkeffekte antreten muss. Selbst wenn also der potentielle Umstieg aller Nutzer gesamtwirtschaftlich sinnvoll wäre, scheint es aus Sicht des Einzelnen rational, das Produkt des Marktführers zu kaufen, um auf diese Art an den Netzwerkexternalitäten teilhaben zu können. Im folgenden wird zunächst an Hand des Falles Microsoft versucht zu klären, inwieweit aus diesem Grund Netzwerkeffekte ein Problem der New Economy darstellen können.

Ein abschließendes Fazit wird dann nach der Betrachtung und Verknüpfung beider Fälle (Microsoft und LINUX) gezogen.

4.2.1.3 Die Erlangung einer (beschränkten) Monopolposition: Der Fall Microsoft

(a) Der Verlauf des Rechtsstreites
Kaum ein anderer Fall von Verstößen gegen das Wettbewerbsrecht wird mit so großem Interesse verfolgt, wie der Fall des Software-Riesen Microsoft. Seit 1994 dauert der Disput um die Legalität der Geschäftspolitik des Konzerns unter dem CEO und Gründer Bill Gates an. Die Übersicht 1 bietet zur Veranschaulichung eine kurze Darstellung des bisherigen Verlaufs des Rechtsstreits.

Während die ersten Klagen außergerichtlich abgehandelt wurden oder aber zugunsten Microsofts entschieden wurden, schien sich seit 1998 eine massive Wende abzuzeichnen. In dem Urteil, das Richter Jackson 2000 (zur Klage von 1998) fällte, wurde Microsoft in einer Vielzahl von Fällen des wettbewerbsfeindlichen Verhaltens für schuldig befunden. Wenn auch das Berufungsgericht das Urteil des Richters teilweise aufgehoben hat und die drohende Teilung damit insbesondere nach Rücknahme der entsprechenden Forderung seitens der US-Regierung wesentlich unwahrscheinlicher erscheint, schien es zunächst so, als müsse Microsoft mit an Sicherheit grenzender Wahrscheinlichkeit seine Geschäftspolitik erheblich ändern, denn die rechtliche Auseinandersetzung dauerte in wesentlichen Punkten noch an. Wesentlich mehr als dieses Urteil hat sehr wahrscheinlich der Regierungswechsel in den USA gewirkt, da die Regierung Bush auf einen klaren Annäherungskurs gegenüber Microsoft eingeschwenkt ist und sich auf eine sehr moderate außergerichtliche Einigung eingelassen hat.

In der folgenden Analyse soll drei Fragestellungen nachgegangen werden. Erstens werden Anklageinhalte und die Frage des wettbewerbskonformen bzw. -inkonformen Verhaltens von Microsoft behandelt. Danach werden die gegen Microsoft geforderten Maßnahmen hinsichtlich ihrer Berechtigung bzw. Problemadäquanz untersucht. Abschließend wird eine Analyse stehen, die der Frage nachgeht, inwieweit der Fall Microsoft verallgemeinerbar ist, d.h. inwiefern er belegt oder eben nicht belegt, dass die Netzwerkeffekte in einigen Bereichen der New Economy die Gefahr einer Marktvermachtung bedeuten, die unter Umständen die prinzipielle Notwendigkeit staatlichen Eingreifens implizieren könnte.

Übersicht 1: *Historischer Überblick über den Rechtsstreit US gegen Microsoft*[137]

1994	Erste Klage des Department of Justice (DoJ) wegen Verstößen gegen den Sherman Act (§§ 1 und 2). → Die Parteien einigen sich außergerichtlich.
1997	Zivilklage des DoJ gegen Microsoft wegen Verstößen gegen die Einigung. → Microsoft erhält Recht: Die Richter sehen in der technischen Bündelung des Internet Explorers mit Windows 95 keinen Verstoß gegen die Vereinbarung.
1998	Die USA und mehrere Staaten klagen unabhängig gegen Microsoft. Die Klagen werden gebündelt. Wesentlicher Kritikpunkt sind Microsofts (mutmaßliche) Bemühungen Netscape mit antikompetitiven Mitteln vom Markt zu verdrängen. → Nachdem Vermittlungsversuche scheitern, wird Microsoft im April 2000 in allen bis auf einen Punkt schuldig gesprochen, im Juni wird das Urteil verkündet, dessen zentraler Punkt die Aufspaltung Mircrosofts in zwei separate Unternehmen ist (eines für Betriebssysteme und das andere für Anwendungen).
2000	Microsoft legt gegen das Urteil des District Court Berufung ein. → Das Berufungsgericht revidiert die Urteilsfindung des District Court. Obwohl in zentralen Bereichen immer noch schuldig, werden einige Schuldsprüche aufgehoben. Das Verfahren wird an den District Court unter einem neuen Richter zurückverwiesen.
2001	Microsoft ruft den Supreme Court mit der Bitte an, das alte Urteil aufgrund richterlicher Voreingenommenheit vollständig aufzuheben und den Fall von vorne verhandeln zu lassen.
Sept. 2001	Die US-Regierung zieht Teile der Anklage betreffend der Bündelung von Internet Explorer (IE) und Windows zurück. Die Forderung nach einer Aufspaltung wird zurückgezogen
Nov. 2001	Es kommt zur außergerichtlichen Einigung zwischen Microsoft und der US-Regierung. Die Hälfte der beteiligten Bundesstaaten ist mit der Einigung nicht einverstanden.
2002	Fast genau ein Jahr nach der Einigung wird diese gerichtlich anerkannt. Die Forderung nach mehr Sanktionen durch mehrere Bundesstaaten bleiben unberücksichtigt.
Mai 2003	Zwei Bundesstaaten gehen in Berufung gegen die Einigung. Das Verfahren wird im November beginnen.
Juni 2003	West-Virginia einigt sich außergerichtlich mit Microsoft.
Juli 2003	Massachussets, der letzte klagende Staat, erhebt erneut Vorwürfe, dass Microsoft sogar gegen die bereits verhängten, wenig restriktiven Sanktionen verstößt.

---

[137] Die Daten sind verschiedenen Nachrichten von Yahoo!, ZDNews und dem Heise New-Ticker entnommen.

(b) Die Anklagepunkte und das Verhalten von Microsoft
Drei zentrale Punkte werden in der Klage gegen Microsoft vorgebracht:[138]

1. Ausnutzung und Aufrechterhaltung des Monopols auf dem Markt für Betriebssysteme
2. Versuchte Monopolisierung auf dem Markt für Browser
3. Bündelung des Betriebssystems (Windows 95 bzw. 98) mit dem Microsoft Browser Internet Explorer (IE).

Die Besonderheit an den Anklagepunkten zwei und drei ist die Tatsache, dass sie sowohl im Rahmen der Beweisführung für den Monopolisierungsvorwurf (bezüglich des Marktes für Betriebssysteme) als auch als separate Anklagepunkte vorgebracht werden. Juristisch ist diese Trennung notwendig, da es sich ggf. um getrennte Delikte handelt, die entsprechend geahndet werden müssten. D.h. z.B., dass die Bündelung des Internet Explorers mit dem Betriebssystem Windows auch dann strafbar sein kann, wenn sie nicht als Mittel zur Monopolisierung dient.

Im einzelnen werden Microsoft fünf Verhaltensweisen vorgeworfen, mit denen die verschiedenen wettbewerbsfeindlichen Ziele verfolgt worden sein sollen:

- ➢ die bereits angesprochene Bündelung
- ➢ die Gestaltung der Lizenzverträge mit den Original Equipment Manufacturers (OEM)
- ➢ bestimmte Vereinbarungen mit den Internet Access Providern (IAP)
- ➢ bestimmte Vereinbarungen mit Internet Content Providern (ICP), ISP und Apple Computer
- ➢ die Herausgabe einer eigenen Java-Version für Windows.

Gerade die Bündelung des Betriebssystems mit dem IE war sowohl für die Anklage betreffend der Aufrechterhaltung des Monopols auf dem Markt für Betriebssysteme als auch als eigenständiger Punkt von zentraler Bedeutung im Prozess. Dennoch war eben dieser Punkt zwischen den Gerichten sehr strittig. Dabei geht es sowohl aus ökonomischer als auch aus juristischer Sicht um die Frage, ob die Bündelung ausschließlich oder beinahe ausschließlich erfolgte, um so über die Marktmacht auf dem Markt für Betriebssysteme auch Marktmacht auf dem Browsermarkt zu erlangen bzw. den Konkurrenten Netscape zu verdrängen (und so langfristig wiederum den Betriebssystemmarkt zu schützen) oder aber, ob wirklich Zusatznutzen durch die Bündelung entsteht bzw. die Bündelung technisch sinnvoll ist. Ohne auf technische Details einzugehen, spricht gegen die technische Notwendigkeit einer Bün-

---

[138] US Court of Appeals (2001), insbesondere S. 13, S. 62 und S. 68.

delung, dass sowohl Betriebssysteme ohne Browser als auch Browser ohne Betriebssystem angeboten werden. Gerade die Hauptargumentationslinie der Microsoftgegner spricht allerdings in diesem Zusammenhang zugunsten von Microsoft. Primär wird Microsoft unterstellt, dass die Bündelung dazu dient, den Marktanteil des Betriebssystemsektors auf den Markt für Browser leicht übertragen zu können. Die unterstellte Intention, den wenig gewinnbringenden Browsermarkt monopolisieren zu wollen, ist dabei meist, dass in Netscape, das als Browser auch Plattformdienste für Anwendungen zur Verfügung stellt, bzw. in Browsern generell auf lange Sicht ein Konkurrent für den Betriebssystemsektor gesehen wird. Gerade diese Gemeinsamkeit spricht zumindest für Produktionsvorteile bei gemeinsamer Herstellung (im Sinne der Entwicklung). Da jedoch die Grenzkosten zur Replikation einmal geschaffener Information nahe Null liegen, sollte ein getrennter Vertrieb der Software dennoch zu geringen Kosten möglich sein, indem die Schnittmenge bei beiden Programmen verfügbar gemacht wird. Dennoch ließe sich unter Umständen argumentieren, dass ein Verbot der Bündelung gleichbedeutend mit dem Verbot der legitimen Nutzung von Verbundeffekten wäre, selbst wenn diese im Vertrieb nur gering ausfallen. Diese generelle Rechtfertigung darf aber nicht – und hier ist Microsofts Verhalten wettbewerbstheoretisch äußerst fragwürdig – dazu führen, dass der Nutzer de facto zum Gebrauch des Teilproduktes gezwungen wird, worauf im folgenden Abschnitt noch genauer eingegangen wird.

Insbesondere die Lizenzbedingungen, die Microsoft den Original Equipment Manufacturers (OEM) auferlegte, trugen erheblich dazu bei, den Markt für Browser abzuschotten. Microsoft verbot es insbesondere, den IE bei vorinstallierten Rechnern bereits vorab vom Desktop (und damit der Hauptbedienoberfläche) zu entfernen. Um Verwirrung der Kunden zu vermeiden, nahmen so bereits viele OEM von der Installation eines weiteren Browsers Abstand, ohne dass Preis bzw. Qualität dabei Berücksichtigung fanden.

Auch die Vereinbarungen mit den Internet Access Providern (IAP) verstärkten diese Barriere. Microsoft lizensierte den Explorer sowie „Zubehörpakete" kostenlos für zahlreiche IAP. Darüber hinaus wurden im Austausch für eine Verbreitung des IE Vorzugsbehandlungen und/oder Zahlungen mit einigen IAP vereinbart. Aufgrund der weitestgehend kostenfreien Bereitstellung des IE lässt sich die Maßnahme nicht einfach als Werbemaßnahme abhaken. Vielmehr wurden verhältnismäßig eindeutig kurzfristige Verluste in einem Bereich hingenommen, um einen Konkurrenten aus dem Markt zu drängen. Immerhin wurde durch Vereinbarungen mit 14 der 15 größten nordamerikanischen IAP Netscape ein wesentlicher Vertriebsweg nahezu vollständig genommen.

Unterstützt wird dieses Verhalten durch Vereinbarungen mit Entwicklern. Durch diese Vereinbarungen werden zahlreichen Softwareentwicklern Entwicklungstools für Windows und/oder den IE kostenfrei zur Verfügung gestellt, um so von der

Entwicklungsseite her den Markt für Netscape zu schmälern. Gerade hier ist aber auch die positive Wirkung der Förderung von Netzwerkeffekten zu betrachten. Insofern ist in diesem speziellen Fall die Beurteilung kritisch, da nicht nur fragwürdig ist, inwiefern die Verdrängung von Netscape Ziel der betreffenden Politik ist, sondern auch die positive Wirkung der Netzwerkeffekte für die Konsumenten berücksichtigt werden muss.

Extreme Ausmaße nahm der Druck auf Apple an, denen gedroht wurde, die Entwicklung von MS-Office für den MacIntosh einzustellen, sollten Apple Computer nicht künftig mit dem IE ausgestattet sein. Dabei ist zu beachten, dass Apple auf die Partizipation an den Netzwerkeffekten durch Word – also auf der Ebene der Anwendungssoftware – geradezu angewiesen ist, da Apple sowohl auf Hardware als auch auf Betriebssystemebene eben nicht von den Netzwerkeffekten der auf dem Markt dominierenden Technik profitieren kann. Während also die „technische" Vorgehensweise Microsofts (z.B. durch die Bündelung) durchaus akzeptabel sein mag, ist die Vertragsgestaltung doch so weit wettbewerbsfeindlich, dass ein Eingreifen der Wettbewerbsaufsicht angebracht scheint, da sonst zu fürchten ist, dass Microsoft seine Marktposition durch Machtausnutzung weitgehend unabhängig von Qualitäts- oder Preisaspekten langfristig halten kann.

Nicht nur auf dem Browsermarkt, sondern direkt auf dem Markt für Betriebssysteme wirkt die Entwicklung des microsofteigenen Java-Dialektes. Zentral für die Beurteilung ist hier, dass der Grundgedanke der Programmiersprache Java die Schaffung einer plattformunabhängigen Sprache war. Microsoft hat natürlich das Recht für die eigenen Systeme optimierte Programmiersprachen auf den Markt zu bringen, alles andere wäre das Verbot technischen Fortschritts. Aber hier muss ganz klar die Intention gesehen werden, Java als plattformunabhängiger Sprache die Programmiererbasis zu entziehen. Die Übereinstimmung in Syntax und die Namensidentität lassen kaum einen anderen Schluss zu. Entsprechend ist auch diese Maßnahme Microsofts kritisch zu betrachten.

Die oben genannten Anklagepunkte stehen, trotz der durch die oben angeführte Entscheidung des Berufungsgerichts eingeleitete (relative) Entschärfung, noch im Mittelpunkt der Auseinandersetzung.

So hat zwar das Urteil des Berufungsgerichtes aus juristischer Sicht eine zentrale Veränderung des ursprünglichen Urteils gebracht, der ökonomischen Argumentation des District Court wurde aber weitgehend gefolgt. Denn – und das muss entschieden betont werden – die Urteile betreffend des zweiten und dritten Anklagepunktes sind nicht aufgehoben worden, weil das Berufungsgericht sachlich zu einem anderen Ergebnis kommt, vielmehr wird die prinzipielle Vorgehensweise des Bezirksgerichtes für unzulässig gehalten. Insbesondere beim Vorwurf der Bündelung verlangt das Berufungsgericht ein „reasoning" Verfahren anstelle der „per-se"-Behandlung, für die sich das Bezirksgericht entschieden hatte. Ungültig

sind die Urteile nur deshalb, weil die betroffenen Klagepunkte vom Berufungsgericht nicht ausreichend als separate Fälle behandelt wurden, sondern die Schuld
aus dem ersten Fall direkt abgeleitet wurde.

Insofern ist auch der Position von Economides[139] zu widersprechen, der das Urteil als entscheidenden Wandel zugunsten von Microsoft interpretiert. Lediglich die
Erschwerung einer Verurteilung Microsofts bezüglich des Vorwurfes der Bündelung ist feststellbar. D.h., nur die Verurteilung in diesem einem Punkt – also dem
der Bündelung – wird unwahrscheinlicher. Zu beachten ist dabei allerdings, dass
diese Bündelung auch dann nicht in dieser Form fortsetzbar ist, da auch, wenn sie
nicht als eigenständiger Punkt für antikompetitiv befunden wird, sie doch als wettbewerbsfeindliche Maßnahme im Sinne des ersten Anklagepunkte bereits als
unzulässig verurteilt wurde.

Wesentlich bedeutender als die Aufhebung des Urteils an sich, die möglicherweise in weiten Teilen ihrerseits wiederum aufgehoben wird, mag sich für Microsoft der Zeitgewinn erweisen. Wie hoch Microsoft selbst diesen Zeitgewinn ein-
schätzt, zeigt sich schon in den jüngsten Bemühungen, eine erneute Verhandlung
der Vorwürfe über juristische Finten zu verzögern. So wird das Anrufen des
Supreme Court und die damit verbundene Aufforderung an den District Court, das
Verfahren zurückzustellen, bis der Supreme Court über eine Verhandlung entschieden hat, von Experten als Zeitverzögerungstaktik interpretiert, da die Chance
einer Verhandlung durch den Supreme Court, was mittlerweile bereits abgelehnt
wurde, schon zum Zeitpunkt des Vorbringens als äußerst gering eingestuft wurde.

Entsprechend ist die Entscheidung der US-Regierung, den Anklagepunkt der
Bündelung fallen zu lassen sowie – was noch wesentlicher ist – die Forderung nach
einer Aufspaltung des Konzerns zurückzuziehen und eine außergerichtliche Einigung anzubieten, primär als Maßnahme zur Beschleunigung des Falles zu sehen.
Denn gerade eine Aufspaltungsentscheidung hätte auf ihrem Weg durch die Instan-
zen noch eine erhebliche Zeit beansprucht, in der die Handhabe gegen wettbe-
werbswidriges Verhalten von Microsoft nur minimal gewesen wäre. Dennoch ist zu
beachten, dass der langfristige Schaden durchaus größer sein kann, wenn die nun
ausgehandelten Strafen bzw. Auflagen zu gering ausfallen, weswegen bereits zwei
Staaten angekündigt haben, ihrerseits, je nach Ausgang der Verhandlungen, unter
Umständen weiter zu klagen.

(c) Zu den geforderten Maßnahmen
Auch wenn die vorangegangene Darstellung gezeigt hat, dass das Verhalten von
Microsoft wettbewerbswidrig war, so ist damit noch keine Aussage über die Rich-
tigkeit des Strafmaßes getroffen. Zielsetzung dabei muss sein, weitere Wettbe-

---

[139] Economides (2001b) (Hierbei ist anzumerken, dass Economides selbst seine Ergebnisse in diesem Fall als vorläufig bezeichnet.)

werbsverstöße zu erschweren oder anderweitig zu verhindern, ohne dabei unver-hältnismäßig viele ungewollte Nebenwirkungen zu verursachen, die aus dem unter Umständen eingeschränkten Spielraum des Unternehmens resultieren können. Unter diesem Gesichtspunkt soll die Beurteilung wesentlicher Strafvorstellungen, die im Fall Microsoft im Gespräch waren, erfolgen:

➢ Aufspaltung

Eine Aufspaltung des Softwarekonzerns in zwei getrennte Firmen für Be-triebssysteme und Anwendungen ist aus verschiedenen Gründen kritisch zu betrachten. Die Forderung ist schon insofern kaum verständlich, da die Pro-duktion von Anwendungssoftware nur schwerlich in Beziehung zu bringen ist zu dem Monopol auf dem Betriebssystemsektor. Vorrangig im Spezial-fall des Browsers wäre eine entsprechende Verbindung gegeben. Gerade diese Bündelung ist aber, wie im Abschnitt (b) dargelegt wurde, nicht nur aus juristischer, sondern auch aus ökonomischer Sicht ein äußerst strittiger Punkt. Eine Spaltung nur zum Verbot der Bündelung wäre somit eine klare Überreaktion, gerade, da zumindest in der Entwicklung tatsächlich Ver-bundeffekte vorzuliegen scheinen. Insofern kann die Aufspaltung spätestens seit dem Urteil des Berufungsgerichtes keine ernstzunehmende Alternative mehr darstellen. Denkbar wäre zwar auch die Ausnutzung der Macht auf dem Betriebssystemmarkt z.B. für den Office-Bereich. Gegen ein solches Szenario spricht, dass sich in den letzten Jahren mit dem PDF-Format von Adobe in vielen Bereichen ein vom MS-Office Format (DOC) abweichen-der Standard durchgesetzt hat. Darüber hinaus existieren u.a. mit dem RichTextFormat (RTF) und PostScript (PS) verschiedene gängige Formate, die Datenaustausch einigermaßen problemlos ermöglichen. Da die wesent-lichen Netzwerkeffekte im Office Bereich vom Speicherungsformat ausge-hen,[140] sind – trotz eines MS-Office-Marktanteils von ca. 94 %[141] – die Möglichkeiten zur missbräuchlichen Vermachtung begrenzt.

Hinzu kommt, dass solch eine Teilung dem Verbot einer legitimen (und legalen) Nutzung von Verbundeffekten gleichkäme und dadurch Wettbe-werbern von Microsoft, die weniger effizient arbeiten, einen ungerechtfer-tigten Wettbewerbsvorteil verschafft. D.h., die Spaltung, würde die Proble-matik nicht nur nicht beheben, sondern wäre zudem noch mit Wettbewerbs-verzerrungen verbunden.

Wie der Sachverständigenrat richtig erkennt, ist allerdings das Standard-argument gegen die Aufspaltung, nämlich dass eine Teilung des Konzerns

---

[140] Daneben existieren als wesentliche Quelle von Netzwerkeffekten in diesem Bereich noch Lerneffekte.
[141] Vgl. Informationweek, www.informationweek.de

nur ein Monopol durch zwei Monopole auf Teilmärkten ersetzt, nur schwer haltbar.[142] So ist zu beachten, dass Monopolisten auf Märkten für komplementäre Güter sehr wohl Anreize haben, den Wettbewerb auf dem Markt für das Komplementärgut zu erhöhen, da auf diese Art die eigene Monopolrente erhöht werden könnte. Insofern würde es aus dieser Perspektive durchaus Sinn machen, eine Teilung in Erwägung zu ziehen, um so jeweils über den Komplementärmarkt Wettbewerb im jeweils anderen Markt zu induzieren. Da aber, wie oben bereits angesprochen, zumindest in einem Markt strittig ist, inwiefern ein Monopol vorliegt, wäre eine Teilung dennoch problematisch. Hinzu kommt, dass teilweise davon ausgegangen wird, dass Microsoft seine Marktmacht auf dem Markt für Betriebssysteme zumindest zu Preissteigerungszwecken nicht einsetzt, um so durch die höhere Verbreitung die anderen Sparten zu fördern. Wenn Microsoft im Betriebssystemsektor also wirklich eine dem Monopol nahekommende Marktmacht besitzt, könnte eine Aufspaltung zunächst sogar Anreize bieten diese auszunutzen, was einen signifikanten Preisanstieg zur Folge hätte.[143]

Eine Variante der Aufspaltung, die aufgrund dieser Probleme von Ökonomen in die Diskussion eingebracht wurde, ist eine vertikale Aufspaltung, bei der der Betriebssystemteil Microsofts nochmals in mehrere Teile, die alle Rechte an Windows besitzen, aufgespalten wird.[144] Es scheint allerdings wenig sinnvoll, mehrere Softwarefirmen künstlich zu schaffen, die zunächst das gleiche Produkt absetzen. Bei vorerst homogenen Produkten würden sich diese Firmen auf ineffizent niedrige Preise herunterkonkurrieren, die – was aber hier zunächst nicht entscheidungsrelevant ist – zur Deckung der Innovationskosten für die Zukunft nicht mehr ausreichen.

Insofern ist die Entscheidung des Justizministeriums, von einer Zerschlagung Abstand zu nehmen, durchaus zu begrüßen, wenn sie auch aus anderen Gründen heraus erfolgte.[145]

---

[142] Sachverständigenrat (2000), S. 142 f.
[143] Vgl. Economides (2001a), S. 31.
[144] Vgl. Litan, Noll, Nordhaus, Scherer (2000), insbes. S. 49 ff.
[145] Einschränkend muss angemerkt werden, dass die Forderung nach Aufspaltung z.T. aus dem Glauben heraus erfolgte, dass Microsoft nicht „vertrauenswürdig sei" und Möglichkeiten suchen und finden würde, anderweitige Einigungen, die die Geschäftspolitik lediglich durch restriktivere Vorgaben einzuschränken versuchten, zu umgehen. Sollten sich solche Befürchtungen als richtig erweisen, dass die wettbewerbsfeindlichen Aktivitäten Microsofts anderweitig nicht einschränkbar sind, müsste die Aufspaltung unter diesem Gesichtspunkt als letzter Ausweg neu betrachtet werden. Vgl. dazu z.B. Economides (2001a), S. 29.

➤ Offenlegung des Quellcodes – Abbau von vertikalen Kompatibilitäts-schranken

Nachdem das DoJ die Forderung nach einer Aufspaltung des Konzerns (mehr aus prozesstaktischen als aus ökonomischen Gründen heraus) hat fallen lassen, wurde stattdessen eine teilweise Offenlegung des Quellcodes verlangt. Diese Offenlegung des Quellcodes soll einerseits, so die Intention, die Programmierung von Anwendungen für Windows erleichtern, um die Monopolisierung der Anwendungsbereiche zu erschweren. Es soll also das Erreichen von Windowskompatibilität verstärkt werden. Vor dem Hintergrund der im Prozess andererseits verfolgten Argumentation, die sich (primär im Punkte des Java-Dialektes von Microsoft) darauf stützt, dass Microsoft sein Monopol aufrechterhält, indem sie die Programmierung für Windows fördern und die Programmierung für Konkurrenzsysteme erschweren und somit die Netzwerkeffekte zugunsten von Windows verstärken, ist die Forderung geradezu absurd. Wettbewerb auf dem Anwendungssektor wird hier erkauft durch eine weitere Stärkung der Position von Microsoft auf dem Markt für Betriebssysteme, da es ja eben die indirekten Netzwerkeffekte, die sich über den Umweg der Software als (horizontal) kombatibles Gut aufbauen, sind, die die vermeintliche Marktvermachtung durch Microsoft bedingen. Gerade weil – wie oben (im Abschnitt über die Aufspaltung als Strafoption) bereits angesprochen – auf dem Anwendungssektor ganz im Gegensatz zum Betriebssystemsektor kein akutes Vermachtungsproblem vorliegt, ist diese Vorgehensweise äußerst kritisch zu sehen.

Darüber hinaus wird es Microsoft durch die Offenlegung des Quellcodes (ungerechtfertigterweise) erheblich erschwert, sein geistiges Eigentum zu schützen, da eine Offenlegung zwangsläufig nicht nur die Programmierung für ein System, sondern auch das (teilweise) Nachprogrammieren eines Systems erheblich erleichtert. Besonders problematisch ist dabei die negative Signalwirkung im Bereich der Forschung und Entwicklung, nicht nur für Microsoft selbst, sondern für den Sektor als Ganzes, da ein solcher Eingriff die Schutzmöglichkeiten für die eigenen intellektuellen Property Rights im Falle eines Erfolges grundlegend in Frage stellt. Ähnliche Effekte sind ggf. auch durch eine Lizenzvergabe zu erwarten. Im entsprechenden (nachfolgenden) Abschnitt wird deshalb etwas detaillierter auf dieses Problem eingegangen.

➤ Lizenzvergabe – Abbau von horizontalen Kompatibilitätsschranken

Ebenso problematisch ist die von einigen Bundesstaaten (z.B. Iowa) verlangte und letztlich auch in die außergerichtliche Einigung aufgenommene Idee der verpflichtenden Lizenzvergabe. Über diese Lizenzen soll es Konkurrenten möglich sein, eigene Betriebssysteme zu entwickeln und so den Wettbewerb auf dem Betriebssystemmarkt zu verstärken. Im Gegensatz zur Offenlegung von Quellcodes, die die „vertikale" Kompatibilität erleichtern soll (also die gemeinsame Nutzung von Windows mit möglichst viel verschiedener Anwendungssoftware), wird durch diese Maßnahme an der horizontalen Kompatibilität angesetzt (also bei der Fähigkeit verschiedener Betriebssysteme, das Gleiche zu leisten).[146] Die Lizenzvergabe orientiert sich dementsprechend deutlich mehr an der eigentlichen Problematik – der Machtposition von Microsoft – als die Offenlegung von Quellcodes, da die exklusive Nutzung der Windows-Netzwerkeffekte seitens Microsoft durch Lizenzvergabe an weitere Anbieter deutlich eingeschränkt wird. Dennoch gilt auch hier, dass direkt in den Marktmechanismus eingegriffen wird. Es erscheint eher unwahrscheinlich, dass bei der erzwungenen Lizenzvergabe der auf dem Markt zu erzielende Preis erreicht wird. Vielmehr dürfte eine erzwungene Vergabe einen deutlichen Druck auf den Preis ergeben und somit wiederum die Eigentumsrechte Microsofts an seiner Entwicklung beeinträchtigen. Dementsprechend ergibt sich auch hier eine negative Anreizwirkung im Bereich von Forschung und Entwicklung, da die Sicherung der Rendite erheblich erschwert wird. Dementsprechend sind bei der erzwungenen Lizenzvergabe ganz ähnlich wie bei der erzwungenen Offenlegung des Quellcodes nicht nur die direkten Reaktionen der beteiligten Firmen, sondern ebenso die generelle Signalwirkung auf den Markt zu beachten. Es ist prinzipiell als gefährlich anzusehen, gerade in einem Markt, der sich primär auf geistiges Eigentum stützt, einen Präzedenzfall zu schaffen, dass im Erfolgsfall dieses geistige Eigentum de facto aberkannt wird. Wie wichtig die Erwartungen bezüglich der Sicherheit des geistigen Eigentums für die New Economy sind, zeigt sich insbesondere in der Bedeutung der Copyrightgesetzgebung für das Wachstum der New Economy.[147] Gerade in einer Zeit, in der sich die New Economy bereits in der Krise befindet, sollten solche Entscheidungen daher nur im äußersten Notfall gefällt werden.

Hinzu kommt noch das Problem, dass die Grenzkosten zur Herstellung von Software nach der einmaligen Entwicklung nahe Null liegen. Das bedeutet in diesem Zusammenhang zwei Dinge: Erstens könnten die Konkurrenten von Microsoft Microsoftprodukte zu geringeren (Fix)-Kosten produzieren als Microsoft selbst, eine geradezu absurde Wirkung eines Markteingriffes. Zweitens – und das ist entscheidend – sind (aufgrund der niedrigen Grenzkosten) Gewinne durch Software fast ausschließlich durch die be-

---

[146] Bei vertikaler Kompatibilität geht es also im ökonomischen Sinne um komplementäre Güter und bei horizontaler Kompatibilität um Substituierbarkeit.
[147] Vgl. dazu u.a. Kapitel 3.2.2.2.

grenzte Nutzung von Marktmacht im Sinne monopolistischer Konkurrenz oder gar natürlicher Monopole. Zwei Firmen mit wirklich identischen Produkten, würden sich auf den Reproduktionspreis der Software von nahe Null herunterkonkurrieren.

Bei Strafen, die direkt am Kompatibilitätskriterium selbst ansetzen, ist auch zu beachten, inwiefern diese Inkompatibilität durch Microsoft alleine hervorgerufen wird.

So spricht z.B. das Aufkommen von angeblich windowskompatiblen Betriebssystemen wie LindowsOS[148] eher gegen systematische Hürden. Vielmehr wäre dann auch denkbar, dass zahlreiche Softwarehäuser (die Netzwerkeffekte zugunsten von Microsoft unterschätzend) nicht auf Kompatibilität geachtet haben und sich ausschließlich auf reine „Qualitätsaspekte" verlassen haben. Ebenso wäre es möglich, dass die betroffenen Unternehmen, in der Hoffnung selbst zum Marktführer zu werden, bewusst auf Kompatibilität verzichtet haben, um so selbst – sofern das Ziel erreicht wird – durch die gleichen Zutrittsbarrieren geschützt zu sein, die aktuell Microsoft zugute kommen. Gerade Unternehmen mit so deutlich überlegener Technologie, dass die netzwerkbedingten Marktzutrittsbarrieren überwunden werden können, würden auf diese Art langfristig ihre Gewinne maximieren. Es ist nicht unwahrscheinlich, dass ein etablierter Standard Innovation außerhalb des Standards, also um einen neuen Standard zu schaffen, anregt[149].

➤ Kontrolle und Geldstrafen

Was sich eher anbietet als starke Eingriffe in den Marktmechanismus selbst, ist die von der US-Regierung (u.a.) angestrebte Kontrolle des künftigen Geschäftsgebarens, was eine schnelle Reaktion auf antikompetitives Verhalten und ein zügiges Verbot dementsprechender Verträge ermöglicht.

Eine solche Vertragskontrolle unterliegt allerdings verschiedenen bereits kurz angedeuteten Problemen. So ist die Kontrolle der Vertragsgestaltung erstens sehr aufwendig und zweitens mit einem „enforcement-lag" verknüpft, das Microsoft die Gelegenheit geben könnte in solchen Übergangsfristen die Renditen wettbewerbsfeindlichen Verhaltens abzuschöpfen.[150]

Um klare Anreize zu setzen, solche Verträge von vornherein zu vermeiden, ohne aber gleichzeitig übliches, marktkonformes Verhalten über die Gebühr einzuschränken, sollten (sowohl die bereits begangenen als auch

---

[148] Lindows ist ein auf Linux basierendes Betriebssystem, das für sich in Anspruch nimmt, Windows-Applikationen nutzen zu können: www.lindows.com.

[149] Vgl. zusammenfassend Thum (1995), S. 22.

[150] Litan, Noll, Nordhaus, Scherer (2000), S. 6.

etwaige künftige) Verstöße gegen das Wettbewerbsrecht mit empfindlichen Geldstrafen geahndet werden, die – um die Wahrscheinlichkeit der Nichtahndung mit zu berücksichtigen – deutlich größer sein müssen, als die aus solchem Verhalten erzielten Gewinne. Erst wenn sich zeigt, dass nichtruinöse Geldstrafen das Problem nicht beheben können, sollte zu schärferen Maßnahmen gegriffen werden, die dann auch die oben genannten umfassen können. Obwohl die Allokationsverzerrung dann nach wie vor nachteilig zu beurteilen wäre, so dürften in diesem Fall die positiven Anreizwirkungen durch eine glaubwürdige Drohung entscheidender wirken.

(d) Fazit

Ein Marktanteil, der selbst bei weiten Marktabgrenzungen um die 90 % liegt, und die Vertragspraxis von Microsoft sprechen eine eindeutige Sprache. Weder eine Vermachtung des Marktes noch eine Ausnutzung dieser Machtposition lassen sich vor dem Hintergrund der dargestellten Fakten leugnen. Trotzdem ist vor übertriebenen Reaktionen im vermeintlichen Dienste des Wettbewerbsschutzes zu warnen.

Klassisches Monopolverhalten in Preis- und Mengenpolitik ist bei Microsoft nicht zu beobachten. Die These einer Mengenbeschränkung seitens Microsoft ist vor dem Hintergrund der stetig zunehmenden Verbreitung von Microsoftsystemen kaum haltbar. Gerade durch die Netzwerkeffekte, die solch große Marktanteile erst möglich gemacht haben, wäre ein solches Verhalten auch kaum sinnvoll, da eine Mengenbeschränkung gleichzeitig eine Beschränkung der nachfrageseitigen Skaleneffekte bedeuten würde. Eventuell höhere Preise stellen sich in diesem Licht eher als Rendite der Netzwerkeffekte, denn als Ausnutzung von Monopolmacht dar.

U.a. durch die hohe Innovationsdynamik auf dem relevanten Markt ist auch nicht zu befürchten, dass ein Standard sich dauerhaft – unabhängig von Qualitätsmerkmalen – durch Netzwerkeffekte etablieren kann, wie es in der Vergangenheit auf von Netzwerkeffekten bestimmten Märkten vorkam.[151] So ist z.B. zu berücksichtigen, dass sich auch Microsoft seinerzeit gegen seinen dominanten Rivalen „Digital Research" durchsetzen konnte[152], wobei hier einschränkend zu bemerken ist, dass dieser Rivale in den frühen achtziger Jahren nicht auf eine derart breite Basis an installierten Systemen zurückgreifen konnte, wie Microsoft es heute kann.

Dass die Marktzutrittsbarrieren durch die Netzwerkeffekte nicht ausreichen, um den Markt vor Neuzugängen zu schützen, wird gerade durch das wettbewerbsfeindliche Verhalten von Microsoft belegt. Eben dieses Verhalten, das künstlich weitere Marktbeschränkungen schafft, ist ein Indiz dafür, dass Microsoft Konkur-

---

[151] z.B. mit der Durchsetzung der QWERTY-Tastatur im anglo-amerikanischen Raum.
[152] Vgl. Evans, Nichols, Reddy (1999), S. 19.

renz sehr wohl fürchten muss. Es ist dementsprechend davor zu warnen, Parallelen zwischen den aus der einschlägigen Literatur bekannten Beispielen der QWERTY-Tastatur bzw. des VHS Standards für Videorekorder (der sich gegenüber Betamax durchgesetzt hat) überzubewerten.[153] Ein prinzipielles Strukturproblem in dem Sinne, dass einem Anbieter dauerhafte, marktmäßig nicht gerechtfertigte Zusatzrenditen zukämen, können Netzwerkeffekte an sich damit zumindest nicht begründen. Es scheint somit zahlreiche Effekte zu geben, die die Nutzung der Netzwerkeffekte zur Vermachtung erheblich erschweren. Nach der Analyse des Falls LINUX, wenn eine vollständigere Betrachtung möglich ist, sollen diese Hemmnisse zusammenfassend herausgearbeitet werden.

Die Probleme der Machtausnutzung von Microsoft, die ökonomisch bedenklich scheinen, sind weitgehend Fälle, in denen Microsoft Vertragspartner (widerrechtlich) zu einem bestimmten Verhalten gegenüber Dritten (insbesondere gegenüber eigenen Konkurrenten) zwingt bzw. animiert. Entsprechend muss Wettbewerbsschutz an dieser Stelle ansetzen und genau dieses Verhalten durch Aufsichtsmaßnahmen einschränken. Die Androhung weiterer Maßnahmen ist notwendig, um Anreize für Microsoft zu mildern, wettbewerbswidrige Verträge zumindest für die Dauer des „enforcement-lags" dennoch durchzusetzen. Bei jeder Strafmaßnahme muss bedacht werden, dass möglichst geringe Auswirkungen auf andere Geschäftsentscheidungen bewirkt werden.

Gerade auf einem Markt mit Netzwerkeffekten macht es dagegen keinen Sinn, gegen Größe an sich vorzugehen, da so nicht nur Missbrauchsmöglichkeiten, sondern eben auch die positiven Netzwerkexternalitäten, die ja als nachfrageseitige Skaleneffekte insbesondere den Konsumenten zugute kommen, selbst beschränkt werden. Insbesondere gilt diese Argumentation, da auch die Maßnahmen, die tief in die Marktstruktur oder die Preisbildung eingreifen, keine einmaligen Maßnahmen darstellen können, sondern permanenter weiterer Aufsicht bedürften, und damit auch aus Sicht rechtsstaatlicher Effizienz einer dauerhaften Vertragskontrolle nicht überlegen sind.

Insbesondere ist zu beachten, dass nicht – im Namen des Wettbewerbsschutzes – dem gesamten Sektor geschadet wird. So kommt eine Studie von Bittlingmayer und Hazlett[154] für die Jahre 1991 bis 1997 zu dem Ergebnis, dass Sanktionen (bzw. deren Androhung) gegen Microsoft nicht nur den Kurs (und damit die Marktbewertung) der Firma Microsoft selbst drückten, sondern dass vielmehr auch die Kurse eines repräsentativen Sets anderer Firmen der Softwarebranche fielen. Es liegt nicht zuletzt die Vermutung nahe, dass die bisher meist diskutierten Strafen für Microsoft, die Property-Rights an intellektuellem Eigentum (durch Offenlegung von Quellcodes und Lizenzvergabe) oder physischem Eigentum (durch Aufspal-

---

[153] zu den genannten Beispielen vgl. z.B. Klodt (2001), S. 8
[154] Bittlingmayer, Hazlett (2000), S. 329 ff.

tung) im Erfolgsfall in Frage stellen, die Erwartungshaltung der gesamten neuen Ökonomie negativ beeinflusst haben. Bei Sanktionen, die konkret am Fehlverhalten betroffener Firmen ansetzen und nicht den Erfolg an sich einschränken, sind aber solch negative Spill-over-effekte nicht zu erwarten.

Einschränkend muss angemerkt werden, dass die zu beobachtende Wirkung auf Drittfirmen z.T. u.a. dadurch verursacht wird, dass ein erhebliches Schrumpfen der Firma Microsoft zumindest kurzfristig auch für die übrigen Hersteller firmenübergreifende Netzwerkeffekte abbauen würde. Gerade bei Herstellern komplementärer Softwareprodukte, die nicht in Konkurrenz zu microsofteigenen Produkten stehen, ist eine entsprechende Wirkung nur naheliegend.

Als Quintessenz muss dennoch entschieden betont werden, dass Überreaktionen des Wettbewerbsschutzes nicht nur kaum problemadäquat sind, sondern vielmehr sowohl Konsumenten als auch unbeteiligte Produzenten eher schädigen und dementsprechend der Zielsetzung der Wettbewerbspolitik absolut zuwiderlaufen. Dennoch darf aber auch nicht in ein Laissez-faire verfallen werden, da definitiv Missbrauchspotentiale bestehen. Wenn ein Ausschöpfen dieser Potentiale nicht durch moderate Maßnahmen erreichbar sein sollte, so muss durchaus erwogen werden, harte Maßnahmen zu ergreifen. Beachtet muss dabei aber werden, dass der konkrete Verstoß und nicht der Erfolg an sich negativ sanktioniert wird. Zwar ist richtig, dass strukturelle Maßnahmen in der Durchsetzbarkeit i.d.R. besser abschneiden als vertragsbasierte Maßnahmen,[155] aber dies darf eben nicht dazu führen, dass vernachlässigt wird, dass diese Strafen meist auch deutlich schärfere Eingriffe in den Markt darstellen, was im Zweifelsfall eher kritisch beurteilt werden sollte.

Insgesamt sollte aber gerade hier, wo der Wettbewerb eher um als auf Märkten stattfindet, eine klare Konzentration der Überprüfung konkreter Verhaltensweisen immer den Vorzug haben vor reiner Analyse von Statistiken, die schnell zu vorschnellen Urteilen über Marktvermachtung führen kann.[156]

4.2.1.4 Die Bestreitbarkeit der Märkte durch Open-Source-Angebot: Der Fall LINUX

Seit ca. 7 Jahren gewinnt das Betriebssystem LINUX zunehmend an Marktanteil. Das außergewöhnliche am Erfolg von LINUX ist aber nicht (nur) der Erfolg in einem vermeintlich monopolisierten Markt, sondern die Tatsache, dass LINUX unter

---

[155] Lévêque (2000) weist allerdings darauf hin, dass diese Aussage nicht pauschalisiert werden darf und z.B. Preiskontrollen durchaus leicht überprüfbar sind. Richtig ist aber dennoch, dass gerade die hier diskutierten vertraglichen Kontrollen, die ins Feintuning der Vertragsbeziehungen eingreifen, tatsächlich nur schwer kontrollier bar sind.

[156] Vgl. Sailer (2001b), S. 146 und Zerdick, Picot, et al. (2001), S. 284.

der sogenannten GPL – der General Public License – kostenlos zur Verfügung gestellt wird.

Damit stellen sich zwei Fragen: Erstens, wie sich ein Phänomen wie LINUX entwickeln konnte, und zweitens, inwiefern die Wahrscheinlichkeit gegeben ist, dass sich ähnliche Fälle wiederholen, was entscheidende Konsequenzen für den Wettbewerb hätte. Einschränkend ist im Zusammenhang mit LINUX zu beachten, dass der Gewinn an Marktanteil fast ausschließlich auf dem Servermarkt stattgefunden hat. Allerdings war der Erfolg hier um so beeindruckender. Von 1997 bis Ende 1998 stieg der Marktanteil bei den Betriebssystemen für Server von unter 7 auf ca. 17 Prozent an.[157] Da auf Servern üblicherweise nur wenig „Anwender-Software" laufen muss, sind gerade hier allerdings auch nur eingeschränkte Netzwerkeffekte zu beobachten. Wiederum sind hier die klassischen Qualitätsmerkmale von Betriebssystemen, wie Stabilität, von größerer Bedeutung. Dementsprechend belegt der nur geringe Erfolg von LINUX auf dem von Netzwerkeffekten dominierten Markt für Anwendersoftware trotz seines Erfolges auf dem Servermarkt in gewisser Hinsicht die Eintrittsbarrieren, die auf dem Privatuser-Markt – sei es durch Netzwerkeffekte oder durch wettbewerbsfeindliches Verhalten – vorhanden sind. Dennoch ist auch zu berücksichtigen, dass der Erfolg auf dem Servermarkt zeigt, dass Teilmärkte mit geringen Zugangsbeschränkungen existieren, die so langfristig durchaus Zugang zu dem Hauptmarkt bieten können.

(a) Kostenlose Software im Allgemeinen

Kostenlose Software ist nichts Neues. Seit fast 20 Jahren sind Shareware, Freeware und Public Domain Software keine unbekannten Begriffe mehr.

PD-Software (kurz für Public Domain) stellt nicht geschützte Software dar. Jeder kann PD-Software weitergeben oder verändern. Der Ursprung der PD liegt an den Amerikanischen Universitäten, da dort (auf Staatskosten) finanzierte Forschungsarbeit (worunter auch entwickelte Programme fallen) nicht mehr verkauft werden dürfen. Eine andere große Quelle sind Programme, deren Urheber die Rechte aus formalen Gründen, insbesondere dem Nichtanbringen eines Copyright-Vermerkes, verloren haben[158].

Freeware ist Software, die kostenlos erhältlich ist, wobei der Autor aber die Urheberrechte uneingeschränkt behält und entsprechende Lizenzbedingungen stellen darf. Veränderungen am Code sind üblicherweise nicht zulässig.

---

[157] news.zdnet.de.

[158] Das ist nach geltendem deutschen Recht nicht möglich. Es ist nicht möglich auf Urheberrechte – weder freiwillig noch unfreiwillig – zu verzichten. PD, wie sie aus den USA stammt, wo Urheberrechte an das © gekoppelt sind, ist deswegen hier in der Bundesrepublik etwas problematisch.

Shareware ist im Gegensatz zu den beiden vorhergehenden frei verfügbaren Softwarearten (und im Gegensatz zum weitverbreiteten Irrtum) kommerziell. Shareware wird vom Autor unter der Prämisse zur Verfügung gestellt, dass der Nutzer bei Gefallen einen geringen Geldbetrag überweist. Während dieser Betrag zu Beginn des Sharewarezeitalters, als Shareware vorwiegend privat programmiert war, z.T. im Ermessen des Users stand, ist mit einem zunehmenden von Firmen programmierten Sharewareanteil die Preisvorstellung konkreter geworden. Shareware ist in der Regel in der Funktionalität und/oder der möglichen Nutzungsdauer eingeschränkt. Shareware ist damit keine wirklich freie Software. Vielmehr handelt es sich hier um einen alternativen Vertriebsweg, der gerade dadurch an Attraktivität gewinnt, dass der Käufer sich zum Zeitpunkt der Kaufentscheidung bereits an das Produkt und dessen Komfort gewöhnt hat. Vor allem ermöglicht das Sharewarekonzept eine erleichterte Distribution durch Dritte, die diese Ware unentgeltlich vermarkten. So liegen z.B. zahlreichen Fachzeitschriften aus dem PC-Bereich Share-Ware-Compilationen bei, die so die Nutzerzahlen weiter erhöhen und die Chance auf zahlende Nutzer verbessern.[159]

Aber nicht nur bei dieser Art „freier" Software – der Shareware, sondern auch bei einem Großteil der kostenlos verfügbaren Software sind ökonomische Anreize erkennbar, die sich grob in zwei Gruppen gliedern lassen: Erstens Werbung und zweitens Nutzung von Netzwerkeffekten.

> Werbung durch kostenlose Software
- Werbesoftware: Gerade Freeware ist oft Werbesoftware. Mit einer zunehmenden Deckungsgleichheit der „Computergeneration" und der „werberelevanten Generation" werden z.B. PC-Spiele gern als Werbemedium genutzt. So ist beispielsweise der Chartbreaker von 2000 „Moorhuhn" eigentlich als Werbespiel für den Whiskey „Jack Daniels" programmiert.
- Werbeträger: Andere Software finanziert sich nicht aus den Usern, sondern ähnlich wie Privatfernsehen und viele Websites aus Werbung. Während der User die Software kostenlos nutzt, zahlt eine dritte Partei für regelmäßig „aufpoppende" Werbefenster oder permanente Werbeeinblendungen, wie z.B. beim weitverbreiteten Web-Kommunikations-Programm ICQ.
- Steigerung des Bekanntheitsgrades: Auch die Steigerung der Bekanntheit der programmierenden Firma oder der Programmierer sind Ziele, die hinter kostenloser Software stehen können, wobei dies letztlich nur eine Variante der Werbefunktion kostenloser Softwareprodukte darstellt.

---

[159] Hars (2002), S. 544.

- ➤ Nutzung von Netzwerkeffekten
- Verkauf an andere Zielgruppen: In vielen Fällen wird Software an Privatuser kostenlos abgegeben, wenn die Zahlungsbereitschaft als zu gering eingestuft wird und die Netzwerkeffekte aus dem Besitz der Software durch die Privatuser den Nutzen für Geschäftsuser so deutlich erhöhen, dass deren Zahlungsbereitschaft steigt. Ein Beispiel war das zeitweilig für Privatuser frei verfügbare Office Paket Star Office.
- Verkauf von komplementären Gütern: Gewissermaßen werden hier Netzwerkeffekte zwischen verschiedenen Gütern ausgenutzt. So wird beispielsweise der Adobe Acrobat Reader kostenlos vertrieben, um so die Netzwerkeffekte für den Adobe Acrobat (das zugehörige Textverarbeitungsprogramm) zu erzeugen, um dessen Attraktivität zu erhöhen. In vielen Bereichen hat sich der Adobe dadurch bereits etabliert. Gerade Firmen, die Texte in elektronischer Form liefern, arbeiten häufig mit dem Acrobat, da der Reader kostenlos beigefügt werden kann und so Lesbarkeit für den Kunden garantiert ist.
- Aufbau von Netzwerken für kompatible Produkte: Sehr ähnlich der vorigen Strategie ist die übliche Praxis, durch das Verschenken einer einfachen Programmversion Netzwerkeffekte für die leistungsfähigere Handelsversion zu schaffen. Solche Strategien wurden von Netscape und Real lange Zeit erfolgreich angewandt.[160]
- Steigerung der Marktanteile: In strategisch langfristig wichtigen Märkten, wie dem Browsermarkt, ist die kostenlose Abgabe ein Instrument im Kampf um Marktanteile. Wie bereits im Abschnitt über Microsoft angesprochen, nimmt die Bedeutung einer starken Stellung im Browsermarkt, durch die erwartete oder erhoffte zentrale Rolle des Internets in Zukunft stark zu. Was in der Old Economy kaum denkbar ist, nämlich das langfristige Querfinanzieren eines Produktes zur Sicherung des Marktanteiles, ist hier scheinbar durchaus üblich. Insbesondere spielt hier eine Rolle, dass – ist ein Softwareprodukt einmal entwickelt – die Grenzkosten nahe Null liegen. Dies gilt gerade dann, wenn, wie im Fall von Microsoft, der Vertrieb gemeinsam mit einem weiteren Produkt erfolgt, da bei einer solchen Konstellation auch die Kosten für Vertrieb und Speicherung (was vorher variable Kosten waren) entfallen.

Produkte, die sich in keine der Kategorien einteilen lassen, sind hauptsächlich Kleinstprodukte, für die entweder kein Markt besteht oder die Einnahmen die Transaktionskosten nicht decken würden. Die kostenlose Bereitstellung erfolgt

---

[160] Picot (2001b), S. 56 f.

dann vermutlich im wesentlichen, um die eigenen Programmierfähigkeiten zu demonstrieren, womit am ehesten der Werbeaspekt zuträfe.

(b) Die Entwicklung von LINUX

1989 begann Linus Torwald – ein 21-jähriger Student aus Finnland – mit der Entwicklung eines UNIX ähnlichen Betriebssystems auf der Basis von MINIX, einer einfachen UNIX-Variante, die zu Forschungs- und Lehrzwecken entwickelt worden war. 1991 konnte die erste – noch sehr rudimentäre – Version des Betriebssystemkerns (Kernel) veröffentlicht werden. Dabei stützte er sich auf zahlreiche Werkzeuge des GNU-Projekts (GNU is not UNIX) von Richard Stallmann, dem „Erfinder" der durch Linus erst berühmt gewordenen GPL (General Public License) und Vorreiter der Open-Source-Bewegung, der ebenfalls bemüht war, ein vollständig Unix kompatibles System zu schaffen, das vollständig „frei" sein sollte und deshalb keine Überschneidungen mit dem original Unix aus den AT&T Bell Labs haben durfte.

Die Entwicklung von LINUX wurde von Anfang an über das Usenet vorangetrieben. Nach den zwei Jahren vorangegangener Entwicklungsarbeit konnte von Anfang an ein Kernel präsentiert werden, der anderen Interessierten ausreichend Potential zu haben schien, um sich selbst in das Projekt einzubringen.

So verwundert es auch nicht, dass der Durchbruch von Linux erst mit dem Durchbruch des Internet begann. Die Zahl potentieller Entwickler wuchs rasant. Datentransfers und somit eine leichte gemeinsame Entwicklung wurde mit größeren Bandbreiten und günstigeren Übertragungspreisen/Datenmenge immer besser möglich.

(c) Die Erklärung des Phänomenes LINUX – rationales Verhalten als Triebfeder der Open-Source-Bewegung

Was das Phänomen LINUX so interessant macht, ist nicht einfach die Tatsache, dass es kostenlos angeboten wird, sondern dass es – scheinbar gelöst von kommerziellen Interessen – auf professionellem Niveau nach wie vor weiterentwickelt wird.

Es fällt schwer, LINUX vollständig mit den oben genannten Mustern zu erklären. Die klassische kostenlose Software unterscheidet sich schon in dem Punkt stark von LINUX, als dass sie ähnlich wie kommerzielle Software von einem Programmierer bzw. einem überschaubaren, festgelegten Programmiererteam entwickelt wird, wobei ökonomische Ziele wie Signalling verfolgt werden, um einen klaren Vorteil zu erlangen oder durch bessere Nutzung von Netzwerkeffekten den Absatz anderer Produkte zu steigern.[161] Hingegen bieten Open-Source-Projekte wie

---

[161] Z.T. ist dabei die Public Domain Software eine Ausnahme, was dadurch zu erklären ist, dass diese meist im Rahmen von öffentlich finanzierten Forschungsprojekten entstanden ist und da-

LINUX einer riesigen Anzahl von Programmierern den Anreiz sich kostenlos einzubringen.

Ursprünglich wurde vorwiegend normativ argumentiert. So war Richard Stallmann, der Erfinder der General Public License[162], der Auffassung, Software müsste frei für jedermann zugänglich sein. Dabei berief er sich u.a. auf eine pseudo-ökonomische Argumentation, die darauf abzielte, dass die Grenzkosten von Software nahe Null liegen und somit Software – wenn sie zu Grenzkosten verkauft wird – auch kostenlos angeboten werden sollte. Diese Argumentation entbehrt jeglicher Fundierung. Sie ignoriert nicht nur die fixen Kosten und die für die Unternehmer wichtigen Durchschnittskostenverläufe, sondern übersieht auch, dass, solange die Grenzkosten unter den Durchschnittskosten liegen, sie nicht den Punkt optimaler Ausbringung, sondern einen Verlustbereich anzeigen. Bezüglich der Nutzung von Software ist ohnehin zu berücksichtigen, dass auch bei Open-Source Kosten für die Nutzung entstehen. So entstehen oft hohe Kosten erst durch den Support, der vielfach kostenlos angeboten wird. Dies geht so weit, dass z.B. einige Anbieter kommerzieller Linux Distributionen[163] Computerlaien als Kundensegment nicht anpeilen, da die Support-Kosten, die ein solcher User verursacht, den geringen Preis übersteigen würden.[164] Nach Raymond werden 75 % aller Programmierergehälter nicht etwa für das eigentliche „kreative" Programmieren, sondern für solche Maintenace-Aufgaben bezahlt.[165] Im Gegensatz zu den Programmierungskosten nehmen die Supportkosten sehr wohl mit der Zahl der User zu. Die Umlegung von Supportkosten auf den Verkauf dient hier – auch wenn Sie zum Teil mit negativen Anreizwirkungen einhergeht, die noch zu diskutieren sind – schlicht der Senkung der Transaktionskosten und – ganz im Sinne der Versicherung – dem Risikoausgleich zwischen den Usern, die so keine Supportkosten in untragbarer Höhe fürchten müssen.

Eine normative Stützung der Open-Source, wie Stallmann sie vorgebracht hat, mag alles in allem gut gemeint sein, ist aber letztlich positiv kaum haltbar. Vor allem ist kaum zu glauben, dass diese Überzeugung – die sicher einige wie Stallmann selbst getrieben haben mag – die Mehrheit der Open-Source-Programmierer zu ihrer Arbeit motiviert hat.

---

mit mit den auf eigene Kosten produzierten Arten kostenloser Software nur schwer vergleichbar ist.

[162] Mittlerweile existiert eine Vielzahl von Lizenzbestimmungen unter dem Oberbegriff Open-Source. Zu einer detaillierten Untersuchung der unterschiedlichen Lizenzarten vgl. Lerner, Tirole (2002).

[163] Die Linux-Lizenz erlaubt den Vertrieb von Linux-Compilationen, solange ein kostenloser Weg (z.B. download) für den eigentlichen Betriebssystemteil offen steht. Bezahlt wird sozusagen die Zusatzleistung und die Kompilation. Naturgemäß sind aber auch diese Distributionen durch die Konkurrenz der kostenlosen Alternativen verhältnismäßig günstig.

[164] Financial Times Deutschland (online).

[165] Raymond (2000c), S. 3.

Generell scheint aus ökonomischer Sicht zweifelhaft, dass die intrinsischen Motivationsfaktoren eine derart breite Entwicklung antreiben konnten. Dies gilt sowohl für die Argumentation, dass die Programmierer einfach überzeugte Anhänger von Stallmanns „Information wants to be free"-Mythos waren, als auch für die Vermutung, sie hätten aus reinem Altruismus gehandelt.

Im folgenden soll gezeigt werden, dass nicht nur der Erfolg von Open-Source allgemein, sondern auch von LINUX sich letztlich auf die beiden grundlegenden oben angeführten Gründe zurückführen lässt, wie kostenlose Software generell: also Werbung (bzw. Signalling) zur Erhöhung der eigenen Reputation[166] und die Ausnutzung von Netzwerkeffekten.

So darf auch der Begriff der Gift-Society, der im Zusammenhang mit der Open-Source-Bewegung gebraucht wird, nicht missverstanden werden. Bei den Geschenken (gifts) geht es nicht um Altruismus, vielmehr wird – wie Raymond es beschrieb – anstelle von „Gut gegen Geld" ein Tausch „Geschenk gegen Reputation" gesetzt. Und eben diese Beschreibung, die die Reputation in den Mittelpunkt stellt, zeigt eine der wesentlichen Ursachen für die Betätigung in einem Open-Source-Projekt, wie LINUX. Die Mitarbeit an einem großen Projekt – möglichst in verantwortungsvoller Position – hat – allein aufgrund der höheren Nachfrage, die in der Regel an komplexer Software besteht, im Vergleich zur Nachfrage an Software, die durch einen Programmierer erstellt werden kann – eine deutlich höhere Signalwirkung.

Man sollte erwarten, dass die Signalwirkung durch die Masse der Programmierer untergeht, und vielleicht ist dies, bezogen auf die Endabnehmer der Software, sogar richtig, aber innerhalb der Programmierergemeinde gewinnen die Programmierer gerade durch die „Peer-Review" deutlich an Ansehen. Und für die Nachfrager nach der Arbeitsleistung der Programmierer (anders als für die Nutzer der Programme) ist eben diese Peer-Review – also eine Beurteilung durch andere Programmierer, die die Qualität der Arbeit somit beurteilen können – besonders wichtig. Der Aufstieg in der überraschend formalisierten Hierarchie solcher Projekte kann also gerade auf dem Arbeitsmarkt sehr gute Signalling Wirkungen entfalten, nicht trotz, sondern wegen der vielen „Mitstreiter" im gleichen Projekt.[167] Die Teilnahme an einem großen Open-Source-Projekt kann somit (auch) mit einem klassischen ökonomischen Kalkül begründet werden. „Geschenk gegen Reputation" löst also „Gut gegen Geld" nicht etwa – wie Raymond selbst es versteht[168] – fundamental ab, in dem Sinne, dass die Programmierer die Reputation hauptsächlich als eigenständig nutzstiftenden Faktor einbeziehen, sondern vielmehr nur als Zwischenstufe in diesem speziellen Sektor. Der Wert der Reputation liegt aber

---

[166] Vgl. u.a. Kollock (1999), S. 9 (working draft).
[167] Vgl. dazu Franck, Jungwirth (2002), S. 128, Raymond (2000a), insbesondere S. 10 ff.
[168] Raymond (2000a), S. 12.

sicherlich auch in der Signalwirkung für den von Informationsasymmetrien dominierten Arbeitsmarkt. Die zukünftigen Erträge aus der Arbeit überwiegen scheinbar
den kurzfristigen Einnahmenausfall.[169]

Hier wirken sozusagen Netzwerkeffekte und Signalling-Anreize zusammen. Aus
Sicht eines Programmierers ist – zumindest als ein Aspekt – die Mitarbeit an einem
Open-Source-Unternehmen der „Kauf von Reputation" mit seiner Arbeitsleistung.
Je mehr Nachfrager das erstellte Programm hat, desto breiter ist die Wirkung seines
Signallingversuchs. D.h., der Wert der erworbenen Signallingleistung steigt mit der
Zahl der Nachfrager. Die Netzwerkeffekte der Nutzer erhöhen also nicht nur den
Wert für andere Nutzer, sondern gleichzeitig für Programmierer. So gelingt gewis-
sermaßen eine Übertragung von Netzwerkeffekten auf die Anbieterseite. Weitere
Nutzer ziehen nicht nur weitere Nutzer, sondern auch neue Programmierer an.

Damit eröffnet sich ein weiterer Übertragungsweg der Netzwerkeffekte auf die
Anbieterseite. Gewissermaßen liegt sogar ein „echter" angebotsseitiger Netzwerkeffekt vor und zwar in dem Sinne, dass angebotsseitige Skaleneffekte vorliegen, die
nicht primär durch die Größe, sondern die Zahl der Anbieter gesteuert werden.
Weitere Programmierer, die sich an dem Angebot beteiligen, erhöhen nämlich
ihrerseits den Nutzen der erstellten Software für die Nachfrage. Weitere Programmierer ziehen so wiederum mehr Nachfrager an, erhöhen damit die Signalling
Wirkung für den einzelnen beteiligten Programmierer und ziehen ergo auch neue
Programmierer an. Was letztlich natürlich wieder weitere Nutzer anzieht und so
fort.

Klassische nachfrageseitige und die hier insbesondere auftretenden angebotsseitigen Netzwerkeffekte können sich so gegenseitig ermöglichen und vor allem sogar
erheblich untereinander verstärken.

In seinen Veröffentlichungen zur Open-Source Bewegung hat Raymond den
Begriff von „Cathedral and Bazaar" geprägt. Dabei steht die Kathedralenbauweise
methaphorisch für die klassischen Designmethoden kommerzieller Software mit
streng hierarchischer Struktur und einer klar abgegrenzten Zahl an Mitarbeitern.
Als Gegenpol zu dieser starren Methode interpretiert er ein Open-Source-Projekt
als Bazar. Das große Ganze entsteht durch nur grob koordiniertes Zusammenwir-
ken eigennütziger Beteiligter.[170] Mit dieser Methapher hat Raymond – vielleicht
ohne sich dessen als Techniker bewusst zu sein oder die entsprechenden Begriff-
lichkeiten zu verwenden – den entscheiden Punkt präziser herausgearbeitet, als es
viele geschulte Ökonomen tun. Denn genau wie der Marktplatz, so basiert auch der
Erfolg der Open-Source-Bewegung letztlich auf – auch wenn dies im Gegensatz
zur ursprünglichen Definition steht – angebots- wie nachfrageseitigen Netzwerkeffekten, wobei hier ganz bewusst der Netzwerkeffekt und nicht der einfache

---

[169] Lerner, Tirole (2000), S. 14.
[170] Raymond (2000b), insbesondere S. 18 ff.

Skalen- bzw. Größeneffekt gemeint ist. Wie auf einem Marktplatz ziehen Anbieter und Nachfrager sich gegenseitig an.

Eben diese wechselseitigen Netzwerkeffekte aber zeigen, dass sich „Puristen" wie Stallmann direkt doppelt irren. Nicht nur, dass Open Source nicht ausreicht, um die Softwarenachfrage zu befriedigen und davon auszugehen ist, dass eine „Befreiung" der Software, die kommerzielle Software abschafft, den Nutzen aller schmälert, vielmehr hängt Open Source existenziell von kommerzieller Software ab. Denn es ist primär die Existenz kommerzieller Software bzw. die Gewinnmöglichkeiten aus kommerzieller Software, die Einkommensmöglichkeiten für Programmierer schaffen. Erst durch diese Einkommensmöglichkeiten bekommt der Werbeeffekt aus der Teilnahme an Open Source Projekten überhaupt einen Wert. Je weniger traditionelle, kommerzielle Software existiert, desto geringer werden also auch die Anreize sich an einem Projekt wie LINUX zu beteiligen. Erst eine starke Softwarebranche ermöglicht somit einen starken Open-Source-Zweig. Es hilft, sich die Open-Source-Bewegung nicht als eigenen Zweig, sondern als Signalling-Bemühungen im Softwaremarkt vorzustellen –ohne Markt kein Signalling. Das heißt aber nicht nur, dass es nicht sinnvoll ist, für jedes Projekt die Open Source zu fordern, da so die Entwicklung aller Projekte gestoppt würde, es heißt auch – und das ist wesentlich –, dass der Markt niemals systematisch in seiner Existenz gefährdet werden kann durch Open Source. Sicherlich können einzelne Firmen durch die kostenlose Konkurrenz leiden, aber da ein prosperierender Markt mit entsprechend hohen Gehaltsaussichten eine der Triebfedern der Open Source Bewegung ist, ist gesichert, dass der Markt nie durch diese Konkurrenz vollständig zusammenbrechen kann.

Faktisch gibt es neben den genannten wichtigen ökonomischen Gründen weitere Gründe, warum Programmierer zu Open-Source-Projekten beitragen, so z.B. die verhältnismäßig niedrigen Kosten der Erstellung oder dass Open-Source-Programme bzw. ähnliche Systeme an amerikanischen Universitäten zum Einsatz kommen und dadurch die Programmierer geringe Einarbeitungskosten haben.[171] Andere Autoren betonen die Hoffnung auf Reziprokität der „Geschenke" an die Gemeinschaft. Für den Eigenbedarf programmierte Verbesserungen werden deshalb der Gemeinschaft zur Verfügung gestellt, da die zusätzlichen Kosten gleich Null sind und ein entsprechender Rückfluss zumindest denkbar ist.[172] Am Rande kann selbst der „echte" Altruismus eine Rolle spielen. Die oben angeführten Netzwerkeffekte werden durch all diese Effekte weiter verstärkt. Letztlich scheint es, als wären

---

[171] Vgl. Lerner, Tirole (2001), S. 822; Auch hier zeigt sich damit die Wirkung von Netzwerkeffekten. Denn auch solche Lerneffekte sind faktisch nichts anderes als positive Wirkungen einer großen Nutzerbasis.

[172] Vgl. z.B. Kollock (1999), S. 8.

genau diese Netzwerkeffekte der treibende Motor hinter dem Boom von Open Source im allgemeinen und LINUX im speziellen.

Um tatsächlich ein Open-Source-Projekt auf den Weg zu bringen, braucht es natürlich mehr. Die oben angeführte Argumentation zeigt lediglich, warum ein bestehendes Projekt dauerhafte Marktchancen hat, obwohl keine direkte finanzielle Kompensation für die teilnehmenden Programmierer zu erwarten ist. Es wurde nicht erklärt, wie ein Open-Source-Projekt entsteht, also warum der ursprüngliche Programmierer seinen Code freigibt. Auch dies ist durchaus rational erklärbar:

➢ Bedarf: Gerade unter frühen Open-Source-Projekten entstanden viele aus dem Bedarf an Hilfe. Der ursprüngliche Programmierer hatte nicht die Ressourcen, das Programm, das er für sich selbst verbessern wollte, alleine weiterzutreiben.

➢ Dauerhaftigkeit: Firmen, die ein Programm nicht verkaufen wollen, sondern lediglich zur eigenen Anwendung benötigen, könnten (und das ist vorgekommen) Programme „öffnen", um so langfristig kostenlose Maintenance bekommen zu können. Die so erzielte Ersparnis kann die möglichen Nachteile, die durch das kostenlose Nutzen des Programms durch die Konkurrenten entstehen, durchaus übertreffen.

➢ Verkauf von Komplementärleistungen: Die oben angeführten Argumente für kostenlose Software generell verlieren nicht ihre Gültigkeit. So kann der Verkauf von Komplementärprodukten das Lancieren eines Open-Source-Projektes attraktiv scheinen lassen, insbesondere da hier die Hauptlast zur Erstellung des „Lockproduktes" auf andere übertragen werden kann.

(d) Fazit

LINUX hat sich – das steht fest – gegen alle Zweifel durchgesetzt. Dieser Erfolg des Open-Source-Konzeptes gerade mit LINUX wirkt deshalb so schwer, weil nicht etwa eine kaum gewinnbringend zu füllende Nische besetzt wurde, sondern weil LINUX den Durchbruch auf einem der härtesten Softwaremärkte geschafft hat.

Dass Open Source grundsätzlich funktioniert, steht damit außer Frage. Dennoch ist LINUX bisher eines der wenigen Großprojekte aus diesem Bereich. Während Mail-Reader, Text-Editoren und andere überschaubare Tools zahlreich vorliegen, ist LINUX in der Software-Größenordnung von Betriebssystemen als Open-Source-Projekt recht einsam. Es stellt sich also die Frage, ob auch für solche Großprojekte Open-Source langfristig eine Alternative darstellt. Sprich: Ist der Fall LINUX wiederholbar?

Es scheint zunächst, als ob eine Wiederholung bei allen Vorteilen des Konzeptes schwieriger wird. Diese Erschwernis liegt eben an der speziellen Entwicklungsform eines Open-Source-Projektes. Letztlich basiert die Fortentwicklung – wie oben erklärt wurde – auf einem angebotsseitigen Analogon der Netzwerkeffekte. Um diese nutzen zu können, müssen die Nutzer schnell den Eindruck erhalten, dass das Produkt auf dem „Markt" chancenreich ist und vor allem, muss das Produkt – zumindest für die echte Wachstumsphase – bereits für viele User mit nur minimalen Änderungen Vorteile bringen. Im Gegensatz zur späteren öffentlichen Phase muss in dieser frühen Anfangsphase ein Einzelner bzw. ein kleines Team hier die Entwicklung alleine vorantreiben.[173] Das Risiko eines Misserfolges ist in dieser ersten Phase noch zu groß, um externe Entwickler anzuziehen. Die Wahrscheinlichkeit, dass das Projekt interessant genug ist, langfristig erfolgreich zu sein und damit für die teilnehmenden Programmierer reputationssteigernd zu wirken, ist noch zu wenig abschätzbar.[174] Dieser ursprüngliche Kern muss es schaffen, eine kritische Masse, die dann hinreichend weitere potentielle Programmierer anzieht, zu erreichen.[175]

Je weiter sich also der generelle Stand der Technik entwickelt, desto schwerer fällt es dem Urheber eines solchen Projektes, den Startschuss zu liefern. Denn die Schwelle, bis zu der der einzelne Programmierer ohne die Community kommen muss, steigt zunehmend an, da ein Projekt zunächst auf einen hinreichend hohen Stand gebracht werden muss, um der Community Attraktivität zu signalisieren. Weil also mit zunehmender Qualität der Vergleichsprodukte auch der Anspruch an ein Open Source Projekt steigt, das in diesen Markt eindringen will, ist es naheliegend, dass der oder die Urheber des Projektes zunehmend weiter entwickelte Ausgangsbasen für die Gemeinschaft bieten müssen.

Dementgegen wirkt allerdings die zunehmende Finanzierung von Open Source durch profitorientierte Unternehmen. Dadurch wird ein Grundkapital bereitgestellt, das es erleichtert, eben diesen Startschuss zu schaffen, um dann von der Gemeinschaft zu profitieren. So engagieren sich mittlerweile viele der Großen der IT-Branche wie IBM oder HP im Open-Source-Bereich.[176]

Ob allerdings wirklich weitere Projekte in der Größenordnung von LINUX entstehen, bleibt dennoch pure Spekulation. Die Möglichkeit ist aber – wenn sie entstehen sollten – eher über Unternehmensinitiativen als über Privatinitiativen gegeben. Ein solch großes Projekt „rein" aus der Community, wie es bei LINUX

---

[173] Zur Aufteilung der Entwicklungsphasen eines Open-Source-Projektes vgl. Hars (2002), S. 546.
[174] Kollock (1999) arbeitet die Erfolgsunsicherheit als zentrales Problem von Open-Source-Projekten heraus. (S. 11 – working draft).
[175] Der auch im Zusammenhang mit Netzwerkeffekten gebrauchte Begriff der kritischen Masse wird in diesem Zusammenhang z.B. von Lerner, Tirole (2000), S. 19, verwendet, die aber den Zusammenhang zu Netzwerkexternalitäten an dieser Stelle nicht explizit herausarbeiten.
[176] Lerner, Tirole (2000), S. 1.

ursprünglich der Fall war, ist heute kaum mehr möglich. Dennoch zeigt LINUX, dass auch Märkte mit dominierenden Unternehmen in der Neuen Ökonomie durchaus bestreitbar sind.

Der wesentliche Vorteil der Open-Source-Bewegung liegt letztlich in der Transformation der klassischen Netzwerkeffekte im Sinne nachfrageseitiger Skaleneffekte zu angebotsseitigen Skaleneffekten, die zu den erstgenannten hinzukommen.

4.2.1.5 Abschließende Betrachtung zur Nutzbarkeit von Netzwerkeffekten

Die beiden Fallstudien haben gezeigt, dass in der Neuen Ökonomie (hier speziell im Bereich von Betriebssystemen) durchaus erhebliche Netzwerkeffekte vorliegen. Diese Netzwerkeffekte reichen sogar soweit, dass ein Betriebsystem wie LINUX sich als reiner Selbstläufer auf professionellem Niveau weiterentwickeln kann. D.h., dass die Netzwerkeffekte nicht zwingend eine Marktvermachtung bewirken und dass sie sogar in gewisser Weise ebenso die Bestreitbarkeit der betreffenden Märkte ermöglichen.

Folgende wichtige Faktoren beschränken ohnehin auch die Gefahr einer Marktvermachtung durch Netzwerkeffekte:

(a) Begrenzung der Nutzbarkeit von Netzwerkeffekten durch technischen Fortschritt

Die für ein Unternehmen potentiell nutzbaren Netzwerkeffekte beziehen sich i.d.R. nicht auf ein spezifisches Programm, sondern vielmehr auf eine ganze Familie von Programmen. So sind derzeit allein aus der Windows-Familie von Microsoft Windows95, Windows98, Windows2000 und WindowsME verbreitet. Hinzu kommen vereinzelte Anwender der stark veralteten Betriebssysteme Windows 3.11 bzw. Windows for Workgroups. Eine vollständige Nutzung der Netzwerkeffekte für Microsoft wäre demnach nur dann möglich, wenn eine Abwärtskompatibilität bis hin zu den Anfängen von Microsoft gewährleistet wäre. Eine solche Abwärtskompatibilität beschränkt aber – je nach dem wie weit sie getrieben wird – die Performance und erhöht zusätzlich die Entwicklungskosten. Die volle Ausnutzung der Netzwerkeffekte würde also eine Beeinträchtigung der Qualitätsentwicklung bedingen, was gerade auf einem so sehr von Innovation geprägten Markt, schnell tödlich sein kann. Ein Trade-off zwischen der Nutzung von Netzwerkeffekten bei gedrosselter Qualitätsentwicklung, welche die langfristige Wettbewerbsfähigkeit einschränkt, einerseits und höheren Entwicklungskosten andererseits verhindert demnach möglicherweise eine vollständige Nutzung der Netzwerkeffekte. Je stärker der Qualitätswettbewerb ist, um so mehr muss auf Nutzung von Netzwerkeffekten verzichtet werden. So ist auch im Moment zunehmend zu beobachten, dass Programme auf den Markt kommen, die unter Windows98 und späteren Versionen von Windows laufen, nicht mehr aber unter dem immer noch genutzten Windows95.[177] U.a. durch diesen Zusammenhang werden somit die z.B. vom Sachverständigenrat herausgestellten[178] lock-in-Effekte zumindest gemindert. Die Innovationsdynamik weicht diese Lock-In-Effekte deutlich auf, da der Standard, auf den sich die Netzwerkeffekte beziehen, schnell an relativer Attraktivität verliert[179] bzw. – wie oben angesprochen – der eigentliche Standardbetreiber diesen selbst nicht mehr vollständig nutzen kann, um ebenso attraktive Produkte anbieten zu können.

Wenn auch dieser Effekt allein nicht ausreichen muss, um die Bestreitbarkeit des Marktes zu gewährleisten, so wird dadurch die Nutzung von Netzwerkeffekten bzw. ihre negative Wettbewerbswirkung deutlich eingeschränkt. Besonders größere Innovationen bzw. Sprünge in der Technik, die erhebliche Beschränkungen in der Abwärtskompatibilität mit sich bringen (wie der von Dos zu Windows) können Ansatzpunkte bieten, die Marktanteile erheblich zu verändern. Ganz besonders ist zu beachten, dass der hier beschriebene technische Druck z.B. auf vielen Märkten – so auch dem Markt für Betriebssysteme – in doppelter Hinsicht auftritt. So gilt es nicht nur, den „internen" technischen Fortschritt der direkten Konkurrenz zu beachten, sondern ebenfalls relevant sind die notwendigen Änderungen durch die sich schnell verändernde bzw. verbessernde Hardware.

Allerdings wird dieses Argument insofern in letzter Zeit dadurch relativiert, dass die fallenden Preise u.a. auf dem Computermarkt bei gleichzeitig steigendem Einkommen tendenziell zu einer geringeren Streuung im Bereich der technischen Ausstattung führen, wodurch letztlich der Bedarf an Abwärtskompatibilität auf ein bis zwei Programmgenerationen sank, was in der Regel durchaus machbar ist.

(b) Eingeschränkte Exklusivierbarkeit von Netzwerkeffekten
Ein weiterer Faktor, der die vollständige Nutzbarkeit der Netzwerkeffekte zur Vergrößerung des Marktanteils behindert bzw. einschränkt, ist das Problem der Exklusivierbarkeit.

In vielen Fällen sind Netzwerkeffekte firmenübergreifend nutzbar. Ein Selbstausschluß von diesen globalen Netzwerkeffekten z.B. durch bewusste Kompatibilitätshürden sichert zwar die Rendite aus den eigenen firmeninternen Netzwerkeffekten, führt aber gleichzeitig dazu, dass die globalen Netzwerkeffekte sich nicht

---

[177] Vgl. u.a. Economides (2000). Hier wird z.T. auf die Bedeutung von „forward" und „backward" compatibility eingegangen. Mangelnde Berücksichtigung findet dabei jedoch der zentrale Punkt, dass auch ein Monopolist z.B. auf dem Softwaremarkt zu ständig neuen Versionen gezwungen ist, da mit zunehmendem technischen Fortschritt die jeweils letzte Version schnell veraltet und damit mit zunehmendem Basisnutzen (ohne Netzwerkeffekte) der Vorsprung zu möglichen Konkurrenzprodukten und dementsprechend die Markteintrittsbarrieren sinken.
[178] Sachverständigenrat (2000), S. 140.
[179] Picot (2001a), S. 28 f.

positiv auf den Nutzen des eigenen Produktes auswirken. Auf den ersten Blick erscheint dieser Zusammenhang als ein Trade-off zwischen Wettbewerb und der Nutzung größerer Netzwerkeffekte. Entsprechend wird auch in der Literatur vom „competitive effect" und einem „network effect gesprochen".[180] Diese Interpretation berücksichtigt allerdings ausschließlich den Anstieg der Wettbewerbsintensität durch die unter Umständen deutlich größere Zahl an Firmen, wogegen vernachlässigt wird, dass sich durch die Einbindung in ein Gesamtnetzwerk die Art des Wettbewerbs grundlegend verändert, in dem Verdrängungswettbewerb eingedämmt wird. Während nämlich bei getrennten Netzwerken (wie bereits angesprochen) „Wettbewerb um den Markt" den Wettbewerb „auf dem Markt" ersetzt[181], kann dieser Effekt durch gemeinsame Netzwerke vermieden werden. Insofern ist die Abwägung zwischen Netzwerkeffekt und Wettbewerbseffekt schon insofern zu stark vereinfachend, als dass der Netzwerkeffekt selbst, gegenläufige Wettbewerbseffekte induziert. Entsprechend kann, wie Katz und Shapiro herausarbeiten, die Entscheidung für kompatible Produkte dazu dienen, den Wettbewerb, insbesondere in frühen Marktphasen, zu mildern.[182] Es wird zwar die Möglichkeit aufgegeben, durch einen knappen Vorteil eine deutliche Dominanz auf dem Markt zu erlangen, gleichzeitig wird aber auch das Risiko gemindert, durch nur kleine Kosten- oder Qualitätsnachteile fast vollständig vom Markt verdrängt zu werden.

Unter dieser Problematik hatte beispielsweise Apple zu leiden, die nicht wie IBM ihren Standard geöffnet und ein Modularsystem zugelassen haben, sondern weiterhin ihr „Komplettsystem" vermarkten wollten. U.a. diese Entscheidung ist dafür verantwortlich, dass Apple – trotz der (nach Meinung vieler User) besseren Qualität und eines entsprechend guten Preis-/Leistungsverhältnisses – nur einen geringen Marktanteil hält und bereits mehrfach am Rande eines Konkursverfahrens stand. Nur so wurde Microsoft ermöglicht, bezüglich der Browsereinbindung Druck auf Apple auszuüben, da Apple nur über Microsoft Office für Macintosh zumindest im Bereich der Office-Anwendungen die globalen Netzwerkeffekte in diesem Bereich nutzen kann.

Ein entsprechendes Verhalten lohnt also nur, wenn die eigenen Netzwerkeffekte den Markt bereits so sehr dominieren, dass es wahrscheinlich scheint, dass sich die Gesamtheit des übrigen Marktes dagegen nicht durchsetzen kann. Entsprechend ist es z.B. für Microsoft durchaus rational, den Marktanteil im Bereich der Betriebssysteme durch Kompatibilitätsbeschränkungen zu sichern. Dementsprechend ist eben dieses Verhalten als antikompetitiv einzustufen. Gleichzeitig wird aber auch erklärt, warum sowohl Netscape als auch Microsoft zwar versuchen Abweichungen vom Standard HTML4 einzuführen, ohne aber zu diesem inkompatibel zu werden,

---

[180] Diese „Interpretation" findet sich z.B. bei Economides (1996), S. 23.
[181] Gilbert, Katz (2001), S. 29.
[182] Katz, Shapiro (1986), S. 164 f.

da hier keine so deutliche Dominanz vorliegt, dass die firmeneigenen Netzwerkeffekte, die globalen überwiegen könnten.

Selbst wenn ein Unternehmen die Netzwerkeffekte für sich allein nutzen möchte, ist das Gelingen dieses Unterfangens keineswegs garantiert. Es ist davon auszugehen, dass – z.B. wegen der im folgenden erörterten Heterogenität bzw. dem Bedarf an Produktdifferenzierung – nicht alle Nutzer diesen einen Standard nutzen. Somit gibt es eine Differenz zwischen den realisierten Netzwerkeffekten und jenen Netzwerkeffekten, die realisiert würden, wenn alle Nutzer einen Standard nutzen würden (d.h. nicht, dass der Gesamtnutzen dann zwingend größer wäre). Diese Differenz schafft ein Marktpotential für Konvertierungsdienste und andere Produktideen, die letztlich eine Adapterfunktion übernehmen können, also zwei an sich unterschiedliche Standards miteinander verknüpfen. Wenn das Aufkommen solcher Konvertierungsdienste oder auch von plattformunabhängigen Anwendungen nicht verhindert werden kann, ist der Standard nicht schützbar bzw. nicht ausbeutbar[183]. Unter Umständen kann es damit aus unternehmerischer Sicht sogar sinnvoll sein, begrenzte Kompatibilität von vornherein zuzulassen, um das Differenzpotential so gering zu halten, dass externe Adapterangebote nicht lohnen und so zumindest der begrenzte Spielraum zur Ausbeutung der verbleibenden Netzwerkeffekte verbleibt.

(c) Heterogenität der Produkte

Ebenfalls einschränkend auf die tatsächliche Nutzbarkeit von Netzwerkeffekten wirkt die Produktdifferenzierung. So richten sich unterschiedliche Produkte unabhängig von Kompatibilitätsfragen i.d.R. an unterschiedliche Kundensegmente. Für Neueinsteiger ist es unter Umständen durchaus möglich, sich mit einem hinreichend vom Marktführer differenzierten Produkt in einem von Netzwerkeffekten stark beeinflussten Markt zu etablieren und letztlich somit selbst Netzwerkeffekte zu generieren. Abhängig vom Grad der Heterogenität und der Stärke der Netzwerkeffekte ist es somit eben nicht eindeutig, dass der First Mover systematisch den ganzen Markt für sich einnehmen kann.[184]

(d) Aufbruch von Standards

Selbst das Durchsetzen des hauseigenen Standards ist kein Polster, auf dem sich ein Unternehmen ausruhen kann. Der Markt hat gezeigt, wie viele Möglichkeiten es gibt, die einen solchen dominanten Standard gefährden. Die im Kapitel über das Open-Source-Betriebssystem LINUX angesprochenen kostenlosen Konkurrenzprodukte mit entsprechend frei verfügbaren Standards können allein durch die Kostenfreiheit glaubwürdig dokumentieren, dass langfristig eine gewisse Nutzer-

---

[183] Vgl. Picot (2001b), S. 56.

[184] Zu einem Modell, das die Heterogenität der Produkte mit einbezieht vgl. Wiese (2002), insbesondere S. 162 f.

basis vorhanden sein wird, was die künftige Existenz eines gewissen Maßes positiver Netzwerkeffekte für diese Produkte anzeigt. Und diese Erwartungen sind ebenso entscheidend, wenn nicht wichtiger, als die aktuelle Verteilung der Marktanteile.

Eine ähnliche Wirkung haben die freien Metastandards (wie XML), die so langfristig die Durchsetzung kommerzieller, exklusiver Standards verhindern.[185]

Hinzu kommt, dass die Wechselkosten (also auch die Stärke der Lock-In-Effekte, die einen Anbieterwechsel erschweren) durch die Ausbreitung der New Economy selbst abnehmen. Die Suchkostendegression, aber auch die Lernkostenabnahme (die aus Erfahrungseffekten resultierende Netzwerkeffekte deutlich einschränkt) kompensieren die steigenden Wechselhemmnisse durch Netzwerkeffekte zumindest teilweise.[186]

Letztlich ist es also kein Zufall, dass sich Monopole auch im Bereich der Neuen Ökonomie nur in Ausnahmefällen durchgesetzt haben und auch diese nicht leicht aufrechtzuerhalten sind. Vielmehr sprechen entscheidende Punkte, die die negativen Wettbewerbswirkungen von Netzwerkeffekten zumindest teilweise kompensieren, dafür, dass auch die Märkte der Neuen Ökonomie bestreitbar sind. Auch die Erfahrungen der Vergangenheit führen, wie z.B. der Sachverständigenrat zur Begutachtung der gesamtwirtschaftlichen Entwicklung aufzeigt, zu einem ähnlichen Ergebnis.[187] Entgegen der Befürchtungen, die Fälle wie Microsoft unter Umständen aufkommen lassen, ist von einem prinzipiellen Wettbewerbsproblem zumindest durch Netzwerkeffekte letztlich daher nicht zu sprechen. Vor allem gilt nicht nur, dass die unter Umständen enstehenden monopolnahen Marktformen bestreitbar sind. Vielmehr besteht aufgrund der Möglichkeiten zur gemeinsamen Nutzung eines Standards, die z.T. aus rationalen Gründen heraus von Unternehmen genutzt werden, um nämlich das existenzielle Risiko durch den Wettbewerb zu verringern, nichtmals ein zwingender Widerspruch zwischen der Existenz von Netzwerkeffekten und wettbewerblichen Marktsturkturen mit relativ vielen Unternehmen.[188]

---

[185] Picot (2001a), S. 27 ff.
[186] Wirtz (2001b), S. 156.
[187] Sachverständigenrat (2000), S. 140.
[188] Zu einer abweichenden Position vgl. Blum (2001), S. 21.

4.2.2.1 Über Netzwerkeffekte hinausgehende Größenvorteile

Nicht nur die obenstehend analysierten Netzwerkeffekte führen zu Größenvorteilen in der Neuen Ökonomie. Vielmehr finden sich auch zahlreiche Beispiele für „klassische" angebotsseitige Größenvorteile wie nicht zuletzt Skaleneffekte im Sinne abnehmender Durchschnittskosten. Diese entstehen gerade bei vollständig digitalisierbaren Gütern, also den bereits in einem eigenen Abschnitt untersuchten Informationsgütern. Hier stehen hohen Fixkosten, wie erörtert wurde, vernachlässigbare Reproduktionskosten gegenüber. In diesem Zusammenhang hat sich das Schlagwort des First-Copy-Cost-Effekt herauskristallisiert, da eben die Kosten fast ausschließlich für das Original – die „first copy" – anfallen.[189] Problematisch ist dies vor allem, da so Rückkopplungseffekte auftreten mit den Netzwerkeffekten und die befürchtete Marktvermachtung so noch leichter zu erzielen ist.[190]

So wurde befürchtet, dass auch in anderen Branchen, wo Onlineangebote eine große Rolle spielen, wie z.B. im Bankensektor, aufgrund hier auftretendender Skaleneffekte Vermachtungstendenzen auftreten könnten. Diese Probleme aber, so sehr sie auch durch die Neue Ökonomie erzeugt werden, sind eben durch die Neue Ökonomie leichter zu umgehen. Abnehmende Transaktionskosten durch die Informations- und Kommunikationstechnologien ermöglichen z.B. Verbundstrukturen, die durch Aufteilung der Fixkosten auf mehrere Schultern auch kleinen Unternehmen möglich machen, entsprechende Angebote bereitzustellen.[191] Grundsätzlich wird aber durch die zunehmende Spezialisierungstendenz ohnehin ein Outsourcing zu dezentralen Dienstleistern für solche IT-Dienstleistungen begünstigt. Solche externen Unternehmen stellen dann die Grundlage für solche Dienste für unterschiedlichste Unternehmen zur Verfügung.

4.2.2.2 Gefahren durch Informationsausbreitung

Es wurde bereits dargelegt wie sehr die Transaktionskosten und damit insbesondere die Suchkosten durch die explosionsartige Ausbreitung der Informations- und Kommunikationstechnologien gesunken sind. So wird angeführt, dass über das Internet die Möglichkeit zu nahezu vollkommenem Wettbewerb besteht. Es schien,

---

[189] Hess, Schumann (2001), S. 92.
[190] Stelzer (2000), S. 5.
[191] Bartmann (2001), S. 81.

als würde man sich der Schwelle vollkommener Information immer weiter nähern.[192]

Ein mögliches Resultat dieser zunächst ausschließlich positiv scheinenden Entwicklung könnte aber langfristig sogar wettbewerbsschädlich sein. Preiswettbewerb in diesem Ausmaß – so die Befürchtung – würde den geringsten Nachteil mit Marktaustritt bestrafen. In der Literatur wird teilweise gar von einer Hyperkonkurrenz, die entstanden sein soll, gesprochen.[193] Ein deutliches Schrumpfen der Anbieterzahl bis zum Extrem der Monopolisierung wäre der Fall. Kurzfristig positiver Preiskampf könnte so mittelfristig zu Marktvermachtungstendenzen führen und dies nicht nur in der New Economy, sondern durch die New Economy in anderen Sektoren

Faktisch hat sich eine solche Entwicklung kaum ergeben. Die Preise im Netz liegen zwar teilweise deutlich unter denen außerhalb der virtuellen Welt, sind aber selbst wieder heterogener, als es mit der dargestellten Hypothese einer Hyperkonkurrenz vereinbar wäre. Oft sind Preisunterschiede bis zu 40 Prozent beobachtbar.[194]

Es muss also Hemmnisse geben, die trotz der geringen Transaktionskosten Preisdifferenzierung in einem begrenzten Rahmen zulassen:

Primär liegt dieser Unterscheidungsspielraum begründet in der Rolle der Information. Denn mit der Breite potentieller Anbieter, von denen ein Nachfrager ein Produkt kaufen könnte, sinkt auch die „Persönlichkeit" der Geschäftsbeziehung. Direkte Kontrolle der Ware auf Qualitätsmängel ist im Internet nicht möglich. Während im klassischen Handel ein Mangel sofort erkannt werden kann und ein Produkt umtauschbar ist, ist der Fehlerfall im virtuellen Handel deutlich unangenehmer. Selbst, wenn der Fehler eingestanden wird und der Umtausch so erfolgen kann, dass keine monetären Kosten für den Nachfrager entstehen, müssen Opportunitätskosten für den Umtauschaufwand an sich, die Zeit der Nichtnutzbarkeit der Ware usw. Berücksichtigung finden. Allein aufgrund der Unpersönlichkeit und begrenzter Kontaktmöglichkeiten ist der Konfliktfall im Internet allgemein unangenehmer.

Reputation wird somit zu einem entscheidenden Kaufkriterium.[195] Und diese Bedeutung der Reputation, die langfristige Kundenbindung schafft, ermöglicht ge-

---

[192] Mildenberger, Mack (2002), S. 48.

[193] Wirtz (2001a), S. 49.

[194] Albers (2001), S. 73.

[195] Zu Beginn des Internetzeitalters gab es Vorhersagen, dass im Automobilsektor vor allem Gebrauchtwagen über das Internet gehandelt würden; faktisch spielt der Online-Verkauf aber bei Neuwagen eine wesentlich größere Rolle (vgl. zu dieser Studie z.B. Staudt (2001), S. 24). Die Bedeutung der Reputation ist eine der Ursachen warum sich solche Vorhersagen nicht bewahrheitet haben. Güter bei denen Reputation ohnehin eine Rolle spielt und die aufgrund ihrer jeweiligen Natur selten angeschafft werden (wie eben Gebrauchtwagen), wodurch langfristige Kun-

wisse Preisspielräume. Im Extremfall könnte sogar unterstellt werden, dass der niedrigste Preis als negatives Signal gewertet wird[196], da unterstellt wird, der betreffende Preis wäre nur so niedrig, da die Reputation dieses Händlers ihm eben keinen Preisspielraum gewährt. Durch die Reputationsbedeutung allgemein und vor allem die Wirkung der Preise als Reputationssignal (neben anderen) relativiert die Annahme nahezu vollkommenen Wettbewerbs im Internet enorm.

Reputation wird in einer Welt, wo die Schranken, die den Anbieterwechsel erschweren, so gut wie nicht vorhanden sind, außerordentlich wichtig. Teilweise sind im Zuge dieser Entwicklung die Anteile der Marketing- und Werbebudgets auf 70 % der Gesamtausgaben angestiegen.[197]

(Hoffentlich loyale) Kunden wurden zu einem der am höchsten bewerteten Assets der jungen Unternehmen.[198] So verwundert es nicht, dass (abgesehen von reputationsfördernden Maßnahmen) direkte wie indirekte Kundenbindungsmaßnahmen drastisch zugenommen haben, um so in Bezug auf die Kunden einen Lock-In zu erzeugen und Kunden dauerhaft zu halten.[199]

Aber auch aus sich heraus ist das Sinken der Transaktionskosten begrenzt. Mit abnehmenden Kosten der Informationssuche sind die Kosten zur Informationsbereitstellung ebenfalls deutlich gesunken. Dadurch ist jede einzelne Information zwar billiger erhältlich als in der Ausgangssituation, aber gleichzeitig befinden sich im „Informationspool" deutlich mehr redundante und überflüssige Informationen. Im Schnitt produziert jeder Mensch auf diesem Planeten 250 Megabyte an Daten jedes Jahr. Die Wachstumsrate liegt bei ca. 50 % jährlich.[200]

Da ja – wie im Rahmen der Diskussion von Informationsprodukten als Erfahrungsgütern ausführlich erörtert wurde – ex ante nicht beurteilt werden kann, inwieweit eine bestimmte Information die gesuchte ist, müssen unter Umständen deutlich mehr Informationen geprüft werden. Durch diesen Effekt ist die Senkung der Transaktionskosten nicht beliebig weit fortzutreiben. Gerade durch zunehmende Maßnahmen zur Vorselektion, wie sie in Kapitel 3.1.1 schon angesprochen wurden, z.B. durch redaktionelle Webverzeichnisse, muss allerdings klar sein, dass die

---

denbeziehungen schwer werden, eignen sich eben weniger für den Internethandel. (Einschränkend muss darauf hingewiesen werden, dass sich in Deutschland das Internet nur im Gebrauchtwagenmarkt, nicht aber bei den Neuwagen etabliert hat. Vgl. dazu Dudenhöffer (2001), S. 85.) Auch in der Literatur zum Beschaffungswesen wird darauf hingewiesen, dass das E-Procurement (also die Beschaffung über das Netz) bei komplexen und damit vertrauens- und informationsintensiven Produkten versagt (vgl. z.B. Weiber (2001), S. 59). Zur Hervorhebung der Bedeutung von Reputation vgl. auch Hutter (2001), S. 21.

[196] Zur Signalwirkung von Preisen vgl. z.B. Choi, Stahl, Whinston (1997), S. 141 f.
[197] Wirtz (2001a), S. 49 f.
[198] Bis zu 300 US-$ ließen sich Unternehmen Neukunden kosten. Und das bei jährlichen Einnahmen pro Kunde von deutlich unter 300 $.
[199] Mildenberger, Mack (2002), S. 48.
[200] Vgl. Sailer (2001b), S. 141.

Transaktionskostenentwicklung insgesamt sicherlich negativ ist. Die Informations-überflutung relativiert diese Entwicklung vielleicht, kann sie aber keinesfalls völlig umkehren.

Die Erhöhung der Zahl der geprüften Informationen, die notwendig wird durch Redundanzen, Fehlinformationen und nicht benötigte Informationen, darf nicht vermischt werden mit der gestiegenen Information an sich.[201]

Durch die Reduktion der Transaktionskosten bzw. Informationskosten muss sich der Punkt, an dem die Grenzkosten der Informationsbeschaffung und Informations-auswertung mit dem dadurch erzielten Grenznutzen übereinstimmen, bei einem wesentlich höheren Informationsstand und damit höherer Effizienz wirtschaftlicher Aktivitäten ergeben.

Zusammenfassend kann gesagt werden, dass die Gefahr einer „Hpyerkonkur-renz" kaum realistisch scheint. Sicher hat der Wettbewerb in einigen Bereichen zugenommen, was aber kaum ein Ökonom als systematisch negativ bezeichnen wollte.

Selbst, wenn aber die Entwicklung in Richtung vollständiger Information wirk-lich so groß wäre, wie befürchtet, so ist darauf hinzuweisen, dass die New Economy ebenso die Flexibilität und Anpassungsgeschwindigkeit der betroffenen Unternehmen beeinflusst. Zu Marktvermachtung würde der schnelle Informations-fluss nur dann führen, wenn entweder wirklich nur einer eine Leistung günstig erbringen könnte oder aber die Wirksamkeit des Wettbewerbs bzw. die Bestrafung durch den Wettbewerb zwar zunehmend schneller erfolgen würde, ohne dass die Anpassungen durch die Unternehmen an diesen Wettbewerb entsprechend mitbe-schleunigt würden. Da die New Economy aber in beiden Bereichen beschleunigend wirkt, wären eventuelle Wettbewerbswirkungen eher positiv zu beurteilen.

Die Gefahr einer mangelnden Wettbewerbsdynamik durch eine zu kurze reakti-onsfreie Zeit (die ja erst den Anreiz für Innovation und Fortschritt bietet) besteht allerdings kaum. Erstens werden zahlreiche Aufholprozesse von der New Economy nicht oder nur wenig tangiert, so z.B. all jene, wo der Schutz durch ein Patent be-steht. Zweitens – und das ist entscheidend – ermöglicht die Beweglichkeit, die die Neue Ökonomie bedingt, auch das schnelle und günstige Erringen solcher Vorteile, die auch in kurzer Zeit, da man sich leicht an sehr große Märkte wenden kann, hohe Gewinne erbringen können. Daher besteht aus dieser Ecke einer Bewegung in Richtung der vollständigen Konkurrenz keine den Wettbewerb bedrohende Gefahr.

---

[201] Hier sind einige Autoren, wie z.B. Mildenberger, Mack (2002), S. 48, missverständlich und tren-nen die beiden Effekte nicht.

4.2.3 Missbrauch von Macht im Internet

Theoretisch existiert auch die Gefahr, dass die Kontrolle über bestimmte Informations- und Kommunikationsprodukte ausgenutzt wird, um auf Gütermärkten Machtpositionen zu erlangen. Insbesondere wird dabei befürchtet, dass Unternehmen sowohl als Betreiber eines Marktplatzes im Internet auftreten als auch als Anbieter auf diesem Marktplatz. Durch Ausschluss von Konkurrenten von solchen – vermeintlich freien –Marktplätzen kann ein nicht unwesentlicher Wettbewerbsvorteil entstehen.[202] Allerdings ist fragwürdig, inwiefern ein solch selektiver Marktplatz die gerade im Internet so wichtige Reputation aufbauen kann, was die Stärke dieses Arguments erheblich einschränkt.

4.3 Volatilität und Veränderungsgeschwindigkeit

4.3.1 Empirische Befunde oder Verlauf der Indices in der Neuen Ökonomie

Die Volatilität dient als Gradmesser der Schwankungen z.B. von Aktienkursen um den langfristigen Trend in einem bestimmten Zeitraum. Um solche Schwankungshäufigkeiten und damit auch das Risiko der Kursentwicklung auf eine prägnante Kennziffer zusammenfassen zu können, wird einfach die Standardabweichung zum (i.d.R. 100-tägigen) Trend berechnet. Im weiteren Verlauf soll Volatilität allerdings in einem weiter gefassten Sinn verstanden werden. Die Standardabweichung allein erfasst nämlich nur einen Aspekt des „Flatterns" der Kurse um den Trend. Insbesondere die Änderungsfrequenz wird so nicht berücksichtigt. Entgegen dieser mathematischen Abgrenzung sollen aber im Folgenden sowohl Veränderungen in der Amplitude als auch der Frequenz von Schwankungen um den Trend als Volatilität beschrieben werden.

Kaum ein anderer Sektor ist – unabhängig von der genauen Abgrenzung – ähnlich volatil, wie die Neue Ökonomie. Kursschwankungen im zweistelligen Prozentbereich innerhalb weniger Stunden kommen dabei durchaus vor.[203] Dabei ist die Volatilität nicht generell gleichzusetzen mit der „Geschwindigkeit" einer Kursentwicklung. Die Volatilität selbst beschreibt – wie der lateinische Ursprung „vola"="flattern" bereits sagt – nur die Kursschwankungen. Was z.T. noch ausgeprägter ist als die Volatilität auf den Aktienmärkten im Bereich der Neuen Ökonomie, ist eben die pure Geschwindigkeit der Kursentwicklung.

---

[202] Fichert (2001), S. 175.
[203] Vgl. Burmann (2001), S. 47.

Im Zeitraum von 1999 bis heute sind Indices, auf denen Aktien der Neuen Ökonomie gehandelt wurden und werden, z.T. auf das zehnfache ihres Ausgangswertes
hochgeschnellt und im gleichen Maße (und teilweise sogar stärker) wieder einge-
brochen. Diese enorme Blase und ihr Einbruch lassen sich lediglich mit der großen
Krise von 1929 vergleichen.[204] Und selbst hier muss festgestellt werden, dass,
wenn nicht ausschließlich der Einbruch zwischen dem schwarzen Freitag und dem
schwarzen Dienstag (25.–29.10.1929) betrachtet wird, der Kursverfall, über einige
Monate betrachtet, auf zahlreichen Börsen der Neuen Ökonomie deutlich schneller
verlief, als damals.

Der „Nemax All Share" Index fiel von seinem Höchststand von über 8583 am
10. März 2000 auf knapp unter 355 am 8. Oktober 2002. Das heißt, innerhalb von
1012 Tagen – nicht einmal drei Jahren – stürzte der Nemax auf 5,6 % seines
Maximalwertes.[205] Im Vergleich dazu fiel der Dow Jones nach dem großen Crash
im Oktober 1929 „nur" von 381 auf 41 Punkte im Juli 1932 (also nach fast 3 Jahren) und behielt damit ca. 11 % seines ursprünglichen Wertes.[206]

Abb. 7: Die Entwicklung des Dow Jones von 1924 bis 1933 und die des Nemax
All Share seit 1997.

(a) Die Börsenkrise: Der Dow Jones von 1924 bis 1933

Quelle: *Börsendschungel*

---

[204] Vgl. www.boersendschungel.de
[205] Alle Daten zum Nemax nach Yahoo!Finance (www.yahoo.de).
[206] Vgl. www.boersendschungel.de

(b) Der Nemax seit 1997

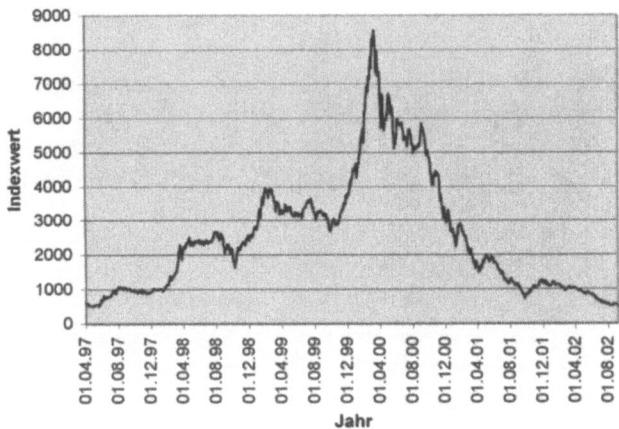

Quelle: *Eigene Darstellung nach Daten von yahoo!finance*

Der Nemax durchschlug diese Schwelle bereits nach genau anderthalb Jahren am 10. September 2001. Selbst der für einen New-Economy-Index verhältnismäßig stabile Nasdaq100-Index fiel von seinem Hoch von 4816 [207] Punkten am 24. März 2000 auf knapp unter 805 Punkte am 7. Oktober 2002 und verlor damit fast 85 % seines einstigen Wertes.[208] Damit entspricht selbst der Verlauf des Nasdaq100 grob dem des Dow Jones nach der Börsenkrise, der ebenfalls nach zweieinhalb Jahren in etwa bei 20 % des Maximums lag.

Es ist also festzustellen, dass diese Entwicklung mehr als eine normale Blase auf den Aktienmärkten ist und dass der Neuen Ökonomie inhärente Ursachen diese extreme Entwicklung begünstigt haben dürften.[209]

Im Folgenden sollen die Ursachen sowohl für die hohe Volatilität als auch die Geschwindigkeit der Entwicklung erörtert und eventuell daraus erwachsende Probleme analysiert werden. Die Betrachtung erfolgt gemeinsam, da die beiden Phänomene, wenn sie auch unterschiedliche Entwicklungen beschreiben, von ihrer Natur her sehr ähnlich sind. Beide weisen letztlich auf die Fähigkeit bestimmter Märkte hin, schnell auf neue Informationen zu reagieren und zu entsprechenden Kursentwicklungen zu kommen. Dementsprechend gibt es schon im Ursachen-

---

[207] Der höchste Schlusskurs lag mit 4691 knapp tiefer.

[208] Der Nasdaq100 hat sich seither relativ erholt und stand Ende August 2003 wieder über 1300 Punkten.

[209] Vgl. z.B. El-Shagi (2001), S. 42; Siebert (2000), S. 18.

katalog von Volatilität und Geschwindigkeit einer Kursentwicklung große Überschneidungen.

4.3.2   Zur Erklärung der extremen Anfangsentwicklung

4.3.2.1   Informationsprobleme

Wie schon bei den Wettbewerbsproblemen, so zeigt sich auch im Bereich der Verfügbarkeit von Information ein Paradoxon im Bereich der Neuen Ökonomie. Während Informationen in anderen Bereichen der Wirtschaft durch die Entwicklungen in der Informations- und Kommunikationstechnologie zunehmend leichter verfügbar sind und dort zur Funktionsverbesserung beitragen, leidet die New Economy selbst unter massiven Informationsasymmetrien. Diese Informationsasymmetrien liegen teilweise in der speziellen Situation der Neuen Ökonomie in den letzten 10 Jahren begründet, sind aber teilweise der Neuen Ökonomie auch inhärent.

Bezüglich der Anfangsentwicklung ist dabei von besonderer Bedeutung, dass die Produkte der „Neuen Ökonomie", wie der Name bereits sagt, eben „neu" sind. Die Aktienbesitzer der Firmen (nach deren Börsengang) wussten in der Regel nicht, was die Firma im Detail macht, geschweige denn genug, dass eine sinnvolle Analyse der Firmenaktivitäten möglich wäre. Dementsprechend hatten die Unternehmen z.T. die Möglichkeit, de facto ohne jegliche Aufsicht ihre jeweilige Firmenpolitik zu betreiben.

Diese Informationsprobleme wirken teils direkt, teils indirekt. Die direkte Wirkung besteht primär darin, dass die wenigen verfügbaren Informationen an relativer Bedeutung gewinnen und somit bei Bekanntwerden zu deutlicheren Kurssprüngen führen, worauf später noch detailliert eingegangen wird. Wichtiger ist aber, dass diese Informationsprobleme einen „Rahmen" schaffen, in dem andere problematische Entwicklungen, wie z.B. die Dominanz der Chartisten, deren problematische Auswirkungen im nächsten Teilkapitel analysiert werden sollen, erst entstehen können.

Es schien vielen Analysten, als wäre eine Bewertung der Firmen aufgrund jeder Fundamentaldaten wie Umsatz, Gewinn und Substanzwert, auf denen fast alle gängigen und bewährten Bewertungsmethoden beruhen, nicht möglich, eine sinnvolle Bewertung in der New Economy durchzuführen.[210] Für die Start-Ups des neuen Sektors waren niedrige Umsätze, negative Cash-Flows und Gewinne sowie sehr geringer Substanzwert der Normalfall. Alle gängigen Methoden schienen daher

---

[210] Vgl. Behr (2000), S. 1118 f. zu einer dementsprechenen Analyse verschiedener Gruppen von klassischen Analysemethoden.

eine latente Unterbewertung mit sich zu bringen. Gleichzeitig aber wurde das hohe Risiko der New Economy teilweise durchaus erkannt. Da aber eine Risikozuordnung nur schwer möglich war, war eine fundierte Integration in Bewertung einzelner Firmen schwierig. Kurzfristig war die Vermutung latenter Unterbewertung unter Umständen durchaus richtig. Es ist nur natürlich, dass junge innovations- und damit zukunftsbasierte Unternehmen zunächst, d.h. während der Produktentwicklung, eher Verluste als Gewinne einbringen. Problematisch war, dass es im nachhinein scheint, als wäre diese Unterbewertung durch klassische Methoden gewisserweise für alle New Economy Firmen pauschalisiert. Die alarmierenden Signale auch nach einigen Jahren ausbleibender Gewinne wurden daher zu lange vernachlässigt, was nicht unerheblich zur Blasenbildung beigetragen haben mag.

4.3.2.2 Chartisten und Fundamentalisten

Durch die angesprochenen Informationsdefizite seitens der Anleger bekommen die Aussagen der Chartisten, wie im obigen Kapitel erörtert wurde, wesentlich mehr Gewicht. Problematisch an einer solchen Entwicklung ist in diesem Fall, dass diese kaum mehr Information haben als der Anleger. Rein charttechnische Analyse gewinnt auf diese Art massiv an Einfluss gegenüber seriösen, ökonomischen Analysen der betroffenen Firmen und Sektoren. Durch diese Rollenstärkung bei den Chartisten wiederum ergibt sich eine systematische Selbstverstärkung einmal initiierter Trends. Diese Selbstverstärkung ergibt sich aus zwei Gründen:
Primär gilt, dass die Chartisten ihre Prognose aus den vergangenen Kursentwicklungen ableiten, statt eine Analyse aufgrund der Fundamentaldaten durchzuführen. Je stärker also ein Trend, desto stärker treiben ihn die Chartisten voran. Im Rahmen der New Economy, wo dieser anfänglich eher langsamen Entwicklung (aus Informationsmangel!) keine entgegengerichteten Informationen und daraus resultierende Analysen entgegenwirkten, konnte sich so ein stabiler Aufwärtstrend etablieren. Besonders gilt dies – und das ist der zweite Grund, aus dem Chartisten trendverstärkend wirken –, da die Chartanalysten empirisch nachgewiesen zu Herdenverhalten neigen. D.h., die Entscheidungen eines Analysten beeinflussen maßgeblich die Entscheidung der folgenden Analysten.[211]
Auf diese Weise konnte aus einem guten Start des unbekannten Sektors New Economy erst eine Börsenblase werden, die ihresgleichen sucht. Während also die Informationsprobleme selbst eher die Volatiliät im eigentlichen Sinne fördern, bewirkten sie hier über die Stärkung der Chartisten auch die schnelle Anfangsentwicklung.

---

[211] Vgl. Welch (2000), S. 369 f.

Ähnliche Modelle fanden bisher vor allem in der Wechselkurstheorie Anwendung, wo seit langem mit dem Problem gerungen wird, dass der Wechselkurs nicht annähernd ökonomischen Vorhersagen zu folgen scheint.[212] Erstmals wurde von Frankel und Froot 1986 ein Modell erarbeitet, das versucht, einen Währungsmarkt zu analysieren, auf dem sowohl trendverstärkende „noise-traders" – die Chartisten – als auch stabilisierende „rational traders" – die sogenannten Fundamentalisten – handeln. Durch wechselnden Einfluss der verschiedenen Handelsgruppen kommt es so in bestimmten Situationen entweder zu einer Annährung an den gleichgewichtigen Wechselkurs (wenn Fundamentalisten dominieren) oder eben zu sich selbst verstärkenden Abweichungen (wenn Chartisten dominieren).[213] Prinzipiell ist mittlerweile davon auszugehen, dass auch auf den Aktienmärkten die Chartisten immer weiter an Bedeutung gewinnen und dementsprechend zur Kursbildung beitragen. Die Übertragung der aus der Wechselkurstheorie bekannten Modelle liegt also nur nahe.

Eine der ansprechendsten Weiterentwicklungen und Formalisierungen dieses Grundgedankens wurde maßgeblich von De Grauwe entwickelt, dem es gelungen ist, die Gewichtsveränderungen zwischen den Gruppen der Chartisten und Fundamentalisten zu endogenisieren und zwar dergestalt, dass die Fundamentalisten mit zunehmendem Abstand zum gleichgewichtigen Kurs an Bedeutung gewinnen. Der realisierte Kurs ist dabei ein gewichtetes Mittel aus den Schätzungen der Chartisten und der Fundamentalisten, wobei das Gewicht der Chartisten bestimmt wird durch:

$$m_t = 1/(1 + b(S_{t-1} - S_{t-1}^*)^2), \ b > 0$$

wobei S_{t-1} der Kurs der vergangenen Periode und S_{t-1}^* der gleichgewichtige Kurs der vergangenen Periode ist. Je weiter also der Kurs in der vergangenen Periode vom Gleichgewicht entfernt war, desto mehr nähert sich das Gewicht der Chartisten 0, wobei der Parameter b die Geschwindigkeit dieser Entwicklung angibt.[214]

Im Modell von De Grauwe und Dewachter wird dieser zunehmende Einfluss der Fundamentalisten darauf zurückgeführt, dass auch den Fundamentalisten der gleichgewichtige Kurs nur grob bekannt ist, und die Schätzungen der Fundamentalisten eine Normalverteilung um diesen Kurs herum darstellen. Im Gleichgewicht ist somit etwa die Hälfte der Fundamentalisten überzeugt, die Anlage (im Modell die betrachtete Währung; im Rahmen dieser Anwendung das betrachtete Wertpapier) sei überbewertet und umgekehrt. Ihre Marktwirkung neutralisiert sich somit. Die Kursentwicklung wird somit im wesentlichen von den Chartisten allein bestimmt, die nach wie vor eine verhältnismäßig einheitliche Position vertreten.

---

[212] Zum Thema des Überschießens von Wechselkursen vgl. auch Schröder (1990).
[213] Vgl. u.a. Frankel, Froot (1986), S. 16 ff. und Vigfusson (1997), S. 292 ff.
[214] Vgl. De Grauwe, Dewachter (1993), S. 354 ff.

Mit zunehmendem Abstand zum richtigen Kurs wird nun wiederum die Position der Fundamentalisten geschlossener, bis sie sich schließlich völlig einig sind und ihren maximalen Einfluss erreichen. Gerade diese Erklärung, die in der Realität nur eine von vielen ist, zeigt sehr schön den Einfluss zunehmender Informationsdefizite. Mangelnde Information führt zu weniger genauer Kursbestimmung seitens der Fundamentalisten. Die Verteilung der Schätzungen über den gleichgewichtigen Kurs wird dementsprechend breiter. Der b-Wert nimmt in der obigen Gleichung also ab. Der Einfluss der Fundamentalisten wächst somit nur langsam. In den Worten der Konjunkturtheorie wären somit „ceiling" und „floor" also die spätest möglichen Wendepunkte nach außen verschoben; die „noise traders" können durch ihre trendverstärkende Wirkung eine besonders große Abweichung vom Gleichgewichtskurs bewirken, wie es im Rahmen der Blase der Fall war. Abbildung 8 zeigt den Verlauf der m-Funktion für ein relativ niedriges und ein wesentlich höheres b.

Abb. 8: De Grauwe Modell

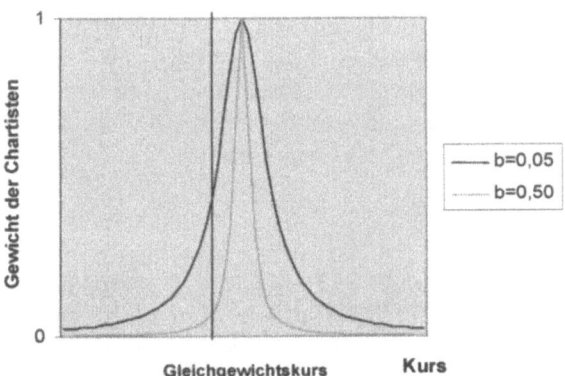

Quelle: *Eigene Abbildung in Anlehnung an DeGrauwe, Dewachter(1993), S. 355.*

Trotz der oben angeführten Punkte muss berücksichtigt werden, dass – auch wenn das Modell wesentliche Zusammenhänge einfach zeigen kann – der schwankende Einfluss der relevanten Gruppen mehr Gründe hat:

Sofern ein Verhalten des oben beschriebenen Typs an der Börse zu beobachten ist, so muss auch Berücksichtigung finden, dass dieses Verhalten wieder in die Analysen der Anleger mit einfließt. Die Chartisten und Fundamentalisten sind nicht, wie das Modell vereinfachend annimmt, zwei strikt getrennte Gruppen, die – wie die Namen „noise trader" und „rational trader" implizieren – selbst an der Börse handeln. Vielmehr sind große Teile der Chartisten und auf Fundamentaldaten abstellende Ökonomen Analysten, die die Kaufentscheidungen der dritten

Gruppe – nämlich der Anleger selbst – beeinflussen. Diese Anleger wiederum müssen sich regelmäßig entscheiden, welcher Gruppe stärkeres Vertrauen zu schenken ist. Dies macht sicherlich auch die Performance der Vorhersagen in der Vergangenheit, die im Originalmodell nach Frankel und Froot die primäre Antriebskraft eines Wechsels ist, zu einem fundamentalen Faktor, da erzielte Erfolge das Vertrauen in eine Gruppe nachhaltig stärken können.[215]

Es lässt sich nun zeigen, dass das beschriebene Zusammenspiel zwischen Fundamentalisten und Chartisten nochmals verstärkt wird, sobald einmal ein Einfluss von Spekulanten merklich wird, da es dann rational ist, selbst trendverstärkend zu investieren, solange man annimmt, dass man selbst zu jenen Anlegern gehört, die als erste den Umschwung bemerken und somit rechtzeitig aussteigen. Nur so ist möglich, die Kursentwicklung gewinnmaximierend und damit rational auszunutzen.[216]

Das bedeutet, dass der Wechsel der Anleger nicht in der stetigen Form auftreten würde, wie es das Modell suggeriert. Bei einem solchen stetigen Wechsel wird ein Überschießen immer stärker abgebremst, da mit zunehmendem Abstand zum gleichgewichtigen Wert immer mehr Anleger auf die Seite der Fundamentalisten wechseln bzw. der Aussage der Fundamentalisten für ihre persönliche Schätzung mehr Gewicht einräumen. Wenn aber die Anleger – und davon ist auszugehen – die Systematik des Marktverhaltens nach einer gewissen Zeit durchschauen und in ihr Kalkül mit einbeziehen, dann wird eben das Marktverhalten in einem rational strukturierten Portfolio mit berücksichtigt.

Anfangend bei einem gleichgewichtigen Wert, folgen die Anleger also den Chartisten deutlich länger. Der stetige Wechsel der Gewichtung bleibt zunächst aus. Dadurch erfolgt die Entwicklung der Kurse schneller und steiler (was wiederum die Chartistenschätzung positiv beeinflusst). Durch die massive Nachfrage (bzw. das massive Überschussangebot bei negativer Blasenbildung) können so die Kurse noch weiter überschießen. Der Wechsel erfolgt sehr plötzlich am oberen Rand. Hier wechselt die Akzeptanz der Vorhersagen von Fundamentalisten und Chartisten sehr schnell. Hier wiederum erfolgt eine schnelle und weit ausschlagende Gegenbewegung, bis erneut ein plötzlicher Wechsel am gegenüberliegenden Rand der Kursentwicklung erfolgt.

Es ist also davon auszugehen, dass ein großer Einfluss der Chartisten überproportional wirkt, da er seinerseits in besonders hohem Maße zu Spekualtion verleitet und entsprechende Anleger in den Markt lockt. Sowohl Amplitude als auch Frequenz der Schwingungen um den gleichgewichtigen Kurs werden somit nochmals verstärkt im Vergleich zum ursprünglichen Modell. Die Volatilität und Risiko der Anlagen steigen somit nochmals an.

---

[215] Frankel, Froot (1986), S. 3.
[216] Vgl. Conrad (2002), S. 520.

4.3.2.3 Innovationsintensität bei Start-Ups

Einer der möglichen Gründe für den guten Start der New Economy, der die Über-
bewertung erst initiieren konnte, ist mit der Neuheit des Sektors bereits gegeben
und zwar nicht nur wegen der bereits angesprochenen Informationsdefizite. Das
Problem liegt insbesondere darin, dass ganz besonders in der New Economy eine
Auswahl recht „jung" börsennotierter Firmen Erfolge aufweisen kann, die systematisch und vor allem deutlich oberhalb der Durchschnittsperformance eben dieser
Firmen auf lange Sicht liegen.

Dieses Phänomen liegt an der herausragenden Stellung, die Innovation in der
New Economy inne hat.

Die „Produktion von Innovation" ist im Vergleich zu anderen Produkten naturgemäß deutlich höheren Schwankungen unterworfen. Das Auftreten von Ideen ist –
selbst wenn qualifizierte Mitarbeiter vorausgesetzt werden – kaum planbar. In ganz
besonderem Maße gilt dies für junge und damit meist recht kleine Firmen, in denen
die Ideen dementsprechend aus weniger Köpfen stammen können bzw. müssen. [217]

Mit den Ideen schwankt der Erfolg dieser beschriebenen, verhältnismäßig kleinen Firmen – meist Softwareschmieden – enorm. Zum Zeitpunkt ihres Börsen-
gangs, wenn Kapital zur Vermarktung einer neuen Idee gesucht wird, befinden sich
solche Firmen also in der Regel an einem der Höhepunkte ihrer Performancekurve.
Diese Besonderheit wurde allerdings bei der Bewertung der betreffenden Firmen
durch den Markt aufgrund der damaligen Unwissenheit nicht berücksichtigt. Dementsprechend wurden die Firmen systematisch überbewertet bzw. die zu erwarten-
denden Firmenentwicklungen systematisch überschätzt.

4.3.2.4 Handel mit Zukunftserwartungen

Verstärkt wurden diese Probleme noch dadurch, dass gerade im vergangenen Jahrzehnt – und wahrscheinlich infolge negativer Erfahrungen – mehr als künftig zu
erwarten, mit Zukunftserwartungen gehandelt wurde.[218] Dabei wurde es so gut wie
unmöglich den Erfolg einer Idee wirklich abzuschätzen. Im durch die hochschla-
genden Erwartungen aufgeputschten Klima wurde so jede beliebige Entwicklung
als positiv interpretiert. Erst nachdem mit der Zeit klar wurde, dass die Gewinne
z.T. auch auf Dauer ausbleiben könnten, kam es zu einer breiten Korrektur der Erwartungshaltung.

---

[217] Zu genaueren Analysen der Unkalkulierbarkeiten von Innovation vgl. Dosi (1988), S. 1133 f.
sowie Kenney (1996), S. 697.

[218] Teilweise waren bis zu 80 % des Marktwertes durch das erwartete Wachstumspotential bestimmt. Vgl. dazu Burmann (2001), S. 44.

Vor allem ist auch diese „Zukunftslastigkeit" ein Grund, warum Informationsdefizite der New Economy immanent ist. So gut auch Informationsflüsse sind, so bleibt die Zukunft letztlich immer unsicher. Die Bewertung der Zukunft wird so zu einem der zentralen Probleme der Bewertung von High Tech Firmen. Prinzipiell existieren durchaus betriebswirtschaftliche Methoden, die erlauben die zukünftige Entwicklung von Unternehmen zu schätzen. Wie erörtert, wurde – auch aufgrund der hochgepushten Erwartungen – allerdings unterstellt, dass diese Methoden die New Economy systematisch unterbewerten, was nur teilweise korrekt ist. So ist es durchaus zu begrüßen, dass sich ein Trend abzuzeichnen scheint, dass die traditionellen Methoden, wenn auch angepasst für die New Economy, wieder Einzug in die Firmenbewertung halten.[219] Wenn die Erwartungen über die Zukunft nicht mehr aus Hoffnungen genährt werden, ist das Problem der Zukunftslastigkeit durchaus handhabbar, wie es auch für andere forschungsintensive Sektoren handhabbar war. Sicher richtig ist aber, dass die Zukunftslastigkeit der Bewertung in der New Economy größer und damit Risiko und Volatilitätsgefahr ebenfalls größer sind als in den klassischen Sektoren.

4.3.2.5 Adverse Selektion und andere institutionenökonomische Probleme

Durch die Informationsasymmetrien wurde ein klassischer Prozess der adversen Selektion eingeleitet, der immer mehr hin zu sehr riskanten Anlagen führte. Aufgrund der Tatsache, dass die Anleger das Risiko einer Anlage in der New Economy de facto nicht abschätzen konnten, entstanden somit immer unseriösere Firmen.

Der Zusammenhang ist naheliegend: Für den potentiellen Anleger sichtbar sind primär Informationen über die maximal erzielbare Rendite einer Anlage, da diese logischerweise seitens der Kapitalnehmer mit großen Signallingbemühungen nach außen dargestellt werden. Information über das Risiko einer Aktie bzw. eines zu finanzierenden Projektes war bzw. ist im Bereich der Neuen Ökonomie für Außenstehende nur schwer abschätzbar. Die Kaufentscheidung kann sich damit nur an einem Kriterium orientieren: der maximal erzielbaren Rendite. Diese wird damit zum dominanten Kauf- respektive Anlagekriterium.

Sofern man nun einen Zusammenhang zwischen Rendite und Risiko unterstellt, und dieser Zusammenhang ist naheliegend, fordert der Markt damit geradezu ein hohes Risiko, da systematisch jene Firmen mit hoher maximaler Rendite und damit der Annahme zufolge hohem Risiko, positiver bewertet werden. D.h. eben jene Firmen, die aufgrund des sehr hohen Risikos langfristig eher schlechte Überlebenschancen hatten, hatten die besten Markteintrittsmöglichkeiten bzw. die besten kurzfristigen Überlebenschancen, da ein reger Kapitalzufluss gesichert war. Durchaus

---

[219] Vgl. Krings, Diehm (2001), S. 1136.

solide Firmen hingegen konnten unter Umständen kein Kapital zur Finanzierung ihrer Projekte erhalten, da eben die Rendite geringer schien. Unter Berücksichtigung des so vernachlässigten Risikos ist also sogar davon auszugehen, dass die so erzielte Durchschnittsrendite aufgrund der verwirklichten Risiken geringer ausfiel als dies bei Investitionen in Firmen mit geringeren Erfolgserwartungen der Fall gewesen wäre.

So könnten aus diesem Grund auch ursprünglich robuste Firmen in den High-Risk-Bereich eingedrungen sein, weil nur auf diese Art die Kapitalbeschaffung überhaupt möglich war. Beispielsweise MLP stand ursprünglich im Ruf einer durchaus soliden Firmenpolitik und war 2002 als Gründungsmitglied des NEMAX, als sich große Probleme abzeichneten, bereits durchaus etabliert. Für manche Firmen könnte der Marktdruck zu Zeiten des Aktienbooms so groß gewesen sein, dass riskantes oder gar unseriöses Verhalten als einzig sinnvolle Strategie erscheinen musste. Nur so konnte weiteres Kapital akquiriert und damit weiteres Wachstum gewährleistet werden.

Normalerweise sind, wie die neue Institutionenökonomik zeigt, solche Probleme durchaus am Markt lösbar, z.B. durch Screening bzw. Signalling. Das Screening wird in diesem Fall durch die hohen Informationskosten behindert. Das Erwerben der notwendigen Informationen bzw. genauer gesagt der Kenntnisse, um aus diesen zu einer adäquaten Risikoeinschätzung zu kommen, waren wohl teilweise prohibitiv hoch – eben durch besagte Informationsprobleme. Reines Signalling im Sinne der Informationsverbreitung war ebenso zum Scheitern verurteilt, da es eben nicht um die reine Information im eigentlichen Sinne, sondern um die Fertigkeiten zur Verarbeitung dieser Information ging. Signalling wäre also wenn, dann nur als glaubwürdige Selbstbindung möglich gewesen. Eine solche Selbstbindung erfolgt z.B. durch das freiwillige Auferlegen weiterer Strafen beim Risikoeintritt. Eben diese Selbstbindung ist aber im typischen New-Economy-Unternehmen nicht möglich gewesen, da die Risiken bei Verwirklichung im Regelfall existenziell waren und somit die Auferlegung weiterer Nachteile nicht möglich bzw. das Versprechen nicht glaubwürdig. Eine marktmäßige Lösung war dementsprechend gerade in der frühen Phase, bevor sich das Fachwissen zur Beurteilung von New-Economy-Projekten angesammelt hatte, äußerst schwierig. Sollten sich diese Informationsdefizite nicht im erwarteten Maße „auswachsen", so wäre die logische Folge ein der Kreditrationierung analoges Verhalten, bei dem Hochrisikoanlagen vernachlässigt würden. Insgesamt wäre dies dann zwar eine Verbesserung, würde aber unter Umständen auch innovationsbremsend wirken.

Bei den problematischen Verhaltensweisen reicht dabei das Spektrum von einer verzerrten Darstellung des Risikos gegenüber den Anlegern bei potentiell aber durchaus gewinnfähigen Projekten bis hin zur Praxis (wissentlich) bereits zum Scheitern verurteilte Projekte an den Markt zu bringen. Durch die naive Einstellung gegenüber der New Economy war es im Marktumfeld Ende der 90er Jahre durchaus möglich, auch für solche Projekte – aufgrund der Unkenntnis der Anleger – Finanzmittel zu finden. Dieses Geld wurde dann abgezogen und im Extremfall zog sich der ursprüngliche Gründer aus der Firma zurück. Selbst wenn man unterstellt, die ursprüngliche Bewertung wäre seriös gewesen, wäre sie damit falsch, da von vornherein der Wert primär in Humankapital bestand, das wiederum wesentlich im Gründer selbst „gebunden" war. Mit dem Rückzugs des Gründers aus der (teilweise) verkauften Firma wurde diese somit entwertet. Auf diese Art wurden zahlreiche junge „Internetmillionäre" geschaffen, deren vollständiges Vermögen aus dem Aufbau und Verkauf einer eindeutig zum Scheitern verurteilten Firma bestand.

Verschiedene Ursachen verstärkten diesen Trend. Eine wesentliche Rolle spielt dabei sicherlich die fast vollständige Risikoübernahme seitens der Venture Capitalisten (sofern ein Financier gefunden wurde und das Projekt somit überhaupt starten konnte). So wurden selbst bei schnell sichtbarem Misserfolg Wiederholungsversuche zu geringen persönlichen Kosten möglich.[220]

Es schien sogar, als würde ein gescheitertes Start-Up-Unternehmen, das von einem Venture-Capitalisten finanziert wurde, als positives Marktsignal gesehen, da ein Scheitern (auch) an Unwägbarkeiten und dem risikosteigernden Marktumfeld gelegen haben kann. Somit nutzten die erfolglosen Start-Up-Gründer die erfolgte Screening-Leistung der Venture-Capital-Unternehmen zum Monitoring. Gerade angesichts der hohen Bedeutung von Signalling im Neuen Markt (vgl. dazu die Ausführungen über Open Source bzw. das Betriebssystem LINUX in 5.2.1.3) wird diese Alternative angesichts der existierenden Gewinnchancen sehr attraktiv.[221]

4.3.3 Zur Erklärung der allgemein hohen Volatilität in der Neuen Ökonomie

4.3.3.1 Volatilität durch Informationsprobleme infolge hoher Innovationsgeschwindigkeit

Wie im letzten Abschnitt bereits angedeutet, sind die Informationsdefizite im Bereich der New Economy nicht ausschließlich vorübergehender Natur. Vielmehr ist davon auszugehen, dass die New Economy dauerhaft durch Informationsprobleme geprägt sein wird. Diese permanenten Defizite entstehen, weil die „Neuheit" der Technologie, die das Anfangsproblem darstellt, in der New Economy nicht im üblichen Maße abnimmt. Durch den permanenten, extremen technischen Fortschritt und die herausragende Innovationsdichte ist der Wandel im Bereich der

---

[220] Franck, Opitz (2001), S. 459 f.
[221] Franck, Opitz (2001), S. 455 ff.

New Economy so schnell, dass zumindest bisher noch nicht absehbar ist, wann auf breiter Basis von „nicht mehr neuen" Produkten gesprochen werden kann. Lediglich Teilmärkte haben sich in dieser Beziehung bereits gefestigt.

Dementsprechend hoch werden diese wenigen verfügbaren Informationen relativ gewichtet. Vereinfachend kann gesagt werden, dass sich die (ökonomische) Bewertung eines Unternehmens der neuen Ökonomie somit aus deutlich weniger Kennzahlen zusammensetzt, als die Bewertung klassischer Anlagen. Die Veränderung eines Wertes muss also naheliegender Weise den Durchschnitt stärker beeinflussen.

Unter der Bedingung mangelnder Information wirken wiederum die bereits angesprochenen Chartisten nochmals verstärkt. In einem „Regime", bei dem Chartisten die Kurse maßgeblich beeinflussen, kommt es (wenn nicht eine Umkehr erst am äußeren Rand erfolgt) nur zu einem Trendwechsel durch stochastische Ereignisse bzw. neue Informationen, die wie in Anlehnung an die „News-Hypothese"[222] aus der Währungstheorie entsprechend verarbeitet werden. Je seltener Informationen verfügbar sind bzw. News auftauchen, desto seltener ist der Wechsel der Richtung. Die durchschnittliche Abweichung vom langfristigen Trend, der i.d.R. zumindest grob um den gleichgewichtigen Kurs schwankt, ist allerdings dann größer. Erst im Extremfall sehr seltener Informationen könnte sich der Effekt umkehren, dann nämlich, wenn Informationen so selten sind, dass eine einzige Information einen langfristigen Trend auslösen könnte, wobei eine solche Situation äußert unrealistisch ist und eher der Vollständigkeit halber Erwähnung verdient, um zu zeigen, dass sich der Effekt nicht beliebig weit steigern lässt.

Der Informationsmangel verändert also das Verhalten von Aktienkursschwankungen gleich doppelt. Einmal sind plötzliche Sprünge größer und zweitens sollten Richtungswechsel eher selten sein, da ja nur wenige Informationen eintreffen, die einen Richtungswechsel bewirken könnten. Erstere zumindest lassen sich auch an den Daten zeigen. Kurssprünge im zweistelligen Prozentbereich an einem einzigen Börsentag sind in der New Economy keine Seltenheit.

4.3.3.2 Gefahr der Kursverkettung

Eine weitere Problematik der oben beschriebenen Situation von Informationsmangel liegt darin begründet, dass den Gesamtmarkt betreffende Entwicklungen, namentlich die allgemeinen Rahmenbedingungen oder eben die Entwicklung vergleichbarer Firmen bzw. des Gesamtmarktes, verstärkt zur Gruppe leicht beobachtbarer Informationen gehören. Dieser besondere Umstand ist es, der die Werte der New Economy so stark verkettet, dass mit größerer Wahrscheinlichkeit als in

---

[222] Vgl. De Grauwe (1994), S. 7 f.

anderen Bereichen aus der Volatilität einzelner bedeutender Werte oder Veränderungen allgemeiner Indikatoren ein Schwanken des Gesamtindexes folgen kann.

Gerade der hier so wichtige Kleinanleger[223] kann oft keine detaillierten Einzelprognosen abgeben, sondern muss sich in seiner „Analyse" auf den Gesamtmarkt stützen. Diesem Argument folgend, sollten die Kurse sehr eng miteinander verknüpft sein. Eine genauere Betrachtung der Datenlage, auch unter Berücksichtigung der jeweiligen Gesamtentwicklung, kann solche Unterschiede im Vergleich zur alten Ökonomie auf den ersten Blick nicht bestätigen.

Für die Analyse wurden gleitende Quartalsdaten der Entwicklung von NEMAX50 und DAX30 miteinander verglichen. D.h., es wurde z.B. die Entwicklung von Januar auf April, Februar auf Mai, März auf Juni usw. als Grundlage der Variationsberechnung genutzt. Als Abweichungsmaß wurde ein modifizierter Variationskoeffizient verwandt. Statt des Bezugs auf den Mittelwert, wurde hier die Berechnung auf die Entwicklung des Gesamtindexes des jeweiligen Quartals bezogen. Die Einbeziehung der Indexentwicklung ist deshalb erfolgt, weil die vermutete Verkettung der Werte auf den Einfluss der Entwicklung des Gesamtmarktes, als Information zur Einschätzung der Entwicklungschancen der Einzelwerte, zurückzuführen ist. D.h., die Erwartung der Kleinanleger wird primär durch die Entwicklung des Marktindex beeinflusst. Aus der Analyse werden die Quartale mit extrem niedrigem Wachstum des Index ausgeklammert. Durch die Division mit entsprechend niedrigen Werten würden sonst in den Randbereichen extrem hohe Ausreißer erzeugt, die aber in keinster Weise typisch für den jeweiligen Gesamtindex sind. Im Diagramm aufgrund der Skalierung nicht mehr sichtbar, gehen diese Ausreißer beim NEMAX bis zu 300. In der nachfolgenden Abbildung wird ersichtlich, dass im vergleichbaren Bereich zwischen 5 % und 40 % Veränderung pro Quartal, der Variationskoeffizient für beide Indices dicht beieinander liegt. Erst im Bereich oberhalb von 40 % Wachstum bzw. Schrumpfung pro Quartal, in dem für den DAX keine Werte vorliegen (da eine solche extreme Entwicklung in der betrachteten Periode nicht stattgefunden hat), steigen die Variatonswerte für den NEMAX wieder an. Zurückzuführen ist dies auf ein extremes Marktumfeld in den betreffenden Quartalen. Entwicklungen in dieser Größenordnung sind nicht zuletzt die Folge extremer Marktumstände. Die daraus resultierenden teils strukturellen Marktveränderungen führen entsprechend auch zu einer Erhöhung des untersuchten Variationskoeffizienten.

---

[223] Die Bedeutung von kleinen Privatanlegern in der Boomphase der Neuen Ökonomie ist so groß, dass teilweise von einer „Dienstmädchen-Hausse" gesprochen wird. Vgl. dazu z.B. Klodt (2003), S. 6.

Die Nichtbestätigung der Verkettungsthese durch die Werte in der Abbildung ist dennoch erklärbar. Eben durch die Unsicherheit wird ein wesentlicher Teil des Handels über die Fonds geregelt.

Abb. 9: Variationskoeffizienten von DAX und NEMAX (abhängig vom Wachstum) [224]

(a) DAX30

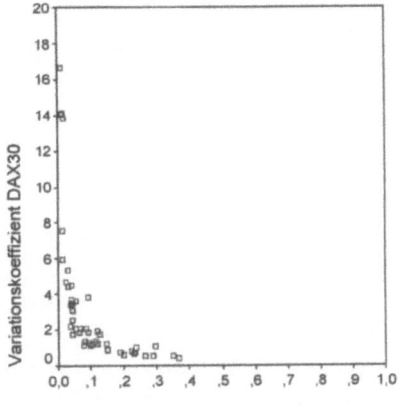

Entwicklung des DAX30 (Betrag)

(b) NEMAX50

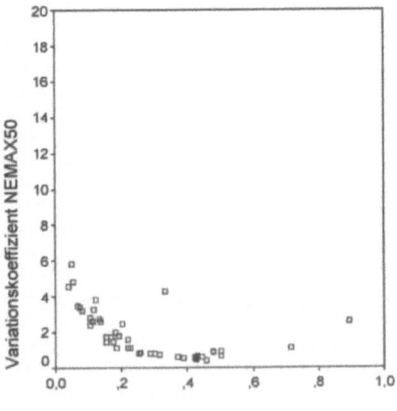

Entwicklung NEMAX50 (Betrag)

Quelle: *Eigene Darstellung mit Daten von Datastream*

---

[224] Die Entwicklungen sind **nicht** in Prozent angegeben. 1,0 entspricht einer Entwicklung von 100 %.

Während der Kunde selbst bewusst nur eine Entscheidung für oder gegen den Sektor New Economy trifft, werden im Hintergrund durch die Fondsmanager innerhalb dieses Sektors wesentliche Umschichtungen vorgenommen. Gerade kurz- und mittelfristig tritt u.a. aus diesem Grund der erwartete Kurszusammenhang nicht auf. Denkbar wären vor diesem Hintergrund sogar kurzfristig extreme Abweichungen.

Langfristig aber sind diesen kurzfristigen Abweichungen Grenzen gesetzt. Auf Dauer wirkt die Anlegerentscheidung für oder gegen die New Economy auf den Gesamtindex, der alle Einzelkurse mitzieht, während sich das Geld (langsam) über die einzelnen Firmen verteilt. Die massiven kurzfristigen Schwankungen sollten sich langfristig damit deutlich stärker ausgleichen als bei der alten Ökonomie.

Zwar existieren noch nicht hinreichend Daten für den Nemax, um diese These ökonometrisch zu fundieren, aber die bisher vorliegenden Werte für die Jahre 2000 bis 2003 scheinen die These zu bestätigen. In jedem der 3 Jahre war über die Gesamtdauer gerechnet der Variationskoeffizient der Kursentwicklung beim Neuen Markt deutlich geringer. Die Daten bestätigen also die längerfristige Existenz des vorhergesagten höheren Kurszusammenhangs. Die Entwicklung 1999 bis 2000 ist aufgrund der besonderen Situation in der Anfangsphase des Neuen Marktes und der damit verbundenen hohen Fluktuation der NEMAX-Zusammensetzung bzw. der im NEMAX vertretenen Firmen ausgeklammert worden. Zuverlässige Aussagen wären aufgrund der geringen Zahl von Firmen, die im März 1999 und im März 2000 im NEMAX50 vertreten waren, nicht möglich.

Auch kurzfristig dürfte diese besondere Situation des NEMAX in der Periode 1999 bis 2000 stark verzerrend gewirkt haben. So muss auch bei der Quartalsanalyse von NEMAX und DAX betrachtet werden, dass im NEMAX in deutlich größerem Maße – gerade in der Aufstiegsphase – Unternehmen ausgetauscht wurden. Neueinsteiger zeigen häufig hochgradig atypische Verhaltensweisen. Gerade im Neuen Markt während der Aufstiegsphase wurden neue Firmen als besonders erfolgreiche Newcomer betrachtet. Dementsprechend hatten diese gewissermaßen durch einen Aufholprozess zum übrigen Markt eine abweichende Entwicklung zu verzeichnen, die damit die Varianz und folglich auch den Variationskoeffizienten beeinflussen musste. Gerade für 1999 sind also die angegebenen Varianzwerte für den NEMAX tendenziell überhöht. Somit ist die These selbst auf kurze Sicht nicht in dem Maße in Frage zu stellen, wie es zunächst nach Sichtung der Daten scheinen mochte.

Durch die Kombination der beiden aufgezeigten Wirkungen – dem Zusammenhang der einzelnen Komponenten der Neuen-Markt-Indices und der Bedeutung der Chartisten – entsteht eine Situation, die Blasenbildungen deutlich erleichtert. Während normalerweise die Trendverstärkung und damit die Neigung zu großen Schwankungen um den Gleichgewichtskurs für Einzelwerte gilt, wird so direkt der gesamte Sektor beeinflusst. Die Selbstverstärkungswirkung tritt so noch stärker ein. Ein einmal initiierter Trend zieht zunehmend mehr auf der Kippe stehende Aktien in seine Richtung, was den Trend des Gesamtindexes wiederum verstärkt, was – und hier beginnt der Kreislauf erneut – wiederum Aktien in den Gleichschritt mit dem Gesamttrend zwingt usw.

Tab. 1: Variationskoeffizient der Entwicklung von DAX und NEMAX auf Jahresbasis von 2000 bis 2003

Jahr	DAX	NEMAX
2000 – 2001	2,04	0,64
2001 – 2002	1,11	0,65
2002 – 2003	0,42	0,37

Quelle: *Eigene Berechnung mit Daten von Datastream*

Da nun – wie oben gezeigt wurde – gewisse Informationsdefizite der Neuen Ökonomie inhärent sind, ist davon auszugehen, dass die Gefahr der Bildung spekulativer Blasen für die New Economy dauerhaft oberhalb der Gefahr für die traditionellen Sektoren liegt. Interessant ist auch festzustellen, dass die hohe Bedeutung von Fonds zur Risikoabsicherung (siehe dazu detailliert Kapitel 4.3.4.1. (c)) durch die langfristige Verkettungswirkung insgesamt sogar risikosteigernd wirken kann.

4.3.3.3 Volatilität durch Netzwerkeffekte

Wie so oft in der Neuen Ökonomie, so wird auch die Volatilität erheblich durch die massiven Netzwerkeffekte beeinflusst. Wieder ist die Besonderheit des Wettbewerbs um Märkte statt Wettbewerbs auf Märkten hier entscheidend.[225]

Es findet keine langsame Verschiebung zwischen den Marktanteilen statt. Vielmehr ist, wenn ein Produkt auf einem solchen Markt den Durchbruch einmal schafft, nach dem Erreichen der kritischen Masse ein recht schnelles Wachstum zu erwarten. Die Aktien gewinnen entsprechend schnell an Wert. Andererseits kann das bisherige dominante Unternehmen durch einen erfolgreichen Markteintritt anderer Unternehmen, die einen neuen Standard durchsetzen, ähnlich schnell schrumpfen. Die Anteile an diesem Unternehmen können innerhalb kürzester Zeit so gut wie wertlos werden. Diese Eigenart ist der Neuen Ökonomie inhärent und ist insofern problematisch, da auch so das Risiko erhöht wird. Dies ist insofern ver-

---

[225] Gilbert, Katz (2001), S. 29.

wunderlich, als dass die Netzwerkeffekte eigentlich stabilisieren, da nur ein Anbieter sich durchsetzt, der schwer zu vertreiben ist. Wenn er aber vertrieben wird, sind die Bewegungen um so ruckartiger.

Eine Lösung ist kaum denkbar, da jede Einschränkung der Volatilität über diesen Ansatzpunkt bedeuten würde, Marktstrukturen langfristig zu fixieren und Konkurrenz einzuschränken.

4.3.3.4 Weiteres zu Innovationsintensität und Volatilität

Bereits im Zusammenhang der Gründe für die anfänglich extreme Entwicklung (siehe Teilkapitel 4.3.2) wurde die herausragende Innovationsintensität der Neuen Ökonomie angesprochen. Offensichtlich hat das daraus entstehende Problem schwankenden Erfolges auf längere Sicht Bestand. Dennoch wird die Bedeutung dieser Problematik in mehrerlei Hinsicht gemildert:

Insbesondere wird die Brisanz der Sachlage bereits dadurch abgeschwächt, dass langfristig nur bedingt mit einer Parallelität der Entwicklungen zu rechnen ist. Das geballte Auftreten von Firmen im Höhepunkt ihres Erfolges, ist nicht mehr zu erwarten. Hinzu kommen die mittlerweile angepassten Erwartungen aufgrund der gemachten Erfahrungen. Ein Schwanken des Erfolges bzw. ein höheres Risiko ist – sofern es in die Bewertung der Firma integriert ist – kaum mehr als ein besonderes Problem zu betrachten.

Alles in allem ergibt sich einzelwirtschaftlich betrachtet aus diesem Argument langfristig eine wesentlich kleinere Volatilitätssteigerung als es zu Beginn der „Ära der New Economy" schien. Gesamtwirtschaftlich bzw. auf Gesamtindices bezogen ist aus dieser Ursache heraus de facto keine Wirkung mehr festzustellen. Dennoch trägt die Innovationsintensität – wenn auch nicht in dem hohen Maße, wie sie dies in den 90er Jahren tat – auch langfristig zur höheren Volatilität bei.

Eine weitere – mit der oben beschriebenen Innovationsintensität verknüpfte – Eigenart der Neuen Ökonomie sind die teilweise äußerst kurzen Produktlebenszyklen. Während z.B. der Produktzyklus eines Automodells in den achtziger Jahren zwischen fünf und zwölf Jahren betrug,[226] ist ein Prozessortyp nach ca. 3 Jahren veraltet. Seit den 80er Jahren hat keine Prozessorgeneration mehr als 5 Jahre überlebt.[227] Und das bei Entwicklungszeiten, die – wie z.B. beim *Pentium IV* – durch-

---

[226] Haid, Münter (1999), S. 8 f.

[227] Einige Autoren mutmaßen, dass die Verkürzung der Produktlebenszyklen eine Illusion wäre, geschaffen u.a. durch Marketingmaßnahmen, die dem Konsumenten kaum veränderte Produkte als Innovation anpreisen. Vgl. dazu z.B. Tichy (2003), S. 29 und Leo(1999).
Eine solche Kritik muss allerdings als pure Spekulation zurückgewiesen werden. Gerade im Bereich der Prozessoren, die hier als Beispiel dienen, kommt es in den drei Jahren eines Zyklusses zu einer Vervierfachung der Leistung. Hier von marginalen Änderungen zu sprechen, scheint vor diesem Hintergrund absurd.

aus bis zu 5 Jahren betragen.[228] Noch eklatanter wird der Unterschied in der Software besonders in der Spiele- bzw. Unterhaltungsbranche. Entwicklungszeiten von oft zwei bis drei Jahren stehen hier hohe Verkaufszahlen über ca. ein Jahr hinweg gegenüber.

Dies spricht nicht prinzipiell gegen die Effizienz solcher Firmen, es heißt aber, dass die Gewinne sehr konzentriert auftreten, während in deutlich größeren Zeitspannen nur Kosten anfallen. Wird dies nicht entsprechend bedacht, kann es zu entsprechenden Bewertungsschwankungen kommen. Problematisch ist besonders, dass erst nach Ablauf der Entwicklungszeit über Erfolg oder Misserfolg eines Projektes bzw. einer Innovation entschieden werden kann. Bei Software z.B. fallen im Extremfall – da ja die Entwicklungskosten einen Löwenanteil der Gesamtkosten darstellen – de facto fast die vollständigen Kosten vor den (eventuellen) Einnahmen an. Insofern bedingt die Forschungslastigkeit massive Sunk-costs und dementsprechend wiederum hohes Risiko. Ein einziger Flop kann eine Firma durchaus in den Ruin treiben. Selbst bzw. gerade dann, wenn die Outputschwankungen sich nicht im Kurs niederschlagen, weil entsprechend antizipiert wird, kann es also zu sehr schnellen Totaleinbrüchen kommen, da der Misserfolg unter Umständen erst sehr spät erkennbar wird, dann nämlich wenn die wesentlichen Produktionskosten bereits getragen sind. Wenn dies die Volatilität auch nicht stark beeinflusst, so ist ein gewisser Einfluss doch nicht abzustreiten, eben weil die negative Entwicklung sehr schnell verlaufen kann.

4.3.3.5 Informationsgeschwindigkeit und –kosten und ihre Wirkung auf die Volatilität

Während zahlreiche relevante Informationen über Firmen der Neuen Ökonomie nicht oder nur schwer verfügbar sind, wird – wie bereits mehrfach angesprochen – die Verfügbarkeit von Information generell erhöht. Durch die immer weitere Ausbreitung der Informations- und Kommunikationstechnologien sind Informationen gerade im Börsenbereich nicht nur billiger, sondern auch wesentlich schneller erhältlich als noch vor wenigen Jahren. Vor allem aber sind die Informationen für eine deutlich breitere Schicht potentieller Nutzer in dieser Geschwindigkeit zu bekommen. Diese Erhöhung der Informationsgeschwindigkeit und -verfügbarkeit dürfte die Volatilität der Märkte, gerade der Aktienmärkte, aus verschiedenen Gründen erhöhen. Da handelsrelevante Informationen schneller erhältlich sind, wird dementsprechend schneller reagiert. Zweitens wirkt die Tatsache, dass die Informationen einer breiteren Masse schnell verfügbar sind. Durch das Zusammenspiel dieser beiden werden die Handlungen stärker parallelisiert. Vor dem Durch-

---

[228] http://www.hardtecs4u.com

bruch der New Economy bzw. der Informations- und Kommunikationstechnologien brauchte eine Information beträchtliche Zeit, um jeden Interessierten zu erreichen, und war nur zu hohen Kosten schnell verfügbar. Dabei wurde die Information von den verschiedenen Akteuren unterschiedlich schnell empfangen. Heute hingegen kann fast jeder Interessierte innerhalb kürzester Zeit jede beliebige Information erhalten. Durch diese Parallelisierung kommt es zu stärkeren Ausschlägen in die jeweils ausgelöste Richtung, da sich verschiedene Einflüsse nicht mehr vor dem Wirksamwerden auf dem Markt teilweise neutralisieren können. Die logische Folge ist höhere Volatilität.

Dementgegen könnte wirken, dass Informationen verfügbar sind, die vorher überhaupt nicht (kosteneffizient) verfügbar waren. Es wird also auf entsprechend mehr Informationen und damit logischerweise häufiger reagiert. Häufige Reaktionen bedeuten aber nichts anderes als verhältnismäßig viele Kursbewegungen. Es ist durchaus möglich – wenn nicht sogar wahrscheinlich –, dass sich diese Informationen z.T. ausgleichen und die Schwankungen somit dichter um den Trend gruppiert sind.

Gerade auf dem Neuen Markt ist die Entwicklung der Volatilität besonders extrem, da hier – wie erörtert – nur eine recht schmale Auswahl an Informationen mit hoher Multiplikatorwirkung interpretiert werden kann und weil – wie ebenso erläutert wurde – ausgeprägte Informationsdefizite vorliegen und von den Akteuren Analogien in der Entwicklung verschiedener Unternehmen impliziert werden.

Während die Neue Ökonomie auf andere Märkte sowohl verstärkend (durch die Parallelisierung) als auch schwächend (durch mehr Informationen) wirkt, wirkt sie im eigenen Bereich vorwiegend volatilitätssteigernd, da die abschwächende Wirkung durch die mangelnden Informationen kaum eintreten kann.

So lässt sich erklären, dass die sinkenden Kosten der Information, verbunden mit den spezifischen Informationsasymmetrien der Neuen Ökonomie besonders starke Schwankungen auslösen können. Erst auf längere Sicht, wenn die Erfahrungen mit der Neuen Ökonomie sich gefestigt haben und ein größerer Anteil der Information über den Markt richtig ausgewertet und interpretiert werden kann, wird dieser Effekt abnehmen. Insofern liegt momentan ein geradezu klassischer Fall vor, wie er z.B. im Rahmen von Clarks „Gegengiftthese" analysiert wird, nämlich, dass ein einzelner Marktmangel, durch eine „Verbesserung" anderer Rahmenbedingungen in Richtung vollständiger Konkurrenz so stark verstärkt wird, dass die Gesamtwirkung negativ ist. Ansatzpunkt sollte dennoch in diesem Fall sein, die bestehenden Informationsdefizite zu bekämpfen. Dies gilt gerade angesichts der Tatsache, dass diese Informationsdefizite und die unzulängliche Interpretation von Informationen sich mit der Zeit allein durch zunehmende Erfahrungen z.T. von allein abbauen werden und, dass die Überwindung des Problems der Informationsasymmetrien, soweit diese nicht durch Maßnahmen wie verstärkte Kontrolle und Schaffung von Anreizen erfolgt, sich über Informationsverbesserung, etwa durch Signalling und Screening ergibt.

4.3.3.6 Ungeklärte Eigentumsrechte an Humankapital und ihre Wirkung auf die Volatilität

Auch die Problematik der Eigentumsrechte an Humankapital, wie sie eingehender im Kapitel 4.1.3 erörtert wurde, verstärkt die Volatilitätsprobleme der Neuen Ökonomie. Gerade in der Softwarebranche stellt das Kapital der Firma, z.B. in Form von Sachkapital wie Immobilien und Maschinen, nur einen Bruchteil des Firmenwertes dar. Selbst Patente und geistiges Eigentum sind eher zweitrangig. Vielmehr richtet sich der Wert einer solchen Firma nach den Gewinnerwartungen, die sich aufgrund der bereits mehrfach in diesem Kapitel angesprochenen Innovationsintensität nach den Erwartungen über zukünftige Ideen richten. Selbst ein Gigant wie Microsoft wäre innerhalb weniger Monate de facto wertlos, wenn die vorhandenen Produkte nicht permanent dem aktuellen Stand der Technik angepasst würden und neue Produkte entwickelt würden. Das heißt nichts anderes, als dass sich der Wert eines solchen Unternehmens primär am Humankapital, das dem Unternehmen zu Verfügung steht, orientiert.

Die nicht gewährleistete Bindung der Mitarbeiter (und damit des Humankapitals) an ein Unternehmen führt allerdings nicht zuletzt zu der Problematik, dass die Besitzverhältnisse nur unzureichend geklärt sind. Das bedeutet auch, dass durch den Wechsel eines wertvollen Mitarbeiters von einer Firma zu einer anderen der Wert der einen Firma ab- und der Wert der anderen Firma zunimmt. Zwar wird so der Gesamtwert der neuen Ökonomie nur geringfügig beeinträchtigt[229], aber dennoch wird die Volatilität einzelner Werte deutlich erhöht. Dabei ist zu beachten, dass aufgrund der bereits angeführten Informationsdefizite gerade in diesem Bereich die mögliche Wirkung erst verspätet wirkt, im Extremfall erst dann, wenn die Humankapitalab- oder -zuwanderung erfolgswirksam wird. Gerade in der Anfangszeit, in der dieses Problem noch unterschätzt wurde, war eine solche Wirkung (vor dem Einbruch) wahrscheinlich kaum feststellbar, da entsprechende Bewegungen kaum beobachtet wurden. Mittelfristig kann aber die beobachtbare Personalpolitik bzw. können deren Resultate durchaus zu einem wichtigen Bewertungskriterium werden, das dann auch auf kurze Frist wirksam werden kann.

---

[229] Zu erwarten ist – allerdings erst nachdem das Problem durch die Anleger erfasst worden ist – eine niedrigere Bewertung aufgrund des höheren Risikos unter der (realistischen) Annahme risikoaverser Anleger. Der reale Wert könnte lediglich gesenkt werden durch den Verlust an firmenspezifischem Humankapital. Dies wird aber aller Wahrscheinlichkeit nach kompensiert oder gar überkompensiert durch eine höhere Produktivität in der neuen Stelle, zumindest sofern der Wechsel aufgrund einer durch die Produktivität gerechtfertigten höheren Entlohung basiert.

4.3.3.7 Volatilität durch Ausbreitungseffekte bzw. Interdependenzen

Nicht zuletzt wirkt die Erhöhung der Volatilität auf anderen Märkten durch die Neue Ökonomie zurück auf den Neuen Markt selbst. Diese Erhöhung der Volatilität auf anderen Märkten entsteht durch die bereits angesprochene deutliche Senkung der Informationskosten. So werden, wie erörtert, die Reaktionen zunehmend schneller und paralleler.

Dabei ist aber zu berücksichtigen, dass die Anlage in ein Wertpapier in der Regel nicht (nur) die Umschichtung von Liquidität hin zu dem betroffenen Wertpapier (bzw. vice versa), sondern auch vielmehr die Umschichtung des gesamten Portfolios oder gar des Vermögens bedeutet. Ceteribus paribus bedeutet das also, dass ein „Schock", der auf eine einzelne Aktie negativ wirkt, auf andere Wertpapiere – primär Aktien, sofern unterstellt wird, dass diese das beste Substitut für andere Aktien sind – positiv wirken kann, indem die Nachfrage nach diesen Wertpapieren durch die freigewordenen Mittel steigt (und umgekehrt). Ein Anstieg der Volatilität eines Wertpapiers bedeutet damit auch den (wesentlich geringeren) Anstieg der Volatilität anderer Papiere. Dabei geht es allerdings – und das muss betont werden – nur um die Volatilität einzelner Werte, nicht um die Volatilität der Indices, die durch die übrigen genannten Faktoren meist ebenfalls beeinflusst wird. Der Gesamtindex wird durch die gegenläufige Wirkung sogar minimal stabilisiert.

Einschränkend ist allerdings zu beachten, dass diese Wirkung nur bei einigermaßen stabilen Märkten auftritt. In Krisenzeiten neigt die Börse stark dazu, insbesondere negative Nachrichten als relevant für den gesamten Markt und nicht nur die einzelne betroffene Firma zu interpretieren. In diesem Fall erfolgt eine Umschichtung von Aktien in andere Anlageformen oder in Liquidität. Die oben beschriebene Wirkung kann somit nicht mehr eintreten.

Diese Interdependenzen sind insofern wesentlich, weil sie bedeuten, dass auch, wenn keine Blasenbildung mehr zu erwarten ist, das Risiko von Aktien generell und von Aktien der New Economy im speziellen leicht gestiegen ist. Unter Umständen kann dies durch risikoaverse Anleger, wie bereits erwähnt, zu einer dauerhaft niedrigeren Bewertung führen.

4.3.4.1 Wirkungen auf die Neue Ökonomie

(a) Minderbewertung aufgrund hohen Risikos
Wie gezeigt wurde, ist auch langfristig mit einem erhöhten Risiko für New-Economy-Aktien zu rechnen. Das heißt, dass auch ein (hypothetischer) Gleichge-wichtskurs, um den die realisierten Kurse schwanken, tendenziell eher unter dem Wert liegt, der sich aus dem Gewinnpotential der Unternehmen ergibt. Nach dem Platzen der Blase wiegt diese Wirkung – zumindest für eine gewisse Zeit – beson-ders schwer, da die vergangene Entwicklung nach der vorhergehenden Euphorie die Risikoaversion deutlich verstärkt zu haben scheint bzw. die Risikoeinschätzung generell kritischer geworden ist. Der dementsprechend kalkulierte Risikoabschlag fällt also höher aus. Insgesamt hat wohl auch diese Wirkung in der aktuellen Krise der Neuen Ökonomie den Abwärtstrend ihrerseits wieder verstärkt und somit letzt-lich wieder auf sich selbst zurückgewirkt und sich verstärkt.

Trotz gleicher Folgen von erhöhter Risikoaversion und kritischerer Beurteilung muss doch beachtet werden, dass die ökonomische Bewertung unterschiedlich aus-fallen muss. Während eine erhöhte Risikoaversion durchaus problematisch sein kann, da das Potential der Volkswirtschaft so unter Umständen nicht ausgeschöpft werden kann, stellt die kritischere Betrachtung eher eine Korrektur der ursprüngli-chen Fehleinschätzung dar, die den Hype ermöglichte. Faktisch stellt die aktuelle Entwicklung wohl eine Mischung der beiden genannten Effekte dar.

(b) Verknappung auf dem Risikokapitalmarkt
Mit dem Einbruch der Aktienmärkte sind für die jungen Unternehmen der Neuen Ökonomie direkt zwei der bedeutendsten Finanzierungsmöglichkeiten, wenn nicht die wesentlichsten überhaupt, weggebrochen. Für die meisten Privatanleger ergab der extreme Verfall der Neuen Ökonomie an den Aktienmärkten eine sichtbare Zurückhaltung für Aktien in diesem Bereich. Für die meisten jungen Unternehmen dürfte dies auch die für die Entstehungsphase benötigte Kapitalakquirierung über Venture Capital (Risikokapital) erschwert haben. Typischerweise werden in der frühen Expansionsphase eines jungen Unternehmens zwischen einer viertel und einer halben Million Euro bzw. Dollar zur Verfügung gestellt.[230] Ein Börsengang folgt in der Regel, wenn überhaupt, erst später, oft initiiert durch die Risikokapital-geber, als profitabelster Weg zur Beendigung der Beteiligung. Der Einbruch der New Economy hat auch auf dem Risikokapitalmarkt zu dramatischen Einbrüchen

---

[230] Anstötz (2002), S. 1089.

geführt.[231] Zumindest aus Sicht der New Economy erfolgte dieser Einbruch direkt in zweierlei Hinsicht. Erstens wird Risikokapital generell vorsichtiger bzw. weniger vergeben als es in der zweiten Hälfte der 90er Jahre der Fall war. Die großen Firmen wie auch Daimler-Chrysler haben sich bereits daran gemacht, ihre Venture-Capital-Töchter zumindest teilweise zu liquidieren. Die im Markt verbleibenden Kapitalgeber schränken ihr Engagement deutlich ein. Größere Kapitalmengen werden eher „geparkt" als sie in risikoreiche Neugründungen zu investieren.[232] Zweitens kommt hinzu, dass zahlreiche Unternehmen aus dem Bereich Beteiligungskapital eine unternehmensstrategische Wende eingeleitet haben. Während zu Boomzeiten z.T. fast ausschließlich in die Neue Ökonomie investiert wurde, soll nun wieder der klassische Mittelstand im Vordergrund stehen. Große deutsche Venture-Kapitalisten wie 3i beabsichtigen den Anteil des Mittelstandes auf zwei Drittel des Gesamtportfolios zu steigern.[233]

Kurzfristig ist diese Entwicklung für junge Unternehmen aus dem IT-Bereich fatal. Die auf diese Weise direkt doppelte Schmälerung des möglichen Finanzierungspools, bringt die Gefahr mit sich, dass junge Firmen im Keim ersticken. Langfristig kann es aber eben dieser Trend zur verstärkten Berücksichtigung von nicht IT-Unternehmen sein, der die New Economy retten wird.

Der Grund dafür liegt nach den Analysen der vorhergehenden Kapitel auf der Hand. Der enorme Zusammenhang im Erfolg der New-Economy-Unternehmen untereinander macht sie für eine Finanzierung über branchenspezifische Venture-Capital-Unternehmen denkbar ungeeignet. Das Grundprinzip dieser Unternehmen besteht ja – ähnlich wie beim Fonds – darin, über eine Streuung der Investments zwischen mehreren risikoreichen im Schnitt sehr ertragreichen Unternehmen, hohe Renditen bei im Durchschnitt tragbarem Risiko zu erzielen.[234] Diese Poolung – wie es in der Versicherungstheorie bezeichnet wird – kann aber nur bei unabhängigen Risiken funktionieren. Der Glättungseffekt, aus dem diese Unternehmen ihren Gewinn (und ihre Existenzberechtigung) ziehen, entsteht ja genau dadurch, dass bei ausreichend hoher Streuung und damit entsprechender Risikopoolung, nach dem Gesetz der hohen Zahl, die Gesamtentwicklung der betrachteten Unternehmen nah am erwarteten Durchschnittsertrag liegt. Die (ursprünglich nicht erwartete) starke Interdependenz des Erfolges der verschiedenen Unternehmen der Neuen Ökonomie auf den Finanzmärkten hat dementsprechend mit der eintretenden Risikoverwirklichung über die Breite der Risikokapitalnehmer zahlreiche Venture-Kapitalisten hart getroffen. Das Eintreten des befürchteten Risikos war so für das streuende Unternehmen oft ähnlich existenziell, wie es normalerweise nur für die einzelne

---

[231] Mayer (2001), S. 6.
[232] Dettmer (2001), S. 72 ff.
[233] Müller (2001a), S. 1 ff.
[234] Vgl. z.B. Gabler Wirtschaftslexikon (online).

Firma (Kapitalnehmer) sein sollte. Die Aktienkursentwicklung ist hier deshalb so entscheidend, weil, wie bereits erwähnt, gerade in der New Economy der Börsengang der primäre Weg der Beteiligungsbeendung war, die i.d.R. von Venture-Capital-Gebern angestrebt wird.

Um in der Versicherungssprache zu bleiben, funktioniert das Venture-Capital-System in der New Economy nicht, da das Kursverlustrisiko von New-Economy-Unternehmen ein unversicherbares Risiko ist. Zumindest gilt dies so lange, wie sich das Portfolio nur oder vorwiegend aus New-Economy-Titeln zusammensetzt. Durchaus möglich ist hingegen die Kombination einiger Anteile an New-Economy-Firmen mit Branchen, deren Kurse sich völlig unabhängig bilden. Der Risikoausgleich erfolgt also nicht länger zwischen den einzelnen Firmen, wo er auf Grund des hohen Zusammenhanges erfolglos bleiben muss, sondern zwischen einzelnen Branchen. Insofern macht die Entwicklung auf dem Markt durchaus Sinn und ist langfristig auch und gerade für die jungen Unternehmen insofern positiv zu werten, als dass so Venture Capital für die New Economy überhaupt erst sinnvoll und möglich sein wird.

(c) Marktmäßige Risikopoolung durch größere Firmen und Fonds

In den bisherigen Ausführungen wurden zahlreiche Gründe angeführt, die bewirken, dass die hohe Volatilität zahlreicher Technologiewerte kein vorübergehendes Phänomen, sondern vielmehr eine dem Sektor inhärente Eigenart ist. Obwohl ein hoher Zusammenhang zwischen den Bewertungen der einzelnen Firmen der Neuen Ökonomie besteht, existieren doch auch zahlreiche Faktoren, die eher die Volatilität einzelner Firmen erhöhen, namentlich: die Innovationsintensität (und das damit verbundene „Ideenrisiko" bzw. das Missverhältnis von Lebens- und Entwicklungsdauer eines Produktes), die abrupten Verschiebungen von Marktanteilen durch Netzwerkeffekte sowie die Humankapitalproblematik, wie sie im letzten Kapitel angesprochen wurden. Obwohl die einzelnen Schwankungen, wie oben erläutert wurde, über die Chartisten auf andere Firmen ausstrahlen, ist anzunehmen, dass das Risiko durch eine gewisse Poolung deutlich zu senken ist. Durch die Risikoaversion der Anleger dürfte der Markt also im wesentlichen zwei Entwicklungen bevorzugen.

Erstens könnten sich auf lange Sicht größere Firmen herausbilden, die innerhalb des Konzerns für eine Poolung sorgen. Zweitens könnten institutionelle Anleger, die der Risikotransformation dienen, also insbesondere Banken und Fonds, mehr Einfluss haben, als dies bei traditionellen Firmen der Fall ist. D.h. Fonds und Banken dürften einen größeren Teil der New Economy besitzen als der Old Economy. Das heißt wohlgemerkt nicht, dass sie insgesamt mehr New-Economy- als Old-Economy-Werte besitzen.

Auch dies gilt allerdings nur bis zu einer gewissen Grenze. Im Extremfall äußerst hohen Risikos kann das gepoolte Risiko einzelner Fälle derart hoch sein, dass auch institutionelle Anleger nicht länger anlegen. Sofern solche Firmen (mittelfristig) überleben, dann wahrscheinlich im Besitz sehr risikofreudiger Einzelner.

Abb. 10: v.H.-Anteile institutioneller Halter an den Unternehmen des Nasdaq100, aufsteigend sortiert nach Größe[235]

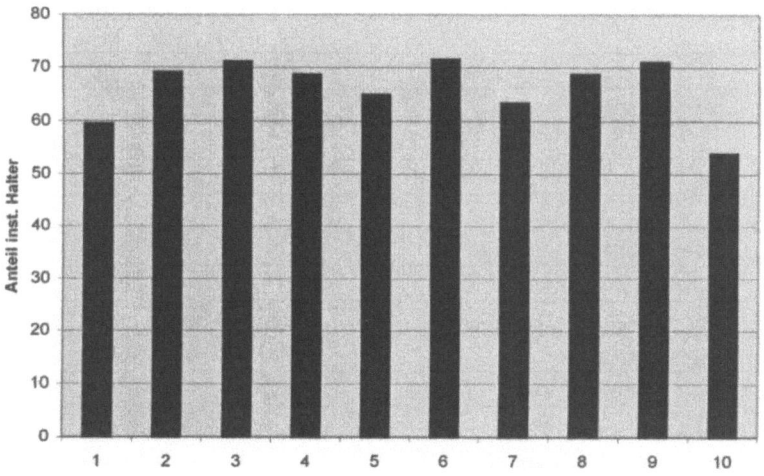

Quelle: *Eigene Abbildung nach Daten von Yahoo!Finance*

Bereits jetzt sind entsprechende Tendenzen empirisch nachweisbar. Im folgenden sollen der Dow Jones und der Nasdaq100 auf den jeweiligen Anteil in institutionellem Besitz hin analysiert werden. Auf den ersten Blick scheint der Unterschied des Anteils institutioneller Besitzer am Nasdaq, der mit 58,9 % nur etwa zwei Prozentpunkte über dem Anteil der institutionellen Besitzer am Dow Jones von 56,4 liegt, kaum signifikant. Eine nähere Betrachtung der Besitzstruktur des Nasdaq zeigt allerdings, wie sich dieses Ergebnis im Sinne der oben skizzierten Entwicklung erklären lässt.

---

[235] Balken 1 zeigt die zehn kleinsten Firmen, Balken 2 die zehn folgenden, etc.

Tab. 2: Der Nasdaq100 (ausgewählte Unternehmen)

Lfd.Nr.	Kürzel	Name	Kapital in Mrd. USD	Inst. Anteil	Anteil am Nasdaq
1	VTSS	Vitesse Semiconductor Corp.	0,27	57	0,02
...	...	...	...	...	...
57	ADBE	Adobe	4,81	75	0,43
...	...	...	...	...	...
61	AAPL	Apple Computer	5,28	59	0,47
62	AMZN	Amazon	5,68	53	0,51
...	...	...	...	...	...
66	YHOO	Yahoo	6,16	44	0,55
...	...	...	...	...	...
83	ERTS	Electronic Arts	9,2	89	0,82
...	...	...	...	...	...
95	ORCL	Oracle Group	52,1	40	4,64
96	AMGN	Amgen	57,6	58	5,13
97	DELL	Dell	69,1	55	6,16
98	CSCO	Cisco	101,1	56	9,01
99	INTC	Intel	111,1	53	9,90
100	MSFT	Microsoft	266	51	23,71

Quelle: *Eigene Zusammenstellung aus Daten von Yahoo!Finance*

Es ist offensichtlich, dass der Anteil der institutionellen Aktienhalter bei zwei Gruppen außerordentlich niedrig ist: Die zehn kleinsten und die zehn größten Firmen sind jeweils zu weniger als 60 % in der Hand von Fonds und Banken. Die Erklärungen liegen auf der Hand. Die kleinsten Firmen sind noch stark durch den Besitz weniger Einzelner, insbesondere vermutlich der Gründer, geprägt. Die größten Firmen hingegen sind so groß, dass bereits innerhalb der Firma die Risikopoolung erfolgt und sie deshalb für private Einzelanleger interessant werden. Der Bedarf zu einer weiteren Poolung durch Fonds besteht nicht. Hinzu kommt, dass diese Firmen z.T. bereits so etabliert und solide sind, dass sie trotz ihrer technischen Zugehörigkeit zur New Economy nicht im gleichen Maße leiden wie die kleineren Firmen. Auch dies senkt das Risiko solcher Aktien. Die beiden größten Firmen des Nasdaq100 – Microsoft und Intel – sind aus eben diesem Grund nicht nur im Nasdaq, sondern auch im Dow Jones selbst gelistet. Allein diese beiden

Firmen stellen aber ein Drittel der Börsenkapitalisierung des Nasdaq100. Streicht man diese beiden Firmen aus beiden Indices, steigt die Differenz des von Institutionellen gehaltenen Anteils bereits auf über fünf Prozentpunkte an.

Insgesamt stellen allein die 6 größten Firmen des Nasdaq mit jeweils über 50 Mrd. USD fast 60 % der gesamten Börsenkapitalisierung (Stand: September 2002). Der Durchschnitt entsprechender Kennzahlen, bezogen auf den Nasdaq, wird also fast ausschließlich durch diese 6 Firmen bestimmt, obwohl eben diese Firmen keine typischen, kleinen New Economy Firmen darstellen, wie sie die Eigenarten dieses Wirtschaftssektors entscheidend beeinflussen. Andere bekannte New Economy Firmen, wie Adobe oder Apple, die deutlich eher dem klassischen Bild einer New Economy entsprechen, bleiben mit Anteilen von jeweils unter 0,5 % am Nasdaq fast einflussfrei (siehe Tabelle).

Geht man dementsprechend einen Schritt weiter und beachtet nur die 80 mittleren Firmen des Nasdaq100 – um so eine breite Auswahl Firmen zu analysieren, die einerseits typische New Economy Firmen sind und andererseits nicht mehr fast ausschließlich den Gründern gehören –, erhält man einen Anteil der Institutionellen von über 68 % also 12 Prozentpunkte über dem Anteil der Institutionellen an der Old Economy.

Langfristig ist, trotz dieser sich bereits jetzt zeigenden Risikopooling über Fonds und Banken, davon auszugehen, dass sich größere Firmen eher durchsetzen werden. Die Risikominderung, die große Firmen bieten können, dürfte deutlich über das hinausgehen, was die Poolung über Portfoliomanagement bieten kann. Das Risikomanagement über Fonds versagt an der Stelle, wo die Autokorrelation im Erfolg eines Unternehmens in den verschiedenen Perioden ins Spiel kommt. Die bereits beschriebene Autokorrelation zwischen den Aktienkursen aufeinanderfolgender Perioden, nicht zuletzt aufgrund von Informationsmängeln, überträgt sich schnell auch auf den tatsächlich erzielten Erfolg. Während Probleme einen positiven Trend schnell kippen können, kann eine Abwärtsbewegung leicht ein Weg ohne Wiederkehr sein. Negative Erwartungen erschweren massiv die Beschaffung neuen Kapitals. Den Trend wieder nach oben zu wenden, wird so zum Problem. Hinzu kommt, dass die Zufallskomponente in der Ideenproduktion naheliegenderweise nicht zu gleichmäßig verteilten Produktinnovationen führt. Vielmehr können längere Durststrecken auftreten, die gerade für kleine Unternehmen ein Marktausscheiden zur Folge haben können, insbesondere im Zusammenspiel mit dem zuvor beschriebenen Prozess. Gewissermaßen leiden also gerade die kleinen Unternehmen der New Economy unter einem Lock-Effekt am unteren Ende der Erfolgsskala. Das Risiko von New-Economy-Aktien wird durch diesen Effekt weiter erhöht. Die beiden in den vorigen Punkten aufgeführten Wirkungen dementsprechend nochmals verstärkt.

Die Poolung solcher Aktien durch einen Fonds, kann aber nur eine Glättung bewirken, da gegenläufige Schwankungen ausgeglichen werden können. Wenn mehr
und mehr vom Fonds gehaltene Firmen aber diesem Lock-Effekt zum Opfer fallen,
wird der Fonds-Wert langfristig systematisch fallen.

Bei größeren Firmen hingegen stellen sich diese Probleme weniger. Die Glättung des Ideenflusses erfolgt so bereits firmenintern. Wenn auch ein Abwärtstrend
gerade durch Indexbewegungen oder die allgemeinen Rahmenbedingungen hier
nicht verhindert werden kann, so ist die Entwicklung meist deutlich moderater. Vor
allem verhindern auch Reserven und der höhere Bekanntheitsgrad den Lock-Effekt
auf einem niedrigen Niveau aufgrund von Liquiditätsmangel. Diesen Vorteilen in
der Risikopoolung stehen aber deutlich höhere Organisationskosten als Opportunitätskosten gegenüber. Dennoch wird gerade in der aktuellen Stimmung, die aufgrund der jüngsten Entwicklung das Risiko besonders hoch bewertet, voraussichtlich der Wert einer vorteilhaften Risikostruktur immens hoch bewertet. Gerade
ganz kleine Firmen werden deshalb voraussichtlich deutlich an Stellenwert verlieren. Die Neue Ökonomie wird sich zunehmend auf große, diversifizierte Konzerne
verlagern.

Vielversprechend scheint ferner die Integration von Neuer und Alter Ökonomie
wie im Fall Siemens. Durch das Mutterunternehmen vor negativen Spekulations-
blasen und deren Auswirkungen relativ geschützt, können die Subunternehmen so
ihr volles Potential entfalten.

4.3.4.2 Wirkungen auf Konjunktur und Wachstum

(a) Vermögenseffekte

Der Wert der im Nasdaq100 notierten Aktien hat seit dem Höhepunkt der Blase um
ca. fünf Billionen USD abgenommen. Das ist etwa die Hälfte des Bruttoinlandpro-
duktes der Vereinigten Staaten im Jahr 2000 von gut 9,9 Billionen US-$. Ähnliche
Ergebnisse zeigen sich auch in den anderen Industrienationen, insbesondere in
Deutschland, wo der Neue Markt auf annähernd ein Zwanzigstel seines Maximalwertes gefallen ist. Ende August 2001 war der Nemax50 mit 29 Mrd. Euro etwa so
viel Wert wie die BASF zu diesem Zeitpunkt. Der gesamte Nemax war nur noch
50 Mrd. Euro wert. D.h., bereits zu diesem Zeitpunkt war das Vermögen der Shareholder um fast 400 Mrd. Euro gefallen.[236]

Erschwerend kommt hinzu, dass in den letzten zwei Jahrzehnten der Anteil von
Aktien und verwandten Anlagen am Vermögen der privaten Haushalte deutlich
zugenommen hat. So haben 1998 die Unternehmensanteile Wohneigentum als primäre Anlageform der Privaten in den USA abgelöst. Damit war innerhalb von

---

[236] Vgl. FAZ vom 01.09.2001.

weniger als 15 Jahren die Bedeutung der Aktien von unter 10 auf gut 28 Prozent des Gesamtvermögens gestiegen.[237] Einschränkend muss aber darauf hingewiesen werden, dass ein wesentlicher Anteil dieser Bedeutung auf die vorhergehenden massiven Kurssteigerungen am Aktienmarkt zurückzuführen ist. So hat sich beispielsweise der Dow Jones in diesem Zeitraum mehr als versechsfacht. Allerdings halten mit 50 % der US-Amerikaner auch deutlich mehr amerikanische Haushalte überhaupt Aktien als in Deutschland, wo nur jeder fünfte Aktien zu seinem Vermögen zählt.[238]

Es ist davon auszugehen, dass so massive Vermögenseffekte Auswirkungen auf den privaten Konsum haben.[239] Selbst wenn in Analogie zur Permanent-Income-Hypothese nach Friedman eine solche Vermögensänderung nicht sofort voll wirksam wird, so ist doch davon auszugehen, dass ein Effekt auf den Konsum entsteht, der einschließlich der so ausgelösten Multiplikatoreffekte ausreicht, um die Konjunktur zumindest zu trüben. Für eine Quantifizierung des Effektes reichen die Daten allerdings nach einer so kurzen Zeit nicht aus. Grobe Schätzungen der Größenordnung lassen sich aber aufgrund der vorhergehenden gegenläufigen Effekte machen.

Genau diese vorhergehenden positiven Wirkungen auf den Konsum, die in den 90er Jahren bzw. bis 2000 aufgetreten sind, sollen im Folgenden Untersucht werden. Es stellt sich die Frage, ob vielleicht weniger die New Economy als Sektor, als vielmehr die durch die New Economy ausgelöste Aktienhausse den längsten Boom der US-Geschichte ausgelöst hat.

Die Explosion der Aktienkurse von New-Economy-Werten begann etwa 1994. Von diesem Zeitpunkt bis zum Höhepunkt nur 6 Jahre später haben sich die betreffenden Aktienwerte (als Index verstanden) mehr als verzwanzigfacht. Parallel dazu begannen auch die Werte anderer Indices – insbesondere die des Dow Jones –, sich deutlich schneller zu entwickeln. Diese Entwicklung ist insofern in die Analyse mit einzubeziehen, da – obwohl die Werte des Dow im wesentlichen der alten Ökonomie zugehörig sind – das in der betreffenden Zeit erzielte wirtschaftliche Wachstum und die allgemeine Entwicklung von Aktienkursen untrennbar mit dem Aufkommen der Neuen Ökonomie verbunden waren, wie im Abschnitt (b) gezeigt werden wird.

Während im Laufe des Jahres 1994 mehrfach die psychologische Schwelle von 4000 Punkten getestet wurde, stieg der Dow dann von Anfang 1995 bis Mitte 1997 auf das Doppelte, um weitere zweieinhalb Jahre später mit ca. 11.000 Punkten seinen Höhepunkt zu erreichen. Zum Vergleich: Die dem vorhergehende Verdopp-

---

[237] Vgl. Tracy, Schneider, Chan (1999), S. 2.
[238] Vgl. iwd(2002) vom 1. August, S. 6.
[239] Generell wird Konsum zunehmend mehr aus Vermögenseinkünften gezahlt. 1996 stammten in Deutschland 8 % der Kaufkraft aus Zinserträgen. Vgl. Litzenroth (1997), S. 242.

lung des Wertes des Dow von 2000 auf 4000 Punkte dauerte mit gut sieben Jahren fast dreimal so lange.

Die Sparquote in den USA schwankte von 1959 bis 1992 bis auf wenige Ausreißer recht stabil zwischen 7 und 12 % bzw. die meiste Zeit über zwischen 8 und 11 % des verfügbaren Einkommens. Nach einem kurzen Tief von 6,5 % lag sie selbst Ende 1993 noch bei fast 9 % bei einem Jahresschnitt von 7 %, was durchaus im üblichen Rahmen liegt. 1994 wurde erstmals die Schwelle von 7 % im Jahresdurchschnitt nach unten durchbrochen. Ein vorläufiges Tief erreichte die Sparquote dann – ein halbes Jahr nach dem Höchststand auf den Aktienmärkten – im Juni 2000 mit 1,7 % – die Jahresschnitte 1999 und 2000 lagen mit 2,6 bzw. 2,8 klar unter 3 %.[240]

Dieser extreme Verfall liegt sicher nicht nur in der Erhöhung des Konsums durch die Börsenhausse begründet. Vielmehr spielen auch der allgemeine Trend, die generelle Wirtschaftslage sowie statistische Besonderheiten jeweils eine Rolle.

Besonders häufig wird kritisiert, dass die Berechnung der Sparquote in den Vereinigten Staaten fehlerhaft ist, da die Kursgewinne bei der Berechnung des verfügbaren Einkommens nicht berücksichtigt werden. Dies mag allerdings verständlich sein, da Vermögensgewinne kein laufendes (verfügbares) Einkommen darstellen. Problematisch ist dabei aber. dass die Besteuerung der Vermögensgewinne (capital gains tax) hingegen vom Einkommen abgezogen wird.[241] Während einer Börsenhausse wird dementsprechend ein zu geringes Einkommen veranschlagt. Auch bei gleichbleibendem Konsum würde dementsprechend eine niedrigere Sparquote als zuvor festgestellt werden. Berechnungen zeigen allerdings, dass dieser Fehler „nur" ca. 1,6 Prozentpunkte ausmacht. Und die Verzerrung durch diesen Fehler selbst ist nochmals deutlich geringer, da auch in anderen Börsenjahren vor der großen Blasenbildung eine Fehleinschätzung der Sparquote zwischen 0,7 (u.a. 1993) und 1,4 % (1968) vorlag. Der verhältnismäßig geringe Anstieg liegt vor allem daran, dass die „capital gains tax rate" zwischen 1988 und 2000 mehrfach von anfänglich 33 % bis auf gerade mal 20 % seit 1997 gesenkt wurde.[242]

Die deutliche Verlängerung des Aufschwungs in den Vereinigten Staaten über das normale Maß hinaus ist sicherlich nicht zuletzt auf diesen Spar- bzw. Konsumeffekt der Kursentwicklung an den Aktienmärkten zurückzuführen.

---

[240] Tiefer sank die Sparquote nur in den Monaten nach dem 11. September.
[241] Milleker (2002), S 5 f.
[242] Moore, Kerpen (2001), S. 15.

Abb. 11: Die Sparquote (in v.H.) als Anteil des verfügbaren Einkommens mit und ohne „capital gains tax"

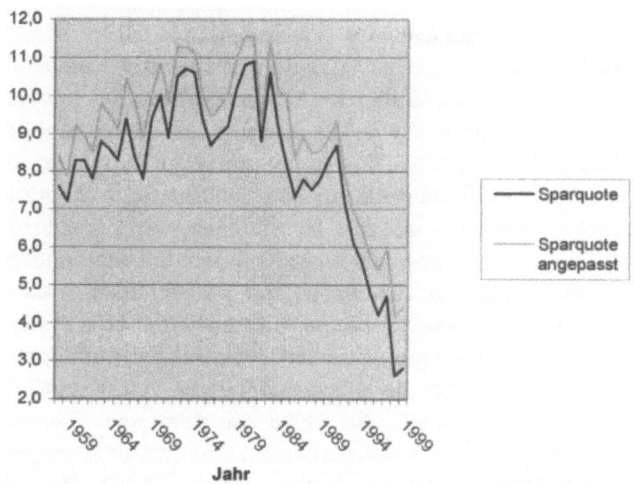

Quelle: *Eigene Darstellung nach Daten des Federal Reserve Board of Governors Moore, Kerpen (2001), S. 15, Bureau of Economic Analysis*

Lediglich einige empirische Untersuchungen auf Befragungsbasis kommen zu anderen Ergebnissen, wobei allerdings diese Untersuchungen aufgrund unklarer Fragestellungen, die sich auf absolute Zahlen (statt relativer Quoten) beziehen sowie mangelnder Beachtung der Einkommensunterschiede der Befragten, methodisch äußerst zweifelhaft sind.[243]

Die Wirkung von Vermögen auf das Konsumverhalten ist keine neue Fragestellung. Dieses Thema betreffende empirische Studien in den USA, die versuchen die Wirkung von Haushaltsvermögen auf den Konsum zu quantifizieren, kamen auf Ergebnisse zwischen drei und sieben Cent pro Dollar Vermögenszuwachs. Bei Aktienvermögen ist aufgrund des verhältnismäßig hohen Risikos von Werten am unteren Ende dieser Skala auszugehen. Studien, die mit den Daten der letzten 50 Jahre arbeiteten, kamen auf Schätzungen im Bereich von ca. 4 Prozent der Vermögenszuwächse, die sofort konsumwirksam werden.[244] Dabei muss allerdings

---

[243] Starr-McCluer (1998), S. 8 f.

[244] Vgl. zusammenfassend Ludvigson, Steindel (1999), S. 32.
Lettau, Ludvigson (2003) kommen in ihrer Studie zu einem anderen Ergebnis. Sie versuchen zu zeigen, dass transitorische Schocks auf das Vermögen keinen Einfluss auf den privaten Konsum haben. Die langfristige Korrelation von Konsum und Vermögen führen sie im wesentlichen auf den über das Wirtschaftswachstum verursachten Zusammenhang zurück. Zwei Probleme wer-

beachtet werden, dass diese Konsumwirkungen (keine weiteren Vermögenseffekte vorausgesetzt) zumindest teilweise beständig sind.

Zunächst klingt ein solcher Betrag im Rahmen von drei bis vier Cent klein. Werden allerdings die beträchtlichen Vermögensänderungen betrachtet, die in mehrfacher Billionenhöhe liegen, so aggregieren sich solche Centbeträge durchaus zu relevanten Summen. Jede Billion an Aktienvermögen der privaten Haushalte erhöht nach den vorliegenden Zahlen den Konsum um immerhin rund 40 Milliarden Dollar. Von 1994 – also dem Beginn der massiven Kurssteigerungen auf den Aktienmärkten – bis zum Höhepunkt im Jahr 2000 hat sich das Aktienvermögen US-amerikanischer Haushalte um fast 10 Billionen von 5,6 auf 15,2 Billionen Dollar erhöht. Dieser Wert entspricht einer Konsumerhöhung von 400 Milliarden Dollar. Bei einem verfügbaren Einkommen von 6,8 Billiarden entspricht das einer Veränderung der Konsum- bzw. Sparquote von annähernd sechs Prozentpunkten.

Dass dieser potentielle Sprung sich nicht vollständig verwirklicht hat, hat verschiedene Gründe. So dürften die Konsumwirkungen von Vermögenszuwächsen vorangegangener Jahre nicht in voller Höhe dauerhaft sein. Die entscheidenden Gründe sind aber wahrscheinlich auf der einen Seite, dass auch die Anleger zumindest teilweise das Risiko der Neuen Ökonomie erkannt haben und nicht realisierte Gewinne aus diesem Sektor entsprechend weniger berücksichtigt haben[245], und zweitens, dass vermutlich gerade Aktienvermögen erst verzögert für die Konsumplanung berücksichtigt wird, um so zumindest kurzfristige Blasen und Verzerrungen zu umgehen. Die Spitze der Blase wurde so wahrscheinlich nie konsumwirksam.

Letztlich muss auf jeden Fall festgehalten werden, dass die amerikanische Hochkonjunktur dennoch wesentlich von den Konsumwirkungen der Spekulationsblase mitgetragen wurde. Der Grund, aus dem andere Länder diese Wirkungen nicht in dieser Form zu spüren bekamen, liegt primär in der höheren Bedeutung von Aktien

---

den dabei nicht hinreichend berücksichtigt: Erstens ist der langfristige Zusammenhang nicht derart monokausal. Eine statistische Trennung mag schwierig sein, aber dennoch kann nicht ausgeschlossen werden, dass der langfristige Zusammenhang der Variablen auch über den Konsumglättungsmechanismus erfolgt. Zweitens müsste klar getrennt werden zwischen reinen transitorischen Schocks und jenen transitorischen Schocks, die von den Wirtschaftssubjekten als permanent wahrgenommen werden (und nur hier sollte sich nach den meisten Hypothesen ein Konsumeffekt ergeben). Ohne eine solche Trennung wird eine statistische Analyse den Zusammenhang systematisch unterschätzen. Vgl. dazu insbesondere Lettau, Ludvigson (2003), S. 19 f. Zur Bedeutung der Unsicherheit im Zusammenhang mit Vermögenseffekten vgl. Case, Quigley, Shiller (2001).

[245] Bei Edison, Sløk (2001), S. 16 wird dieses Argument für die Vereinigten Staaten und Großbritannien empirisch bestätigt. Überraschenderweise ist die Relatiton in Europa umgekehrt, hier war die Konsumwirkung von Aktien aus dem High-Tech-Bereich sogar größer. Eine mögliche Erklärung wäre, dass solche Aktien eher (wenn auch häufig über Fonds) im Besitz von kleinen und mittleren, privaten Haushalten sind, da die Aktie als Privatanlage z.B. in Deutschland etwa parallel zum Aufkommen der New Economy populär wurde.

als Anlage von privaten Haushalten in den Vereinigen Staaten. Gerade diese Vorreiterrolle hat den Vorteil für die USA erst besonders zum Tragen gebracht, weil so die aus der weltwirtschaftlichen Lage herausragende langfristige Aufschwungsphase in großem Maße ausländische Direktinvestitionen angezogen hat.

Dementsprechend wird aber in den nächsten Jahren mit der Kehrseite zu rechnen sein. Zu befürchten ist, dass die Sparquote nicht nur wieder dem Vermögensrückgang entsprechend ansteigt, sondern dass darüber hinaus mittelfristig die „Wiederansparung" des auf falschen Hoffnungen basierenden Konsums der neunziger Jahre wirksam wird. Ebenso wie die Konjunktur vorher positiv stimuliert wurde, ist also mit dämpfenden Wirkungen zu rechnen.

Insgesamt muss – gerade angesichts der Diagnose des letzten Kapitels, dass die Neue Ökonomie aus sich heraus zur Blasenbildung neigt – davon ausgegangen werden, dass die Neue Ökonomie nicht etwa dazu führt, dass die Konjunkturschwankungen abnehmen, sondern ganz im Gegenteil, diese können sogar verstärkt werden.[246] Einschränkend muss darauf hingewiesen werden, dass die positiven Konsumwirkungen von Aktien zumindest in näherer Zukunft aufgrund des bewusst gewordenen Risikos eher gering sein werden.

(b) Mitreißeffekte

Parallel zur Entwicklung der Neuen Ökonomie kam es nicht etwa zu einer Ablösung und einem Rückgang der traditionellen Sektoren, vielmehr boomten im Licht der neuen Märkte auch die klassischen Märkte.

Diese außerordentliche Entwicklung basiert gleich in dreierlei Weise auf dem Erfolg der Neuen Ökonomie:

Der erste Grund ist der wohl naheliegendste aber auch am wenigsten wirksame. Die wechselseitigen Besitzbeziehungen zwischen New- und Old-Economy-Firmen ließen auch die Alte Ökonomie am Erfolg der neuen partizipieren. Teilweise entstand diese Vernetzung in der Kapitalakquirierungsphase der jungen Unternehmen, teilweise waren die „neuen" Unternehmen aber auch outgesourcte Tochterunternehmen alter Firmen, insbesondere aus dem Bereich Elektronik/ Elektrotechnik wie das Beispiel Infineon/Siemens zeigt.

Der zweite Grund ist das zuerst generell positive Klima auf den Aktienmärkten, das durch den Boom des Nasdaq und später auch des Nemax und anderer internationalen Indices entstanden ist. Wenn dieses Klima auch in den traditionellen Sektoren nicht so stark gewirkt hat wie in der New Economy, wo die Wirkung, wie erörtert, teils dominant war, so kam es doch zu signifikant positiven Wirkungen. Gerade in einer Phase, in der zunehmend kleine Privatanleger in den Markt eintraten, erhöhte ein generell gutes Klima auf den Aktienmärkten die Aktiennachfrage

---

[246] Vgl. auch Siebert (2001), S. 12.

und somit letztlich auch die Kurse. Und so im umgekehrten Sinn war es nach dem Platzen der Blase.

Der dritte und wesentliche Grund liegt aber in der unter anderem von der New Economy getragenen konjunkturellen Entwicklung. Einerseits haben so zahlreiche Firmen durch die gestärkte Nachfrage entsprechend höhere Gewinne erwirtschaften können. Das „Scheinvermögen" aus der New Economy wurde ja – wie der voranstehende Abschnitt gezeigt hat – zumindest teilweise in Konsum umgesetzt. Die so entstehenden Gewinne bewirkten ihrerseits Kurssteigerungen in der Old Economy und brachten einen entsprechenden Multiplikatoreffekt in Gang. Entscheidender aber als die Reaktion auf die tatsächliche Entwicklung waren die Reaktionen auf die durch die New Economy geschürten Erwartungen. Und wie in Kapitel 3 bereits ausgeführt wurde, gingen bis kurz vor Höhepunkt des Booms in den USA (auch namhafte) Ökonomen z.T. davon aus, dass – eine hinreichende Bedeutung der Neuen Ökonomie in einer Volkswirtschaft vorausgesetzt – herkömmliche Konjunkturschwankungen der Vergangenheit angehörten und in Zukunft mit einem permanenten Aufschwung zu rechnen sei. Entsprechend wurden Firmen bewertet, als könnten sie auch in Zukunft dauerhaft mit entsprechenden Wachstumsraten bei den fundamentalen Faktoren rechnen. Der Einbruch der Neuen Ökonomie und die Anzeichen einer Rezession in den Vereinigten Staaten, die diese Illusion haben platzen lassen, wirkten somit verstärkt auf den Dow Jones, da überhöhte Kurse aufgrund übertriebener Erwartungen abgebaut werden mussten und müssen. Und die massive Enttäuschung der Erwartungen dürfte auf eine signifikante Verzögerung des Aufschwungs hinwirken. Dabei spielt nicht nur die massive Zurückhaltung der Konsumenten, wie sie besonders in Deutschland zu beobachten ist, eine wichtige Rolle, sondern auch die vielfältigen negativen Investitionswirkungen, die im nächsten Abschnitt diskutiert werden.

(c) Investitionseffekte

Die Turbulenzen auf den Aktienmärkten wirken nicht nur auf den Konsum, sondern eben auch auf das Investitionsverhalten der Unternehmen aus Old und New Economy. Gerade ein Einbruch auf den Aktienmärkten kann die Investitionsmöglichkeiten insbesondere (aber nicht ausschließlich) über den Kreditmarkt in verschiedener Weise einschränken:

Erstens stellen Aktien einen nicht unwesentlichen Teil der Aktiva vieler Unternehmen dar. Der Wert dieser Aktiva beeinflusst die Bonität bzw. die Kreditwürdigkeit der Unternehmen. Da die meisten Unternehmen breitgestreute Portfolios halten, diffundieren so die negativen Effekte eines Aktieneinbruchs auf hinreichend großen Teilmärkten über die gesamte Volkswirtschaft. Dieser Rückgang in der Investionsfähigkeit kann wiederum Rückgänge der Aktienkurse der betroffenen Unternehmen auslösen, was den Abwärtstrend nochmals festigt.

Zweitens erschwert eine negative Stimmung auf den Aktienmärkten die Finanzierung von Neuinvestitionen durch Aktienemission. D.h., der Einbruch der New Economy Indices und in deren Sog der Einbruch der Standardwerte hat negative Finanzierungswirkungen weit über die bereits erörteten Effekte auf die New Economy über den Risikokapitalmarkt hinaus. Da z.B. auch Dow Jones und DAX erheblich geschwächt wurden, konnte in diesem Bereich die Krise auf die Old Economy – wenn auch in geringerem Maße – übergreifen.

Aber nicht nur die Möglichkeiten der Unternehmen, ihre Projekte zu finanzieren, sondern auch die Bereitschaft und Fähigkeit der Banken zu dieser Finanzierung beizutragen, kann in Extremfällen leiden. Im Zuge eines Aktieneinbruchs besteht die Gefahr zunehmender fauler Kredite. In der Folge werden die Banken in ihrer Kreditvergabe deutlich vorsichtiger. Dies muss sich nichtmals direkt stark im Zins äußern, sondern kann sich z.B. direkt in der Risikostruktur der finanzierten Projekte zeigen, wodurch primär – aber nicht ausschließlich – die New Economy selbst leidet. Durch einen Einbruch, wie den der New Economy, drohen sogar aus zwei Ecken faule Kredite: Einmal entstehen ungedeckte Kredite durch das abnehmende Unternehmensvermögen. Die Kredite sind damit höher als die belasteten Werte. Faule Kredite diesen Typs bringen insofern nur begrenzten Schaden mit sich, da die Unternehmen – sofern solide geplant wurde – in der Regel die Kredite aus dem Ertrag der Investition und nicht aus dem zur Deckung bereitgestellten Kapital zurückzahlen. Problematisch ist dies dennoch, da im Zuge der ausgelösten Konjunkturschwäche und des Nachfrageeinbruchs durchaus die Gefahr besteht, dass selbst bei unter den ursprünglichen Voraussetzungen solider Planung, Investitionen keine hinreichende Rendite abwerfen. Zusätzlich entstehen aber faule Kredite durch die Insolvenzen von Unternehmen im Zuge des Einbruchs. Dies können sowohl die New-Economy-Unternehmen selbst sein als auch Unternehmen die erst im Zuge der Nachfrageschwäche aufgrund des Vermögenseinbruches insolvent wurden. Diese Probleme zwingen die Banken zu einer entsprechend vorsichtigeren Finanzierung. Diese Hemmung der Investitionsdynamik kann die in Gang gesetzte Abwärtsspirale wiederum verstärken. Im Extremfall könnten sogar – wenn die faulen Kredite zu stark anwachsen – einzelne Banken insolvent werden. Durch die Interdependenzen im Bankensystem könnte so das ganze System gefährdet werden, ähnlich der Situation einiger Länder während der Asienkrise.

4.3.5   Staatliche Handlungserfordernisse

Vor dem Hintergrund der Ergebnisse, dass die Neue Ökonomie aus sich heraus zu Instabilität neigt und dies teilweise mit gravierenden gesamtvolkswirtschaftlichen Folgen, stellt sich die Frage, ob und wie staatliches Eingreifen angezeigt ist. Gerade eine „Spekulationssteuer" ist ein Instrument, das immer wieder genannt wird und aufgrund der fiskalischen Anreize auch mit am schnellsten Einzug in Regierungsvorschläge erhalten hat. So sprachen sich die Grünen bereits 2000 für eine Spekulationssteuer aus[247], und im Oktober 2002 wurde unter eben diesem Namen von der rot-grünen Bundesregierung eine generelle Besteuerung der Gewinne aus Aktienverkäufen vereinbart, die 2003 eingeführt werden soll.

In den folgenden Abschnitten werden verschiedene Instrumente, die mögliche Optionen beim Umgang des Staates mit den Problemen der New Economy – hier speziell dem Volatilitätsproblem – darstellen, diskutiert. Die jüngsten Versuche der Bundesregierung, sich diesem Thema zu widmen, sollen dabei besondere Beachtung finden. Eine solche „Konkretisierung" der Analysegrundlage bietet sich in diesem Fall nicht nur wegen der aktuellen Bedeutung an, sondern auch da – wie das folgende Kapitel zeigen wird – die genaue Wirkung in vielen Fällen gerade von Detailfragen abhängt.

4.3.5.1 Spekulationssteuern und Kapitalertragssteuern

Es ist kaum zu bestreiten, dass Spekulations- und Kapitalertragssteuern generell auf die Entwicklung der Aktienkurse wirken. So wird immer wieder angeführt, dass unter anderem die Entscheidung der US-Regierung für eine Senkung der „capital gains tax" mit verantwortlich war für den massiven Kursanstieg.[248]

Wichtig für eine Analyse solcher Steuern ist die Unterscheidung zwischen echten Spekulationssteuern, die nur Spekulationsgewinne als Grundlage haben, und Kapitalertragssteuern, die jede Form des Kapitalertrags besteuern, wie die neue Steuer der Bundesregierung. Dabei ist der Begriff Spekulationssteuer insofern schwammig, als er an der Spekulationsabsicht ansetzt, die im Regelfall nicht eindeutig nachweisbar ist. Im weiteren Sinne soll im folgenden Beitrag jede Steuer als Spekulationssteuer verstanden werden, die einen Tatbestand besteuert, der offensichtlich eng mit der Spekulationsabsicht korreliert ist. Im engeren Sinne sei eine Besteuerung der realisierten Gewinne nur kurzfristig gehaltener Aktien gemeint, wie es sie bis vor kurzem in der Bundesrepublik gab. Im Gegensatz dazu wird Besteuerung, die am Gewinn an sich ansetzt und diesen immer besteuert, als Kapitalertrags- oder Wertzuwachssteuer bezeichnet. In der Umsetzung besteht damit der Unterschied zwischen Spekulationssteuern und Kapitalertragssteuern in der Fristigkeit. Spekulationssteuern besteuern nur realisierte Aktiengewinne, die innerhalb eines bestimmten, relativ kurzen Zeitraumes gekauft wurden, während

---

[247] Siehe dazu www.basisgruen.de.

[248] Einige Autoren gingen (vor dem Einbruch der Kurse) sogar davon aus, dass die Aktienkurssteigerungen primär auf die Veränderungen der Steuer zurückzuführen wären und glaubten hier einen Laffer-Kurven-Effekt nachgewiesen zu haben, nicht berücksichtigend, dass die Kurse international im Steigen begriffen waren. Vgl. dazu Moore, Kerpen (2001).

Kapitalertragssteuern alle realisierten Kursgewinne, unabhängig vom Zeitpunkt des Aktienkaufs, besteuern.

Nach langen Debatten in denen primär unterschiedliche steuerpflichtige Anlagezeiträume diskutiert wurden, einigte sich die Regierung in Deutschland dann (was aber vorerst wieder fallen gelassen wurde) auf eine generelle Besteuerung in Höhe von 15 % für Vermögensgewinne allgemein bzw. 7,5 % bei Gewinnen aus Aktiengeschäften. Verluste aus Aktiengeschäften sind dabei allerdings weiterhin, sofern sie in der gleichen Periode anfallen, von den erzielten Gewinnen abzuziehen, es wird also der Nettogewinn jeder Periode als Bemessungsgrundlage herangezogen. Obwohl die Steuer als Spekulationssteuer diskutiert wurde, handelt es sich also nach der hier verwandten Abgrenzung um eine Kapitalertragssteuer.

Während die Kapitalertragssteuer meist eher aus vermeintlichen Gerechtigkeitsgründen eingeführt wird, um so jede Form von den Haushalten zufließendem Einkommen zu besteuern, suggeriert die Spekulationssteuer – oft auch „Anti-Spekulationssteuer"[249] genannt – bereits durch ihren Namen, dass eine Lenkungswirkung erhofft wird.

Spekulation bezeichnet eine „IM GEGENSATZ ZUR DAUERANLAGE MEIST KURZFRISTIGE BETÄTIGUNG, DIE LEDIGLICH AUF GEWINNBRINGENDE AUSNUTZUNG DER PREISUNTERSCHIEDE ZU VERSCHIEDENEN ZEITPUNKTEN GERICHTET IST."[250] Eine Spekulationssteuer versucht diese Kurzfristanlagen durch die erhöhte Besteuerung von Gewinnen aus kurzfristigen Aktienanlagen weniger attraktiv zu machen, um so eine stabilisierende Wirkung auf die Kurse zu haben. Wie bei der Tobin-Steuer, die Wechselkursspekulation einschränken soll, so sind auch auf den Aktienmärkten solche Spekulationssteuern stark umstritten. Nicht nur muss die Frage gestellt werden, ob die negativen Verzerrungswirkungen die erhofften positiven Effekte kompensieren respektive überkompensieren, sondern vielmehr ist das Eintreten des gewünschten Effektes überhaupt zweifelhaft. Dies gilt weitgehend sowohl für die – von der Politik als Spekulationssteuer bezeichnete – Kapitalertragssteuer als auch für eine direkt auf Spekulation abstellende Steuer, wie im Folgenden kurz gezeigt werden soll.

(a) Kapitalertragssteuer

Gerade die generelle Besteuerung von Kapitalgewinnen scheint auf den ersten Blick sehr ungeeignet als Mittel zur Bekämpfung hoher Volatilität und extremer Blasenbildung. Dennoch lässt sich hier ein Effekt feststellen, der Einbrüche, wie der Neue Markt sie erlebt hat, in gewisser Weise erschweren soll. Ein solcher Einbruch ist ja unter anderem darauf zurückzuführen, dass in einer generell schwierigen Lage immer mehr Anleger versuchen, ihre Beteiligungen möglichst schnell zu beenden, um so befürchtete größere Verluste vermeiden zu können. Durch diesen

---

[249] www.basisgruen.de
[250] Gablers Wirtschaftslexikon nach www.wissen.de

Druck fallen die Kurse aufgrund des hohen Angebots allerdings noch schneller. Der Knackpunkt bei der Besteuerung von Aktiengewinnen nach dem deutschen Modell (sowohl in der bestehenden als auch der Variante, die von der Bundesregierung zeitweilig angestrebt wurde) ist nun die Möglichkeit zur Abschreibung von realisierten Aktienverlusten bis hin zur Höhe der erzielten bzw. realisierten Gewinne. Damit bekommt eine „im Minus stehende" Aktie einen gewissen Zusatzwert durch die so möglichen Abschreibungen. Dieser Zusatzwert lässt sich aber nur dann realisieren, wenn die Verlustaktien tatsächlich verkauft werden und auf der anderen Seite Aktiengewinne durch den Verkauf anderer Aktien realisiert werden. Bei einem generellen Kurseinbruch wäre damit keine Abschreibungsmöglichkeit gegeben, weil keine Aktiengewinne dem Verlustverkauf gegenüberstehen. Der Anreiz zu verkaufen, um Verluste durch die Nutzung von Abschreibungsmöglichkeiten zu reduzieren, entfällt dementsprechend. [251] Wenn allerdings weitere, starke Kursverluste erwartet werden – und bei allgemeinen Kurseinbrüchen ist dies durchaus gängig –, bietet sich meist dennoch weiterhin der Verkauf an. Damit wird die hier erhoffte dämpfende Wirkung aufgehoben.

Hinzu kommen verschiedene negative Wirkungen einer solchen Politik. Abwärtstrends einzelner Werte in einer heterogenen Marktumgebung können durch eine Kapitalertragssteuer mit entsprechenden Abschreibungsmöglichkeiten verstärkt werden. Denn hier besteht der Anreiz, den Zusatznutzen durch mögliche Abschreibungen zu nutzen. Es macht Sinn, bereits im Portfolio befindliche Aktien auch verlustbringend zu verkaufen, um so die Abschreibungsmöglichkeiten zu nutzen. Dabei kann es erforderlich werden, im Plus stehende Aktien, deren Verkauf sonst nicht erfolgt wäre, zu verkaufen, um Gewinne, die den Verlusten gegengerechnet werden, zu schaffen. Selbst wenn weitere Kursteigerungen erwartet werden, ist ein solcher Verkauf rational. In diesem Fall wird nach der Transaktion die Aktie sofort erneut gekauft. Die Abschreibungsoption ist somit gesichert. Dies hat

---

[251] Um das Argument zu verdeutlichen, soll die Analyse an einem einfachen Bespiel nochmals dargestellt werden. Ein Anleger halte 2 Typen von Aktien: A und B. Beide Aktien haben zu Beginn der Betrachtung einen Kurs von 100 €. Der Steuersatz betrage 50 Prozent. Der Kurs von Aktie A bleibt konstant (er düfte, ohne die Aussagen zu berühren, auch sinken, er darf nur nicht steigen). Der Kurs von Aktie B reduziert sich auf 50 €. Wenn der Anleger nun Aktie B sofort verkauft, kann er die Abschreibungsmöglichkeiten von 25 € nicht nutzen. Mit weiter sinkendem Kurs steigt der „Abschreibungswert" der Aktie. Der weitere Kursverlust ist natürlich größer als der Zuwachs an Abschreibungswert, aber ein Verkauf ist erst dann sinnvoll, wenn der erwartete zusätzliche Kursverlust den gesamten Abschreibungsgegenwert übersteigt, da nicht nur der Zugewinn an Abschreibungsgegenwert relevant ist, sondern auch der sonst verlorene bereits bestehende Abschreibungsgegenwert von 25 €. In diesem Zahlenbeispiel ist damit ein Verkauf der Aktie nicht mehr rational. Selbst ein Einbruch auf 0 € würde lediglich zur Indifferenz führen, da zwar 50 weitere Euro Kursverlust entstünden, gleichzeitig aber der Abschreibungsgegenwert auf 50 € ansteigen würde. Der Beschriebene Vorteil gilt allerdings nur dann, wenn mit dem Verkauf gewartet werden kann, bis durch den Verkauf anderer Aktien Gewinne gemacht werden, durch die der Abschreibungsvorteil zur Geltung kommt.

dann zwar keine negativen Volatilitätswirkungen, da Angebot und Nachfrage, die sich zusätzlich am Markt zeigen, sich exakt ausgleichen. Nichtsdestotrotz wird die Zahl der Transaktionen erhöht. Unabhängig von der Volatilitätswirkung werden also volkswirtschaftliche Ressourcen verschwendet, um die Steuerregelungen umgehen zu können. Problematisch ist der Verkauf, um die Abschreibungen zu sichern vor allem dort, wo Aktien auf der Kippe stehen und viele Anleger zwischen Verkauf und Halten indifferent sind. Nun entsteht ein zusätzlicher Verkaufsanreiz. Gerade in einer kritischen Situation werden die Aktienkurse dieser Papiere also zusätzlich destabilisiert.

Die Folgen dürften in der Regel das Gegenteil der erwünschten Wirkung einer Spekulationssteuer sein:

> Die Zahl der durchgeführten Transaktionen auf der Seite der Aktien mit positiver Entwicklung steigt, da versucht wird, Gewinne schnell steuerfrei zu realisieren, wie oben erörtert.

> Da bereits gesunkene Papiere, bei denen ein weiteres Absinken zu befürchten ist, steuermindernd verkauft werden können, steigt der Anreiz, im Fallen befindliche Papiere abzustoßen. Die Wahrscheinlichkeit zu Überreaktionen wird somit größer.

> Auch Papiere, für die in der Zukunft mit einem Steigen der Kurse gerechnet wird, die aber zum betrachteten Zeitpunkt Verluste beim Kauf bringen, werden schnell abgestoßen und unter Umständen neu gekauft, um so den Abschreibungsbetrag mit Sicherheit zu erhalten. Ein Nichtrealisieren dieser Abschreibungsmöglichkeit stellt somit ein Risiko dar, dem keinerlei Ertrag gegenübersteht.

Zusammenfassend gilt also, dass die Zahl der Transaktionen und damit höchstwahrscheinlich auch die Volatilität der Kurse eher zunimmt, gerade da Überreaktionen eher gefördert als verhindert werden. Angesichts der Tatsache, dass solch durchwachsene Marktsituationen deutlich wahrscheinlicher sind, als ein generelles Einbrechen der Märkte. Im Gegensatz zur Lage, in der mehr Transaktionen durch mehr Fundamentalinformation auftreten, ist hier auch eine volatilitätsmindernde Wirkung der erhöhten Transaktionszahl eher unwahrscheinlich. Während im Falle der Transaktionen durch Information systematisch mehr Schritte in Richtung Gleichgewicht erfolgen, ist hier bestenfalls mit stochastischen, eher sogar – wie herausgearbeitet – mit systematischen Abweichungen zu rechnen.

Die manchmal geäußerte These, Kapitalgewinnbesteuerung könnte über die Verhinderung von Blasenbildung sogar das Wirtschaftswachstum ankurbeln, ist eher kritisch zu betrachten. Zwar scheint eine solche Reaktion in einfachen mathematischen Modellen plausibel, doch solche Modelle berücksichtigen, da sie von vereinfachenden Annahmen ausgehen, Abschreibungsmöglichkeiten bzw. andere wichtige Determinanten des Kauf- und Verkaufverhaltens auf den Aktienmärkten nicht in hinreichendem Maße und führen so zu verzerrten Ergebnissen.[252] Die hier vorgebrachten Argumente, wie Kapitalertragssteuer die Volatilität über die Abschreibungsmechanismen erhöhen kann, bleibt unberücksichtigt.

Auch Gerechtigkeitsgründe sprechen eher gegen eine solche Kapitalbesteuerung. Selbst wenn über den Sinn und Unsinn progressiver Besteuerung gestritten werden kann, so sind doch degressive Besteuerungsmechanismen mit kaum einer Gerechtigkeitsvorstellung zu vereinbaren. Eine solche degressive Wirkung ergibt sich aus dem einfachen Grund, dass gerade der Kleinanleger weniger Chancen zur Diversifizierung seines Portfolios hat. Im Gegensatz zum Großanleger kann ein Kleinanleger Abschreibungsmöglichkeiten in der Regel kaum nutzen. Diese Option ergibt sich erst aus der Breite der Anlagen, die dann zunehmend häufiger sowohl verlust- als auch gewinnbringende Papiere beinhalten. Durch diesen Ausgleich entspricht der Erwartungswert der Steuer für einen Großanleger auch langfristig der Steuer auf den Nettogewinn. Der Kleinanleger hingegen kann durchaus in die Lage kommen, dass es rational ist, im Fallen befindliche Papiere zu verkaufen, ohne dass Abschreibungsmöglichkeiten vorliegen. Im Extremfall wird also auch auf lange Sicht beim Kleinanleger (da die Verlustvor- bzw. Rücktragsmöglichkeiten begrenzt sind) nicht der Netto, sondern der Bruttogewinn aus Aktienanlagen voll besteuert. Ganz abgesehen vom Gerechtigkeitsaspekt, ist es generell äußerst problematisch, eine wichtige Anlageform wie Aktien für ein ganzes Anlegersegment auf so verzerrende Art unattraktiv zu machen.

Hinzu kommt, dass unabhängig von Überlegungen, die die Volatilität oder die Gerechtigkeit bzw. die Verzerrungswirkung der Steuer betreffen, die so besteuerte Anlage auf jeden Fall weniger attraktiv wird. Eine solche Entscheidung dürfte – sofern nicht alle Alternativen gleichmäßig besteuert werden – den Preis der entsprechenden Anlage negativ beeinflussen. Die Einführung einer solchen Steuer bzw. allein die Diskussion einer solchen Steuer wird dementsprechend den Aktienmarkt generell belasten. Gerade in einer für die Börse schwierigen Zeit sollte deshalb auch bei fiskalischen Notsituationen eine solche Entscheidung nicht getroffen werden. Nicht nur, dass die fiskalischen Hoffnungen sich kaum erfüllen können, da in Zeiten schwacher, volatiler Börse mehr Abschreibungsmöglichkeiten als Gewinne vorliegen; hinzu kommt eben, dass ein bereits schwacher Markt weiter belastet·wird und der vorliegende Abwärtstrend verstärkt wird. Relativierend gilt allerdings gerade in Deutschland in diesem Zusammenhang heute, dass erstens durch die bisherige Spekulationssteuer Aktien bereits belastet werden und dass zweitens Aktien bei der Kapitalzuwachssteuer begünstigt werden und somit relativ sogar an Attraktivität als Anlage gewinnen könnten.

---

[252] Vgl. zu einem solchen Modell z.B. Wiedmer (2002); S. 504 ff.

Damit ist alles in allem ersichtlich, dass nicht nur der Name der Spekulationssteuer für die ursprünglich geplante Kapitalertragssteuer irreführend ist, da der angebliche Zweck der Volatilitätsminderung, den der Begriff impliziert, nicht erfüllt wird, sondern dass auch andere ökonomische Überlegungen gegen eine solche Form der Besteuerung sprechen.

(b) Spekulationssteuern

Bleibt die Frage, inwieweit „echte" Spekulationsbesteuerung, die gezielt auf Spekulationen basierende Geschäfte zu erfassen versucht, ihr Ziel erreichen kann und vor allem, inwieweit hier unerwünschte Nebenwirkungen auftreten. Besonders muss auch hier beachtet werden, dass eine Spekulationssteuer im Aktienmarkt i.d.R. keine der Tobinsteuer analoge Transaktionssteuer meint, sondern vielmehr die Besteuerung der Gewinne aus kurzfristigen Anlagen. Ein solcher Zeitraum liegt typischerweise bei maximal einem Jahr (wie in Deutschland seit 1998) oder noch niedriger (wie z.B. vor 1998 in Deutschland). Der Grundgedanke scheint dabei durchaus plausibel, da die Bemessungsgrundlage dementsprechend sehr eng mit den wirklichen Spekulationen verknüpft ist. Dennoch muss auch hier nicht zwingend folgen, dass eine Besteuerung der Spekulationsabsicht die Kursschwankungen verringert, denn es ist nicht die Spekulationsabsicht, sondern die damit verbundene Häufigkeit und Ausrichtung von Käufen und Verkäufen, die dann die als negativ betrachtete Wirkung mit sich bringt. Wenn also – und das ist schon bei einer generellen Kapitalertragssteuer das Kernproblem – die Spekulationsabsicht auf eine Weise besteuert wird, die eher zusätzliche Transaktionen notwendig macht, aber die jeweilige Marktrichtung nicht steuern kann, ist eine kontraproduktive Wirkung durchaus denkbar. Es muss also die Frage gestellt werden, wie ein vernünftig handelnder Anleger seine Portfoliopolitik angesichts einer solchen Steuer verändert.

Grundsätzlich läuft bei einer solchen Besteuerung die Wirkungskette auch u.a. über die Möglichkeiten der Abschreibung bzw. zur Verrechnung von Verlusten. Deshalb sind ebenso entsprechende Geschäfte, wie bei der diskutierten Kapitalertragssteuer, wenn auch in geringerem Maße, durchaus vorhanden. Dementsprechend wäre auch hier eine zumindest leichte volatilitätssteigernde Wirkung zu vermuten.

Was aber entscheidend ist – und hier liegt auch die beabsichtigte Wirkung einer solchen Steuer –, ist die Überlegung beim Kauf der Aktie. Dadurch, dass der Kauf von Aktien, bei denen nur kurzfristige Gewinne erwartet werden, unattraktiver wird, kommt es von vornherein zu weniger derartigen Käufen. Die (ohne diese Steuer zu erwartenden) Steigerungen treten somit gar nicht erst auf. Die Bedeutung von Chartisten für die Kursentwicklung wird somit teilweise neutralisiert. Denn gerade diese kurzfristigen Schwankungen um den gleichgewichtigen Kurs sind ja erst auf die Chartistengeschäfte zurückzuführen. In dem Moment, in dem die Rendite aus solchen Geschäften niedriger wird, wird die Bedeutung der Chartisten von vornherein geringer und die verzerrten Kurse treten – so die Hoffnung – erst gar nicht auf. Die Aufhebung dieser Verzerrung, deren Ausmaß de facto nicht feststellbar ist, wird erkauft durch neue Verzerrungen des Marktes. Denn es muss klar sein, dass – wenn versucht wird die Reaktionsgeschwindigkeit eines Marktes zu reduzieren – nicht nur die Nachteile, sondern auch die Vorteile dieser hohen Anpassungsfähigkeit verschwinden.

Gerade für „schnelle" Industrien wie die New Economy, die viele Start-Ups hervorbringen, sind diese Probleme gravierend. Die Überbewertungen, wie sie bei solchen Firmen vorkamen, können tendenziell durch eine zeitlich begrenzte Spekulationssteuer verstärkt werden. Dadurch, dass Anleger bestrebt sein werden, Anteile der jungen Firma bis zum Ablauf der Steuerfrist zu halten, wird das auf dem Markt verfügbare Angebot der Aktien in dieser frühen Existenzphase verringert, der Preis kann dementsprechend zunächst ansteigen. Überbewertungen könnten so – gerade bei Informationsproblemen – eher verstärkt als behindert werden.

Schwerer wiegt allerdings das Problem der weiteren Beeinträchtigung der Kapitalbeschaffung. Die Besteuerung innerhalb der ersten Periode des Haltens eines Papiers bedeutet nichts anderes, als eine Erhöhung des Risikos, da kurzfristiges Abstoßen der Anlage mit erhöhten Kosten verbunden ist. Gerade bei einer Branche wie der Neuen Ökonomie, d.h. dort, wo bereits sehr hohe Risiken vorliegen, wird die Kapitalbeschaffung so weiter erschwert. Insofern ist eine Steuer dieser Art besonders in Zeiten, wenn der Risikokapitalmarkt und damit die andere große Finanzierungsquelle beeinträchtigt ist, problematisch.

Alles in allem scheinen beide Methoden der Besteuerung eher ungeeignet. Während eine Kapitalgewinnbesteuerung die Volatilität erhöhen kann, wirkt die echte Spekulationssteuer noch stärker verzerrend und erschwert den Gang an die Börse für junge Firmen. Das angebliche Ziel der Stabilisierung der Aktienmärkte wird so definitiv nicht erreicht. Und diese ist empirisch belegt. Denn die größte Börsenblase in der Geschichte der Bundesrepublik und ihr Platzen fanden immerhin bei einer gültigen Spekulationssteuer statt.

4.3.5.2   Informations- und Kontrollpolitik

Wie gezeigt wurde, können steuerliche Maßnahmen wie die oben beschriebenen, allenfalls Teilaspekte der Problematik ansatzweise beheben, während andere – ebenso gravierende – Problembereiche eher verstärkt werden, wie es häufig bei „Lösungen" vorkommt, die an den Symptomen, nicht aber an den Ursachen ansetzen.

Gerade die Ursachen – namentlich die Informationsprobleme – sind natürlich in diesem Fall nur schlecht zu verhindern, da sie essenzielle Wesenszüge der Neuen

Ökonomie darstellen. Allenfalls in jenen Grenzbereichen, wo das Verhalten teilweise fließend ins Kriminelle überging, können schärfere Grenzen gezogen werden. Ebenso wie versucht wird, die Mitarbeiter in der New Economy stärker an „ihr" Unternehmen zu binden, so muss das gleiche z.B. auch für den Gründer selbst gelten. Wesentlicher ist aber wahrscheinlich, dass die entsprechenden Vergehen hart geahndet werden, um klare Signale zu setzen. Das wissentliche Täuschen von Anlegern darf unter keinen Umständen rentabel sein. Dennoch sind die Eingriffsmöglichkeiten auch hier gering. Wie im Folgenden nochmals kurz herausgehoben werden soll, sind aber auch – entgegen des Bildes, das aufgrund der Probleme entstanden sein mag – erhebliche Eingriffe kaum notwendig.

4.3.6 Fazit

Genauso, wie Hoffnungen übersteigert waren, die Neue Ökonomie könnte innerhalb kürzester Zeit die Welt vollständig verändern, so werden sich auch die jetzt geäußerten Befürchtungen, die New Economy sei am Ende, kaum bewahrheiten. Während noch vor wenigen Jahren alles zu Gold geredet wurde, was auch nur im entferntesten mit Computern oder besser noch Internet zu tun hatte, so mag heute alles schlecht geredet werden. Nichtsdestotrotz bieten Informations- und Kommunikationstechnologien großes Potential. Der massive Einbruch ist z.T. auf eine gerechtfertigte Gesundschrumpfung zurückzuführen, die dann aber einen Abwärtstrend eingeleitet hat, der aufgrund der genannten Probleme nur schwer zu stoppen war.

Kurzfristig wird der Markt für Start-Ups aufgrund des Mangels von Risikokapital mit Sicherheit ein schwieriges Terrain.

Dennoch ist großartiger Aktionismus unangebracht. Dieses Fazit mag angesichts der These, dass eine gewisse Instabilität der Neuen Ökonomie inhärent ist, verwundern. Aber allein diese Instabilität rechtfertigt keine Eingriffe, vor allem da die in Betracht kommenden Eingriffe meist eher schaden als nutzen. Und trotz dieser, auch durch staatliches Handeln kaum korrigierbaren Probleme ist die aktuell zu beobachtende Panikmache unangebracht. Sie ist nichts weiter als ein – hoffentlich letzter großer – Ausdruck der beschriebenen Informationsproblematik. Hohe Volatilität ist sicher nichts, was der Anleger sich wünscht, es ist aber auch nichts, womit der Markt nicht umzugehen wüsste. Mit der Zunahme der üblichen Firmengröße und der verstärkten Nutzung von Fonds, sind bereits zwei Mittel gefallen über die der Markt selbst eine Risikobegrenzung erreichen kann. Und eben dieses fallende Risiko macht dann auch – in einem weiteren Schritt – Panikreaktionen wie die aktuelle unwahrscheinlicher. Hinzu kommt, dass die Informationsprobleme sicherlich nicht wegfallen werden, aber ebenso sicher ist es, dass sie abnehmen werden. Während bisher die New Economy an sich neu war, wird in Zukunft zwar das spezielle Produkt oft eine Neuheit sein, der generelle Umgang mit dem Sektor wird aber klarer. Besonderheiten mit denen der Anleger noch keine Erfahrung hatte, wie die Bedeutung von Netzwerkeffekten und die von Humankapital als Vermögensbestandteil werden in die Aktienbewertung integriert werden. Es ist durchaus richtig, wenn neue Wettbewerber, die gegen einen von Netzwerkeffekten profitierenden „Verteidiger" antreten, entsprechend vorsichtig bewertet werden. Risiko an sich ist nicht problematisch, wenn es entsprechend kalkuliert wird. Risiko ist vielmehr die wesentliche Grundlage unternehmerischen Handelns. Das Problem der New Economy war nicht das Risiko an sich, sondern vielmehr die Fehleinschätzung desselben.

Die Art der Personal- und Entlohnungspolitik kann durchaus zum wesentlichen Bestandteil der Wertschätzung einer Firma avancieren. Allein die Tatsache, dass diese Felder bisher weniger relevant waren, als es nun der Fall ist, heißt nicht, dass eine höhere Bedeutung schlecht sein muss.

Auch größere Schwankungen im Erfolg einer (kleinen) Firma sind nicht prinzipiell negativ zu beurteilen. Gerade diese Härte fördert den Wettbewerb und die Effizienz. Bereits der große Schumpeter kennzeichnete den Wettbewerb als einen „Prozess der schöpferischen Zerstörung".

Alles in allem bleibt zwar, dass die Neue Ökonomie durchaus „anders" ist, aber sie folgt dennoch den altbekannten Gesetzen. Es muss, wie überall, gelten, dass Fehlentscheidungen von Wirtschaftssubjekten, auch wenn sie häufig eintreten, kein Grund für sinnlosen Interventionismus sein sollten. Eingriffe, die unter Umständen gar nicht lange aufrechterhalten werden können oder zusätzlich verzerrend wirken, täuschen den Anleger eher über die wahre Risikostruktur der Branche hinweg und können so langfristig die Probleme nur verschärfen.

5 Funktionserfordernisse für die Neue Ökonomie

Die technische Entwicklung der letzten Jahre bzw. des letzten Jahrzehnts ist kein Selbstläufer. So haben es z.B. die Amerikaner geschafft, deutlich mehr von den neuen Technologien zu profitieren, als es in Europa, insbesondere in Deutschland, der Fall war. Warum konnte Europa im Vergleich zu den USA nur so wenig Durchdringung mit den neuen Technologien erreichen? Warum haben sich die Europäischen High-Tech-Indices als deutlich instabiler erwiesen?

Die Antwort liegt auf der Hand. Letztlich kann keine noch so positive technische Entwicklung die wirtschaftlichen Rahmenbedingungen vollständig außer Kraft setzen. Diese Rahmenbedingungen sind es, die den Vereinigten Staaten ihren Vorsprung verschafften.[253] Doch es bleibt die Frage, welche Rahmenbedingungen für den Erfolg der Neuen Ökonomien wesentlich sind. Schon vorher unterschieden sich die wirtschaftspolitischen Agendas diesseits und jenseits des Atlantiks enorm, doch selten klafften die Resultate derart weit auseinander, so dass die USA den größten Boom ihrer Geschichte erlebten, während in Europa der Stillstand Einzug hielt.

Neben auffälligen Defiziten in Bezug auf die ordnungspolitischen bzw. institutionellen Rahmenbedingungen werden auch Defizite hinsichtlich des Angebots der benötigten Produktionsfaktoren beklagt.

Mittlerweile stellt man sich teilweise auch in der Politik diesen Problemen. Seit einigen Jahren wird mehr oder minder entschlossen versucht, Programme ins Leben zu rufen, die die Rahmenbedingungen für die New Economy verbessern können. Dabei werden (wenn auch nur für diesen Sektor) durchaus Themen angegangen, die für die Gesamtwirtschaft lange als politische Tabuthemen betrachtet wurden, wie die Flexibilität von Arbeitszeiten.[254] Im folgenden Kapitel soll herausgearbeitet werden, was genau die Rahmenbedingungen sind, die in einer Volkswirtschaft existieren müssen, um von der Neuen Ökonomie profitieren zu können. Dabei sollen sowohl politisch nur teilweise tangible Anforderungen an die Faktorausstattung untersucht werden, als auch die institutionellen Rahmenbedingungen, die gegeben sein müssen, dass derart flexible Branchen prosperieren können.

---

[253] Schulte-Noelle (2001), S. 33.
[254] Theuringer (2000), S. 179.

5.1 Erfordernisse in Bezug auf Produktionsfaktoren

5.1.1 Humankapital

Die Frage hier ist die, ob und wie der Staat handeln muss bzw. welche Rahmenbedingungen er schaffen muss, dass hinreichend Humankapital für eine prosperierende Neue Ökonomie zur Verfügung steht. Dabei geht es zum einen um den Aspekt, inwieweit ein systematischer Mangel, wie er in Deutschland oft unterstellt wird, wirklich existiert und zum zweiten darum, ob der Staat hier wirklich effizienzfördernd handeln kann.

Immer wieder wird angeführt, dass Deutschland in der Humankapitalbildung gerade im Vergleich zu den Vereinigten Staaten hinterherhinke. Dabei beschränken sich derartige „Studien" teils auf Aussagen, die nur konstatieren, Deutschland habe weniger Hochschulabsolventen, weniger Informatiker, weniger Ingenieure usw.[255]

Eine solche Vereinfachung ist aus zwei Gründen unzulässig: Erstens ist es generell nicht zulässig, allein aus geringeren Quoten auf ein Defizit zu schließen. Ökonomische Effizienz auch in Sachen Humankapital kann kein Wettrennen um die höchsten Investitionen in Humankapital sein, vielmehr muss eine optimale Menge gefunden werden.

Zweitens berücksichtigen solche stark vereinfachenden Betrachtungen nicht die Unterschiede zwischen den formalen Bildungsabschlüssen, die allein aus der Nomenklatur der akademischen und nichtakademischen Grade entstehen und somit nicht auf faktische Unterschiede zurückzuführen sind. Betrachtet man z.B. separiert einigermaßen vergleichbare Abschlüsse, so wandeln sich die Ergebnisse eines solchen Vergleiches signifikant. So ist z.B. die Quote der Master-degrees in den Vereinigten Staaten fast identisch mit der Quote der Universitätsabschlüsse in der Bundesrepublik von ca. 8 % der Bevölkerung. Der in den USA sichtbare Vorsprung an Hochschulabschlüssen ist somit auf die hohe Zahl an Bachelor-Degrees zurückzuführen (17 % im Vergleich zu nur 7 % FH Absolventen).[256]

---

[255] Vgl. Cornetz, Schäfer (2000), S. 349.
[256] Zu den Daten vgl. Freeman, Schettkat (1998) nach Bosch (2000), S. 264.
Dabei ist allerdings fraglich, inwiefern die verschiedenen Abschlüsse tatsächlich miteinander vergleichbar sind. Die Meinungen in dieser Frage divergieren beträchtlich. Während primär auf die Ausbildungsjahre abstellende Analysen einen Fachhochschulabschluss mit einem Bachelor's Degree gleichsetzen, kritisieren andere eine solche Vereinfachung scharf. So wird betont, dass gerade durch den hohen Teil der Studienanfänger die ersten beiden Studienjahre im Rahmen eines Bachelor Programmes für den Erwerb grundlegender Fertigkeiten benötigt würden und somit die Anfänger erst auf ein untereinander ähnliches Niveau – vergleichbar zum deutschen Abitur – bringen. Ein vierjähriges Bachelor Programm wäre somit bestenfalls vergleichbar mit dem deutschen Vordiplom. Die tatsächlichen Unterschiede in der Humankapitalausstattung sind

Fakt ist allerdings, dass die Unternehmen aus dem High-Tech-Bereich in den letzten Jahren immer wieder größere Lücken im Bereich hochqualifizierter Mitarbeiter monieren. Wenn also faktisch Lücken auftreten, muss die Frage gestellt werden, woher diese Lücken kommen. Vor allem scheinen die Daten auf den ersten Blick zumindest im höchstqualifizierten Bereich der Universitätsabsolventen diese Lücke nicht zu bestätigen, es sei denn, der Bedarf wäre im Vergleich zu den USA groß. Angesichts des noch kleineren IT-Sektors scheint diese Erklärung aber ausschließbar. Die Lücke liegt also nicht generell bei den hochqualifizierten, sondern vielmehr im Bereich der niedrigen akademischen Abschlüsse, die zwar einen Teilbereich der Hochqualifizierten darstellen, aber nicht mit diesem Bildungssegment gleichzusetzen sind.

Teilweise konnte diese Differenz bisher kompensiert werden durch die hervorragende Stellung Deutschlands im Bereich der mittleren Bildungsabschlüsse wie Abitur oder Berufsausbildung, vor allem, da in vielen Ländern auch diese Abschlüsse durch kurze „Studiengänge" erbracht werden und somit in diesen Staaten zur Akademikerquote zählen.[257] Einschränkend muss allerdings hier gesagt werden, dass eben in jenem Bereich, wo besagte Nachfrageüberhänge auftreten, diese Substitution von qualifizierter akademischer Ausbildung schwer fällt. Gerade im teilweise sehr abstrakten IT-Bereich ist ein entsprechend theorielastiges und spezialisiertes Studium kaum umgänglich, was Ausbildung – geschweige denn Schule – in dieser Form allerdings nicht erbringen kann.

Wie kann also der Mangel an hochqualifizierten Mitarbeitern in bestimmten Sektoren (denn so muss die Sachlage korrekt betrachtet werden) erklärt werden? Die in Deutschland fast vollständig vom Staat bereitgestellte Bildung sollte, könnte man vermuten, deutlich mehr genutzt werden als das im Regelfall teure amerikanische Bildungssystem.

5.1.1.1 Verzögerte Entwicklung

Ein wesentlicher Grund für den Mangel mag sein, dass der Boom der New Economy in Deutschland verzögert einsetzte. Letztlich kann dies bewirkt haben, dass Deutschland in der technischen Entwicklung durch einen zügigen Konvergenzprozess durch gute Möglichkeiten des Technologietransfers schneller vorankam, als dies am Arbeitsmarkt umgesetzt werden konnte. Deutsche Firmen haben also unter Nutzung ausländischen Wissens produziert und auch eigene technologische Fortschritte durch die Basis hochqualifizierter Kräfte geschaffen, bevor ausreichend

---

somit nur schwer feststellbar. Vgl dazu u.a. die Working Papers von Freeman, Schettkat aus dem Jahr 2000 und Kohl, Zapf, Fludernik (2002).

[257] iwd 4. April 2002 S. 5.

passendes Humankapital durch die Bildungsinstitutionen zu Verfügung gestellt werden konnte. So muss beachtet werden, dass ein Universitätsstudent i.d.R. mindestens 4,5 und selbst ein FH-Absolvent mindestens 3,5 Jahre bis zum ersten qualifizierenden Abschluss benötigt.

Letztlich kann durch eine so schnelle Verlagerung der erforderlichen Qualifikationsstruktur eine nicht unerhebliche Mismatch-Arbeitslosigkeit entstehen.[258]

5.1.1.2 Einkommensnivellierung

Ein zweiter Grund kann die deutlich in Richtung Einkommensnivellierung ausgerichtete Politik in der Bundesrepublik sein. Während schon seit langem immer wieder kritisiert wird, wie sehr die Steuerlast die Investition an sich (im Sinne von Investitionen in Produktionsanlagen) beeinträchtigt, sind Humankapitalinvestitionen bei solchen Überlegungen nur wenig berücksichtigt worden.

Es scheint offensichtlich, dass eine hohe Belastung des Einkommens generell die Anreize zur Investition in eigenes Humankapital mindert. Durch die Progression dürfte dieser Effekt bei potentiellen Wegen zum überdurchschnittlich guten Verdiener besonders stark auftreten.

5.1.1.3 Niedrige Bildungskosten

Die in Deutschland für jeden kostenlos verfügbare Bildung sollte an sich die Zahl der Studenten deutlich erhöhen und so die negativen Anreizwirkungen der Einkommensnivellierung zumindest teilweise kompensieren können. Teilweise mag dies in der Summe der Studenten auch der Fall sein – immerhin hat Deutschland ja den gleichen Anteil an Diplomstudenten wie die Vereinigten Staaten an Master-Studenten – aber gleichzeitig wird eine Fehlleitung der Humankapitalinvestitionen induziert bzw. die aus der Nivellierung entstehende Fehlleitung weiter verstärkt.

Die niedrigen Kosten führen dazu, dass die Ausrichtung bei der Studienwahl noch weniger von ökonomischen Bedarfskriterien bestimmt wird, als es alleine durch die oben beschriebene Nivellierungspolitik bereits der Fall wäre. Auf dem Arbeitsmarkt entstehende Signale des Mangels an Fachkräften über hohe Löhne werden also nur wenig – wenn überhaupt – von den Studienanfängern beachtet. Der Reiz des Studiums an sich tritt bei der Entscheidung in den Vordergrund.

---

[258] Zu Mismatch-Arbeitslosigkeit durch die New Economy vgl. Berthold, Fricke (2002). Berthold und Fricke konzentrieren sich hier allerdings stärker auf die Mismatch-Arbeitslosigkeit, die durch die Verlagerung im Anforderungsprofil von Gering- zu Hochqualifizierten entsteht und weniger durch Nachfrageverschiebungen zwischen verschiedenen Segmenten innerhalb des Bereiches der Hochqualifizierten.

144

Die Bildung von Humankapital in den betrachteten Bereichen mag durchaus mangelhaft sein. Hier sollte aber nicht versucht werden, durch diskretionäre Maßnahmen Detailsteuerungsversuche zu unternehmen, die allein aufgrund der dem Sektor inhärenten Veränderlichkeit kaum von Erfolg gekrönt sein können. Vielmehr müssen Rahmenbedingungen geschaffen werden, die systematisch Anreize schaffen, sich in den „aktuell marktfähigen" Technologien weiterzubilden. Das Humankapitalmangelproblem ist kein Problem der New Economy, wie die versuchte Lösung der Greencard suggeriert, sondern ein generelles Problem im Bereich anspruchsvoller Tätigkeiten, da wie ausführlich erörtert, die Renditen solcher Ausbildung relativ schrumpfen, durch hohe Einkommensnivellierung bei gleichzeitig kostenloser Ausbildung für alle Berufe. Eine Lösung darf sich also nicht zum öffentlichkeitswirksamen Aktionismus degenerieren, sondern muss das Problem als ein systematisches erkennen und entsprechend handeln. Ohne fundamentale Veränderungen in der Nivellierungspolitik können alle Lösungsversuche in diesem Bereich bestenfalls auf kurze Sicht von Erfolg gekrönt sein.

5.1.1.4 Mangelnde Abstufungen

Ein im Bildungssystem selbst liegender Grund für den Mangel an hochqualifizierten Absolventen wird klar, wenn man das in Deutschland herrschende Abschlusssystem nochmals vergleicht mit jenem Bildungssegment, in dem ein Nachfrageüberhang festgestellt werden konnte. Wie erörtert wurde, werden zwar zunehmend Mitarbeiter nachgefragt, bei denen die geforderte Qualifikation zwar mit Abitur oder Ausbildung noch nicht erbracht ist, für die aber andererseits ein Universitätsstudium sowohl zu lange dauert als auch zu sehr in die Tiefe geht, während Fachhochschulen unter Umständen durch ihr stark schulorientiertes System nur zu wenig Flexibilität bieten können. Der Mangel an Abstufungen von Abschlüssen im deutschen Universitätssystem könnte somit ein Grund sein für die wenig passend Qualifizierten. Ein Weg, der zwar nicht zu vollen akademischen Würden führt, aber dennoch auf sehr hohem Niveau, wenn auch in geringerem Maße als für ein Universitäts-Diplom erforderlich, Wissen vermittelt, ist in Deutschland nur eingeschränkt gangbar.

So wird auch in Deutschland die Forderung nach mehr Abstufungen an den Universitäten (z.B. durch Bakkalaureus-Abschlüsse) sowie durch einen verstärkten Auf- und Ausbau der Fachhochschulen laut.[259] Das deutsche Missverständnis bestand also darin, den Ruf nach mehr Hochqualifizierten mit der Forderung nach mehr Universitätsabsolventen gleichzusetzen. Vor allem ermöglicht eine Stufung der Abschlüsse – selbst wenn sie nicht wesentlich über eine Anerkennung des Vor-

---

[259] Schöning (2001), S. 96 f.

diploms als berufsqualifizierenden Abschluss hinaus ginge – berufsorientierte und
damit vor allem auch schnelle Studienabschlüsse anzubieten, ohne dabei die Universitäten zu zwingen ihre Ansprüche zu senken, um damit vielen Studenten, möglichst schnell zum Abschluss zu verhelfen. Letzteres würde zwar der aktuellen
Überschussnachfrage entgegenkommen, dabei aber gleichzeitig einen wesentlich
schwieriger zu behebenden Mangel im Bereich der Höchstqualifizierten ergeben.

5.1.2 Risikokapitalmarkt

Es wurde bereits im Zusammenhang mit der Volatilität der Aktienmärkte in der
New Economy angesprochen, wie wichtig der Zugang zu Risikokapital für einen
solchen Sektor ist.

Der Risikokapitalsektor, gemessen als Anteil der Risikokapitalinvestitionen am
BIP, ist in Deutschland verhältnismäßig gering. Aus dieser Feststellung den Schluß
zu ziehen, dass Risikokapitalmangel einen der Gründe für die geringe Ausbreitung
der Neuen Ökonomie in Deutschland darstellt, ist jedoch verfrüht. Wie z.B. Belke
und Fehn richtig erkennen, kann die Kausalität dieses Zusammenhangs auch umgekehrt sein[260], d.h. also, dass auch in Betracht zu ziehen ist, dass der Risikokapitalmarkt in Deutschland so schwach ausgeprägt ist, weil aufgrund anderer Faktoren, die u.a. das Wachstum der New Economy hemmen, die Nachfrage nach
Risikokapital nur gering ist.

Faktisch ist davon auszugehen, dass beide Faktoren eine Rolle spielen. Sicherlich ist der Risikokapitalsektor in Deutschland nur schwach ausgeprägt. Schon dass
auch die Risikokapitalfinanzierung in Deutschland primär über Banken abgewi-
ckelt wird, die grundsätzlich nur wenig für solche Aufgaben geeignet sind, da sie
das Risiko nicht an ihre Kunden weitergeben (können), schränkt die Effizienz dieses Sektor stark ein. Zusätzlich ist der relative Anteil der High-Tech-Branche am
Risikokapital in Deutschland geringer als in den Vereinigten Staaten. Benke und
Fehn mutmaßen daher, dass die Banken besonders schlecht im Selektieren erfolgs-
versprechender Geschäftsmodelle in diesem Bereich sind und daher die New Economy so wenig prosperieren kann.

Der Risikokapitalsektor in den USA ist mit 4,4 Prozent relativ zum Inlandspro-
dukt mehr als drei mal so groß ist wie Deutschland, wo er bei nur 1,3 Prozent liegt.
Betrachtet man hingegen nur den Anteil des Risikokapitals im Nicht-High-Tech-
Bereich relativ zum BIP, so fällt ins Auge, dass die Anteile in den USA und in
Deutschland mit jeweils knapp unter einem Prozent fast identisch sind. Der hohe
Unterschied kommt also fast vollständig durch unterschiedliche Risikokapitalbe-
reitstellung im Bereich der New Economy zustande. Es scheint unwahrscheinlich,

---

[260] Belke, Fehn (2002), S. 3.

dass der Bias zuungungsten der New Economy in der Risikokapitalvergabe durch Banken wirklich derartig groß sein soll, vor allem, da das ökonomische Argument, das diesen Bias begründen soll, mehr als zweifelhaft scheint. Die Informationsdefizite im Bereich der New Economy waren – wie gezeigt wurde – derart hoch, dass auch die spezialisierten Risikokapitalfirmen kaum Selektionsmöglichkeiten hatten. Im Gegenteil, die Banken hätten sogar einen Vorteil gehabt, dass sie über die Vergabe weniger riskanter Kredite hier in einem begrenzten Rahmen kurzfristige Verluste puffern könnten.

Diese Argumente dürfen nicht missverstanden werden als Bagatellisierung des Risikokapitalmarktproblems. Es sollte nur klargestellt werden, dass eine Reform der Rahmenbedingungen für den Risikokapitalmarkt keine Reformen in anderen Bereichen ersetzt, auch und gerade, wenn es um die New Economy geht. Gerade extreme Forderungen nach Förderung, wie die Forderung nach Erlaubnis für Pensionsfonds, ihr Geld teilweise als Risikokapital anzulegen[261], sind übereilt. Risikokapital dort zu fördern, wo Risiko definitiv nicht gefragt ist, führt langfristig nur zu noch mehr Risikoaversion. Und es ist die zunehmende Risikoaversion in der Bevölkerung, welche bereits unter Risikoverwirklichung zu leiden hatte, die dem Risikokapitalmarkt mehr schaden kann als unzureichende institutionelle Fundierung. Vor allem zeichnet sich in den letzten fünf Jahren eine durchaus positive Entwicklung ab. Insbesondere die Finanzierung von Unternehmen in ihrer ersten Entwicklungsphase, der sogenannten Seed-Phase, hat von knapp über 10 % auf 30 % der Beteiligungsinvestitionen zugenommen.[262] Dennoch wird der Wandel in diesem Bereich Zeit brauchen, schon allein, da einer der wesentlichen beschränkenden Faktoren der Mangel an qualifizierten Risikokapitalmanagern ist.[263] Unabhängig von den ordnungspolitischen Rahmenbedingungen für den Risikokapitalmarkt – die durchaus verbesserbar sind – sind weitere große Fortschritte hier erst mittelfristig zu erwarten.

Zusammenfassend scheint es wirklich, als würden noch andere Faktoren die schwache Entwicklung der New Economy verursachen, so dass auf dem Risikokapitalmarkt, dessen Ineffizienzen sicherlich auch eine Rolle spielen, von vornherein weniger Nachfrage aus diesem Sektor auftrifft. Diese anderen Faktoren umfassen nicht nur den im letzten Teilkapitel erörterten Mangel an Humankapital, sondern darüber hinaus noch eine Vielzahl von ordnungspolitischen Verfehlungen, die im nächsten Kapitel genauer dargelegt werden.

---

[261] Vgl. zu dieser Forderung Belke, Fehn (2002), S. 26.
[262] KfW (2001), S. 18.
[263] KfW (2001), S. 22.

5.2 Institutionelle Erfordernisse

Direkt in zweierlei Hinsicht kann die Wirkungsfähigkeit der New Economy beeinträchtigt werden. Einmal müssen die Voraussetzungen geschaffen werden, dass die New Economy überhaupt prosperieren kann. Wenn die politisch vorgegebenen Rahmenbedingungen der New Economy keinen Wachstumsspielraum gewähren und somit die IT-Branche selbst kaum wachsen kann, so darf es nicht verwundern, wenn auch ihre positiven Wirkungen eher eingeschränkt bleiben.

Aber selbst, wenn die New Economy wachsen kann, so ist noch nicht garantiert, dass sie die erhofften positiven Wirkungen auf Konjunktur und Wirtschaftswachstum – die ohnehin, wie gezeigt wurde, begrenzter sind als ursprünglich erhofft – überhaupt entfalten kann. Die große Flexibilität, die die New Economy ermöglicht, muss von ordnungspolitischer Seite her zwar nicht unterstützt, aber zumindest zugelassen werden, wie in den folgenden Abschnitten genauer analysiert werden soll.

Dass jene Wirkungen der aufkeimenden IT-Branche nur in den USA so massive, positive Effekte hatten – denn auch nach Ende des langen Aufschwungs darf nicht vernachlässigt werden, dass es der längste Aufschwung in den Vereinigten Staaten war – ist sicherlich nicht zuletzt darauf zurückzuführen, dass die USA mit mehr Freiheit für die Märkte den notwendigen Rahmen für die New Economy, wie er in den folgenden Abschnitten herausgearbeitet werden soll, wesentlich besser bereitstellten.

5.2.1 Flexible Gütermärkte

Um zu erkennen, wann die Neue Ökonomie ihre positiven Wirkungen entfalten kann, muss betrachtet werden, wie bzw. auf was sie überhaupt wirkt. Schon sehr früh wurde in der ökonomischen Theorie hervorgehoben, dass ein zentraler Aspekt der New Economy darin besteht, durch schnellere Informations- und Anpassungsgeschwindigkeiten Rigiditäten und damit Ineffizienzen zu beseitigen.

So ist eine der wichtigsten Anforderungen für die Rahmenbedingungen auch weniger mit der Wirkungsweise der Informations- und Kommunikationsbranchen als ihrer Wirkung selbst verknüpft. Diese Flexibilität, die der große Vorteil der New Economy ist, muss grundsätzlich zugelassen werden. Staatliche Strukturpolitik, die bestimmte Strukturen zementiert, kommt einem Verbot für die effiziente Nutzung der New Economy gleich. Sicherlich können innerbetriebliche Produktivitätssteigerungen nach wie vor genutzt werden, aber der große „makroökonomische Effekt" bleibt aus.

5.2.2 Flexible Arbeitsmärkte

Flexible Arbeitsmärkte – gewissermaßen ein besonders wesentlicher Spezialfall des obigen Arguments flexibler Märkte – sind direkt in zweierlei Hinsicht entscheidend für die Wirksamkeit der New Economy. Sowohl die New Economy in ihrer Existenz als auch in ihrer Fähigkeit wirken zu können, basiert auf der Flexibilität des Arbeitsmarktes, was die Freiheit des Arbeitsmarktes noch mehr als die genannte Freiheit der Märkte generell zu einer der wesentlichen Aufgaben staatlicher Politik macht.

Einmal gilt für Rigidität auf dem Arbeitsmarkt, was für Rigiditäten auf jedem Markt gilt: Sie hemmen und verlangsamen den Strukturwandel und erschweren die Möglichkeit, Chancen auf (positive) Veränderung zu nutzen. So gilt hier, was für alle Rigiditäten gilt, nämlich dass sie die Wirksamkeit der New Economy auf die Ökonomie als Ganzes erschweren.

Zum zweiten hat der Arbeitsmarkt – als einer der wesentlichen Faktormärkte der Neuen Ökonomie – aber, wie kurz angedeutet, auch eine wesentliche Bedeutung für die New Economy selbst: Unternehmen aus der High-Tech-Branche, die ihr Geld mit Innovation verdienen, sind, wie im Kapitel über die Volatilität der Neuen Ökonomie ausführlich analysiert wurde, einem inhärent höheren Risiko ausgesetzt. Rigidität auf dem Arbeitsmarkt bedeutet eine nicht unwesentliche Vergrößerung dieses Risikos, was viele – an sich sinnvolle – Unternehmen gar nicht erst entstehen lässt. Ein potentieller Unternehmer, der weiß, dass er sich im Falle eines Scheiterns nicht zügig aus dem Geschäft zurückziehen kann, da er bis zur totalen Überschuldung und der logischen Konsequenz, dem Konkurs, an die Mitarbeiter gebunden ist, wird sich zweimal überlegen, ob die Gewinnchancen das Risiko Wert sind.

Auch dies ist einer der Gründe – wenn nicht sogar der wesentliche Grund –, warum die New Economy sich in Deutschland nie derart entfaltet hat, wie jenseits des Atlantiks. Hier konnte die Volatilität der Marktentwicklung in ausreichendem Maße weitergegeben werden, und das war es, was erst die Firmengründung so attraktiv gemacht hat.

Aber auch für andere Sektoren, also eben für jene Unternehmen die nicht der New Economy angehören, wird die Arbeitsmarktflexibilität zunehmend wichtig. Durch den beschleunigten Informationsfluss und die damit einhergehende schnellere Abstrafung durch den Markt wird die Reaktionsgeschwindigkeit zu einem zentralen Aspekt der Unternehmensführung. Einige Autoren gehen dabei so weit, von einem neuen Unternehmensführungsparadigma der „economies of speed" zu sprechen.[264] Rigiditäten auf dem Arbeitsmarkt, die die Reaktionsfähigkeit der Unternehmen senken, wirken so im härter werdenden Wettbewerb noch schwerwiegender als es ohnehin schon der Fall war.

---

[264] Vgl. Koch, Claus, Köhne (2003), S. 4.

149

Kritiker bezweifeln diese Forderungen nach Flexibilität und versuchen, die Entwicklung der New Economy im Bezug auf die „Marktgeschwindigkeit" ins Reich ökonomischer Legenden zu verbannen.[265] Dafür wird ein Argument ins Feld geführt, das in dieser Form nicht haltbar ist:

Es wird vorgebracht, dass sich die New Economy nicht schneller ausbreite, als die Eisenbahn – als eine der früheren Basisinnovationen – sondern sogar eher langsamer und damit kaum eine Beschleunigung feststellbar wäre. Dabei wird angeführt, dass die Verbreitung von Computern seit 1945, wo Zuse seinen ersten Rechner baute, nicht mehr derart extrem scheint, wenn man den langen Zeitraum – immerhin 58 Jahre – mitberücksichtigt.

Diese Argumentation weist direkt zwei Fehler auf: Erstens ist die Geschwindigkeit der Verbreitung kein Maßstab für Geschwindigkeitsänderungen im Informationsfluss (und letztlich machen diese die erhöhte Flexibilität notwendig) dort, wo die neuen Technologien bereits verbreitet sind. Zweitens ist die entscheidende Innovation nicht der Computer an sich, sondern vielmehr die dadurch ermöglichte Innovation der Computervernetzung, die die entscheidenden Schritte ermöglichte. Der betrachtete Zeitraum von fast sechs Jahrzehnten schrumpft so auf ein Drittel.

Wie wichtig der Arbeitsmarkt überall dort ist, wo die neuen Technologien stark verbreitet sind, lässt sich an einer empirischen Studie von Neumark und Reed erkennen, in der gezeigt wird, dass der Anteil „moderner" Beschäftigungsformen, die sich primär durch höhere Flexibilität auszeichnen, überall dort, wo der IT-Sektor eine große Bedeutung hat, besonders stark ausgeprägt ist.[266]

5.2.3 Offenheit der Märkte

Was auf nationaler und regionaler Ebene gilt, verliert auf internationaler Ebene kaum an Bedeutung. Auch hier ist, wie dargelegt wurde, die Intensivierung der Arbeitsteilung eine der größten Chancen auf Wohlfahrtsgewinne, die die New Economy bietet. Aber auch hier kann sich der Strukturwandel nur dann vollziehen, wenn er von staatlicher Seite nicht aus vermeintlichen nationalen Interessen heraus systematisch verhindert wird. Der immer günstiger werdende internationale Handel kann nur dann optimal genutzt werden, wenn man die Handelsströme ungehindert fließen lässt und damit auch die Nutzung der komparativen Vorteile überhaupt erlaubt.

Auch hier steht Europa klar hinter den Vereinigten Staaten von Amerika. In einer übertriebenen Furcht, durch freien Handel mit Entwicklungsländern, deren Sozialprodukt Bruchteile dessen der ärmeren EU-Staaten beträgt, wurden in vielen

---

[265] Vgl. zu einer solchen Position z.b. Tichy (2002), S. 4 ff.
[266] Neumark, Reed (2002), insbesondere S. 23 f.

Bereichen protektionistische Barrieren aufgestellt, um den freien Handel zu unterbinden.

5.2.4 Der Schutz geistigen Eigentums

Im Rahmen staatlicher Ordnungspolitik wird eine der großen Herausforderungen für die nächsten Jahre sein, den Schutz geistigen Eigentums zu garantieren. Die Bereitstellung einer geeigneten Rechtsordnung, die den Schutz von Privateigentum an sich garantierte, war immer schon eine wesentliche Aufgabe des Staates, um das Funktionieren des Marktes zu ermöglichen. Prinzipiell gehörte dazu immer schon der Schutz geistigen Eigentums. Mit steigender Bedeutung geistigen Eigentums als Wirtschaftsfaktor und vor allem mit sinkenden Informations- und Kommunikationskosten, die so den Selbstschutz dieses Eigentums erschweren, nimmt allerdings die Bedeutung entsprechender Politik zu.

Wie schon beim Arbeitsmarkt ist, die Bereitstellung der notwendigen Rahmenbedingungen, die ein Funktionieren des Marktes gewährleisten, hier doppelt wichtig, da Information nicht nur ein wesentliches (wenn nicht das bedeutendste) Gut der New Economy ist, sondern durch die New Economy generell sowohl als Input- wie als Outputfaktor an Bedeutung gewonnen hat.

Es wurde gezeigt, dass der Wert einer Information mit ihrer Exklusivität stehen und fallen kann. Wenn der Staat den Schutz von Information nicht in hinreichendem Maße gewährleisten kann, kann ein Markt für Informationsprodukte kaum zustande kommen. Die New Economy ist in einer solchen Lage von vornherein zum Scheitern verurteilt.

5.2.5 Bürokratieminimierung – Deregulierung

Ebenso wie die Neue Technologie Transaktionskosten senkt, kann übergroßer bürokratischer Überbau die Transaktionskosten nicht unerheblich erhöhen. Transaktionskosten sind eine Variable, die nicht nur durch die Neue Ökonomie nicht unerheblich beeinflußt wird, sondern die darüber hinaus für die New Economy selbst sehr bedeutend ist. Es liegt in der Natur der New Economy, dass viele Firmen in verhältnismäßig kurzer Zeit gegründet werden. Viele dieser Firmen entstehen zunächst aus einer einzigen Idee, wobei erst der Markt die Selektion übernimmt, welche Ideen zu langfristig im Markt bestehenden Unternehmen heranreifen und welche die Seed-Phase nicht überleben.

Übermäßige Barrieren im Bereich der Unternehmensgründung sind daher für die Neue Ökonomie noch problematischer, als sie es in der alten Ökonomie ohnehin schon sind. Und auch in diesem Bereich schneidet die Bundesrepublik – wie schon

bei den anderen Faktoren, die das Wachstum der New Economy beeinflussen –
eher negativ ab. In einer OECD Studie aus dem Jahr 2001 waren die Barrieren für
Unternehmensgründungen lediglich in 5 von 21 untersuchten OECD-Staaten
größer als in Deutschland. Sowohl im Bereich der administrativen Anforderung als
auch im Bereich der Transparenz staatlicher Regulierungsmaßnahmen schneidet
Deutschland im unteren Drittel ab.[267]

5.3 Die besondere Bedeutung der Rahmenbedingungen im Kontext der New Economy: Der Standortwettbewerb

Mehr noch als es für andere Sektoren der Fall ist, spielen die Rahmenbedingungen
eine entscheidende Rolle im Standortwettbewerb um die New Economy. Ebenso,
wie die New Economy den Wettbewerb an sich anregt, so regt sie auch den Standortwettbewerb an, sowohl bezogen auf die neuen Sektoren selbst als auch (wenn
auch in geringerem Maße) bezogen auf die alten Sektoren.

5.3.1 Der Standortwettbewerb um die New Economy

Für viele Teilsektoren der High-Tech-Branche ist die Mobilität von Unternehmen
deutlich größer, als es in den traditionellen Sektoren der Fall ist. Die niedrige Ausstattung mit Sachkapital, die in einigen Bereichen der New Economy, wie z.B. der
Softwarebranche, kennzeichnend ist, erlaubt die Verlagerung von Unternehmensor-
ten, ohne dabei schwer verkäufliche Sachinvestitionen als sunk costs abschreiben
zu müssen. Die Standortbindung solcher Unternehmen ist dementsprechend gering.

Diese Mobilität setzt jene Standorte unter Zugzwang, die die New Economy als
Sektor nicht verdrängen wollen. Mobilität bedeutet Abwanderungsmöglichkeiten,
und Abwanderungsmöglichkeiten wiederum bieten ein glaubwürdiges Drohpoten-
tial.

Vor allem fällt es im Bereich der New Economy schwer, auf die „ererbten"
Standortvorteile wie z.B. eine gut ausgebaute Infrastruktur aufzubauen. Gerade im
Bereich des Softwareengineering z.B. sind nur sehr spezielle (und verhältnismäßig
günstige) Infrasturkturanforderungen wie z.B. Anschluss an das Internet wesentlich. Im Gegensatz zu den traditionellen Industrieprodukten sind Autobahnen,
Eisenbahnnetze und andere Verkehrswege, die nur langsam aufgebaut werden können, für den Produktionsstandort von Software nicht mehr relevant.[268] Durch den
faktischen Wegfall dieses Standortfaktors in einigen Teilbereichen gewinnen wiederum die politischen Rahmenfaktoren an Bedeutung. Um Unternehmen dieser

---

[267] OECD (2001), S. 18.
[268] Raffa, Esposito, Iandoli, Bruno (2002), S. 334.

152

Branchen halten zu können, sind daher effiziente Arbeits- und Kapitalmärkte, Schutz von intellektuellen Property Rights und andere ordnungspolitische Standortfaktoren so gut wie ausschließlich ausschlaggebend.

5.3.2 Verschärfter Standortwettbewerb durch die New Economy

Eine der wesentlichen Eigenschaften der New Economy ist die Transaktionskostensenkung, die sowohl Flexibilisierung als auch zunehmende Arbeitsteilung möglich macht. Räumliche Distanz verliert (für Informationsprodukte im Besonderen aber auch im Allgemeinen) zunehmend an Bedeutung für die Durchführung von Transaktionen. Auch den Unternehmen der Old Economy insbesondere den nicht an einen Standort gebundenen multinationalen Konzernen wird so die Nutzung lokaler Vorteile erleichtert.[269] Der Wettbewerbsdruck im Bezug auf die Standortfaktoren wird zunehmend größer[270]:

Erstens wird auch Arbeitsteilung innerhalb von Unternehmen auf globaler Ebene leichter. Abnehmende Kommunikationskosten machen es möglich, die einzelnen Abteilungen zwischen Regionen oder gar Kontinenten aufzuteilen, ohne dass Kommunikationsbarrieren die Effizienz zu stark einschränken.

Zweitens steigt auch für die Standorte genau wie für die einzelnen Unternehmen der Wettbewerbsdruck durch zunehmende Information beziehungsweise durch abnehmende Transaktions- und Verhandlungskosten. Solange bereits die Evaluation eines möglichen Standortes teuer ist, bietet es sich an, die Evaluation auf jene Standorte zu beschränken, die ex ante für die wahrscheinlichsten Auswahlen gehalten werden. Die Schwelle, einen Standort dabei in die Evaluation mit aufzunehmen, sinkt mit der Zahl der bereits aus Erfahrungen verfügbaren Informationen. Allein aus diesem Grund hatten die alten Industriestaaten traditionell einen Vorteil im Wettbewerb um interessante Firmen- bzw. Produktionsstandorte. Dieser Wettbewerbsvorteil schwindet nun. Mehr als vor einem Jahrzehnt müssen sich heute die Industriestaaten untereinander aber auch gegenüber Schwellen- und Entwicklungsländern im Standortwettbewerb behaupten.

Diese Bedeutungszunahme der ordnungspolitischen Rahmenbedingungen macht es so wichtig, dass auch in der Politik verstanden wird, dass die zunehmenden Forderungen nach Liberalisierung angesichts der New Economy nicht etwa – wie Zerdick, Piciot et. al. mutmaßen[271] – eine Flucht in veraltete Werte ist, sondern vielmehr eine explizit aus den Besonderheiten der New Economy erwachsende Anforderung.

---

[269] Witt (2001), S. 31.

[270] Zu einer ideengeschichtlichen Übersicht zum Thema der Wirkungen von Systemwettbewerb vgl. Bernholz, Streit, Vaubel (1998).

[271] Vgl. Zerdick, Picot, et. al. (2001), S. 282 ff.

6 [Gesamt-]Fazit

Im Wesentlichen mit dem Platzen der Börsenblase auf den High Tech Märkten im späten Frühjahr 2000 platzten auch die hochgesteckten Hoffnungen, die mit der New Economy verbunden waren. Der Traum eines dauerhaften Wachstums ohne oder zumindest fast ohne Konjunkturschwankungen erwies sich als nicht länger haltbar.

Es ist darüber hinaus festzustellen, dass die New Economy weitere Probleme mit sich brachte beziehungsweise verschärfte. Die Volatilität auf den Güter- und insbesondere den Aktienmärkten wurde erheblich erhöht. Durch schnellere und bessere Informationsausbreitung und die dadurch abnehmenden Informationsasymmetrien zwischen den Wirtschaftssubjekten wurde Parallelverhalten auf den Märkten in einer Form verstärkt, die große und damit potentiell destabilisierende Schocks wahrscheinlicher machte als es noch vor 10 oder 20 Jahren der Fall war. Hinzu kommen wiederum die massiven Informationsdefizite und auch Informationsasymmetrien, die der Neuen Ökonomie selbst immanent sind.

Doch weder diese hier genannten Probleme noch die Tatsache, dass die neuen Technologien keinen Wirtschaftsaufschwung mit sich brachten, der sich einem Perpetuum Mobile gleich in alle Ewigkeit selber antreibt, dürfen missverstanden werden als eine Todesdiagnose für die Neue Ökonomie. Der übersteigerte Pessimismus, der sich angesichts der desolaten Lage des NEMAX, die schließlich zu dessen Auflösung führte, in Bezug auf die New Economy gerade in Deutschland ausbreitet und die New Economy totredet, ist ebenso eine Überreaktion, wie es die Hoffnung auf dauerhaftes, schwankungsfreies Wirtschaftswachstum durch die New Economy, vergleichbar mit der vermeintlichen amerikanischen Entwicklung, gewesen ist.

Die New Economy, verantwortlich für die wahrscheinlich wesentlichsten Prozessinnovationen der letzten Jahrzehnte, hat durchaus das Potential Wirtschaftswachstum, die Funktion der Wettbewerbsordnung und die Globalisierung der Weltwirtschaft insbesondere durch die transaktions- und informationskostensenkende Wirkung signifikant und nachhaltig zu fördern. Wenn auch eine Gesundschrumpfung erfolgen musste, bei der viele sinnlose Projekte, die lediglich im Licht der übersteigerten Erwartungen Finanzierung fanden und in deren Sog auch einige Projekte, die vielleicht durchaus Zukunftspotential hatten, beendet werden mussten, so hat die New Economy doch unübersehbare Änderungen mit sich gebracht: Indien und andere Entwicklungsländer treten plötzlich in High-Tech-Sektoren in Konkurrenz mit den alten Industrienationen. Der amerikanische Aufschwung mag zwar nicht ewig gewesen sein, aber er hatte doch eine Länge, die zuvor für unmöglich gehalten wurde.

Trotzdem darf man sich nicht zu der Vorstellung verleiten lassen, dass die New Economy neuen ökonomischen Regeln folgt. Diese zeitweise populäre Vorstellung ist unhaltbar. Die New Economy ist gekennzeichnet durch spezifische Probleme, die hier in deutlich größerem Maße, als es bisher der Normalfall gewesen ist, auftreten. Dazu gehören neben den Netzwerkeffekten (und den sich daraus ergebenden Wettbewerbswirkungen) und der Sonderstellung des Humankapitals sowie der daraus resultierenden Property-Rights-Problematik nicht zuletzt die in diesem Sektor auftretenden Informationsasymmetrien und die sich daraus ergebenden Möglichkeiten von Moral-Hazard. Nichtsdestotrotz entziehen sich diese Probleme weder klassischen ökonomischen Analysemethoden noch sind die meisten von ihnen unbekannt. Die ökonomischen Gesetzmäßigkeiten sind die gleichen geblieben, lediglich die Fakten, auf die diese angewandt werden, haben sich verändert. Und eben diese Veränderung der Fakten ist es, die auch wirtschaftspolitisches Handeln in einigen Bereichen notwendig macht.

Im voranstehenden Kapitel wurden diese wirtschaftspolitischen Forderungen näher analysiert. Im Wesentlichen entpuppten sie sich als ein Plädoyer für eine klassische ordoliberale Wirtschaftspolitik. All diese Forderungen sind sicherlich nichts Neues und auch nichts, das nur der Neuen Ökonomie auf die Sprünge helfen kann. Dennoch nehmen sie im Zusammenhang mit der Neuen Ökonomie eine zentrale Rolle ein, da die New Economy noch mehr als andere Wirtschaftszweige auf eine solch liberale Politik angewiesen ist. Die Neue Ökonomie hat eben durch die erhöhte Flexibilität und Anpassungsgeschwindigkeit aufgrund der besseren Informationsausbreitung den Wettbewerbsdruck so erhöht, dass Wettbewerbsverzerrungen und falsch gesetzte Incentives deutlich problematischer wirken können als bisher. Und so verwundert es auch nicht, dass die richtige Wirtschaftspolitik die gleiche bleibt, die sie schon immer war. Lediglich ist ihre Durchführung heute wichtiger denn je. Der Wettbewerbsdruck, der heute auf den Unternehmen lastet und sich auf den Standortwettbewerb überträgt, kann selbst kleine Fehler bestrafen. Investitionen werden weltweit an den effizientesten Standorten getätigt, wie gerade die amerikanische Entwicklung der letzten Jahrzehnte zeigt. Wenn Europa aufholen und nicht gegenüber den USA und den ostasiatischen Konkurrenten zurückfallen will, sind daher massive Liberalisierungsmaßnahmen unumgänglich. Nur so können sich Old und New Economy zu ihrem vollen Potential entfalten.

Literatur

Albers, Sönke: Nur wenige Internethändler werden hohe Gewinner erzielen, in: Schmidt, Holger (Hrsg.): Die Potentiale der Internet-Ökonomie, Frankfurt 2001, S. 69 – 74.

Alic, John A.: Knowledge, Skill, and Education in the New Global Economy, in: Futures, Vol. 29, 1/1997, S. 5 – 16.

Anstötz, Karin: Die Finanzierung junger Unternehmen des Neuen Marktes, in: WISU, August/September 2002, S. 1086 – 1092.

Arrow, Kenneth J.: Economic Welfare and the Allocation of Ressources for Invention, in: NBER (Hrsg.): The Rate and Direction of Inventive Activity: Economic and Social Factors, Princeton 1962, S. 609 – 625.

Bartmann, Dieter: Das Internet ist die "strategische Waffe" der Großbanken gegen die kleinen Institute, in: Schmidt, Holger (Hrsg.): Die Potentiale der Internet-Ökonomie, Frankfurt 2001, S. 75 – 82.

Becker, Gary S.: Human Capital: a theoretical and empirical analysis, with special reference to education, New York 1993.

Becker, Gary S.; Murphy, Kevin M.: The Division of Labor, Coordination Costs, and Knowledge, in: The Quarterly Journal of Economics, Vol. 107, 4/1992, S. 1137 – 1160.

Becker, Gary S.: Human Capital, Chicago 1964, 3. Auflage 1993.

Becker, Klaus-D.; Fremmer, Hans: Formen der Mitarbeiterkapitalbeteiligung in kleinen und mittleren Unternehmen, in: Angewandte Arbeitswissenschaft, Vol. 169, 2001, S. 1 – 23.

Behr, Giorgo: Rechnungslegung und Bewertung in der New Economy, in: Der Schweizer Treuhänder, 10/2000, S. 1115 – 1124.

Belke, Ansgar; Fehn, Rainer: Unterentwickelter Risikokapitalmarkt und geringe Beschäftigungsdynamik: Zwei Seiten der selben Medaille im strukturellen Wandel, Würzburg 2002.

Bernholz, Peter; Streit, Manfred E.; Vaubel, Roland: Introduction and Overview, in: DIES. (Hrsg.), Political Competition, Innovation and Growth: A Historical Analysis, Berlin 1998, S. 3 – 11.

Berthold, Norbert; Fricke, Holger: New Economy und Mismatch-Arbeitslosigkeit, WiSt, 10/2002, S. 546 – 553.

Berthold, Norbert; Fehn, Rainer: Labor Market Policy in the New Economy, in: Economic Policy Issues of the New Economy, Berlin 2002, S. 105 – 136.

Bittlingmayer, George; Hazlett, Thomas W.: DOS Kapital: Has antitrust action against Microsoft created value in the computer industry?, in: Journal of Financial Economics (2000), S. 329 – 359.

Black, Sandra E.; Lynch, Lisa M.: How to compete: The impact of workplace practices and information technology on productivity, NBER Working Paper Nr. 6120, 1997.

Black, Sandra E.; Lynch, Lisa M.: What's driving the New Economy: The Benefits of Workplace Innovation, NBER Working Paper Nr. 7479, 2000.

Blum, Ulrich: Volkswirtschaftliche Grundlagen: Die Neue Ökonomie des Internets, in: Dresdner Beiträge zur Volkswirtschaftslehre, 3/2001.

Bosch, Gerhard: Entgrenzung der Erwerbsarbeit – Lösen sich die Grenzen zwischen Erwerbs- und Nichterwerbsarbeit auf?, in: Minssen, Heiner (Hrsg.): Begrenzte Entgrenzungen – Wandlungen von Organisation und Arbeit, Berlin 2000, S. 249 – 267.

Bresnahan, Timothy F.; Brynjolfsson, Erik; Hitt, Lorin M.: Information Technology, Workplace Organization, and the Demand for skilled Labor: Firm-Level Evidence, in: The Quarterly Journal of Economics, 2/2002, 339 – 376.

Brüderle, Rainer: Neue Ordnungspolitik für New Economy, 152. Sitzung des Deutschen Bundestages am 15. Februar 2001, Das Parlament (Onlineausgabe).

Brynjolfsson, Erik; Hitt, Lorin M.: Beyond Computation: Information Technology, Organizational Transformation and Business Performance, in: Journal of Economic Perspecitves, Vol. 14, 4/2000, S. 23 – 48.

Burmann, Christoph: Wissensmanagement entscheidet über den Erfolg im Internet, in: Schmidt, Holger (Hrsg.): Die Potentiale der Internet-Ökonomie, Frankfurt 2001, S. 43 – 48.

Case, Karl E.; Quigley, John M.; Shiller, Robert J.: Comparing Wealth Effects: The Stock Market vs. the Housing Market, COWLES FOUNDATION DISCUSSION PAPER Nr. 1335, 2001.

Cecchetti, Stephen G.: The New Economy and the Challenges for Macroeconomic Policy, NBER Working Paper Nr. 8935, 2002.

Chiang, Eric; Assane, Djeto: Software copyright infringement among college students, in: Applied Economics, Vol. 34, 2002, S. 157 – 166.

Choi, Soon-Yong; Stahl, Dale O.; Whinston, Andrew B.: The Economics of Electronic Commerce, Indianapolis 1997.

Clesius, Udo: Der Genuss-Schein als Instrument zur Mitarbeiterkapitalbeteiligung bei Aktiengesellschaften, Bamberg 1985.

Coase, Ronald H.: The Nature of the Firm, in: Economica, Vol. 4, 1937, S. 386 – 405.

Conrad, Christian: Theorie der "speculative bubbles", in: WiSt, 9/2002, S. 519 – 522.

Cornetz, Wolfgang; Schäfer, Holger: Humankapital und Tertiarisierung – Investitionen in Bildung forcieren Strukturwandel, in: WSI-Mitteilungen, 6/2000, S. 347 – 355.

Council of Economic Advisors: Economic Report of the President 2001, Washington 2001.

De Grauwe, Paul; Dewachter, Hans: A Chaotic Model of the Exchange Rate: The Role of Fundamentalists and Chartists, in: Open economics review, 1993, S. 351-379.

De Grauwe, Paul: Exchange Rates in Search of Fundamental Variables, 1994, Discussion Paper.

Dettmer, Heike: Verlage parken Risikokapital, in: Werben und Verkaufen, Juli 2001, S. 72 – 74.

Doré, Julia; Clar, Günter: Die Bedeutung von Humankapital, in: Clar, Günter; Doré, Julia; Mohr, Hans (Hrsg.): Humankapital und Wissen – Grundlagen einer nachhaltigen Entwicklung, Berlin 1997, S.159 – 174.

Dosi, Giovanni: Sources, Procedures, and Microeconomic Effects of Innovation, in: Journal of Economic Literature, Vol. 26, Issue 3, 1988, S. 1120 – 1171.

Dudenhöffer, Ferdinand: Das Internet erfindet die Autobrache neu, in: Schmidt, Holger (Hrsg.): Die Potentiale der Internet-Ökonomie, Frankfurt 2001, S. 83 – 88.

Durth, Rainer: Transaktionskosten und „Neue Ökonomie", in: WiSt, 11/2000, S. 637 – 639.

Economides, Nicholas: The Economics of Networks, in: International Journal of Industrial Organization, 1996, S. 673 – 699.

Economides, Nicholas: Durable Goods Monopoly with Network Externalities with Application to the PC Operating Systems Market, in: Quarterly Journal of Electronic Commerce, Vol. 1, 3/2000.

Economides, Nicholas: The Microsoft Antitrust-Case, Internetveröffentlichung, auch erschienen in: Journal of Industry, Competition and Trade: From Theory to Policy, Vol. 1, Nr. 1, 8/2001, S. 7 – 39 [Economides(2001a)].

Economides, Nicholas: Preliminary Analysis of the June 28, 2001 Appeals Court Decision in the Microsoft Antitrust Case, 2001 [Economides(2001b)].

Edison, Hali; Sløk, Torsten: Wealth Effects and the New Economy, IMF Working Paper, 2001.

Ehrke, Michael: New Economy – Die fünf Dimensionen eines Begriffs, Bonn 2001.

El-Shagi, El-Shagi: Neue Ökonomie: Neue Herausforderungen für die Ordnungspolitik, in: Orientierungen zur Wirtschafts- und Gesellschaftspolitik, Vol. 89, 3/2001, S. 39 – 43.

Evans, David S.; Nichols, Albert; Reddy, Bernard: The rise and fall of leaders in personal computer software, NERA Analysis, 1999.

Eyer, Eckhard: Mitarbeiterkapitalbeteiligung, Erfolgsbeteiligung, Mitarbeiterkapitalbeteiligung – Schritte erfolgreicher Unternehmensführung, in: REFA-Nachrichten, 5/2001, S. 18 – 26.

Fahrni, Fritz: Technologie als Wirtschaftsfaktor des 21. Jahrhunderts, in: I.O.Management , 6/2001, S. 18 – 22.

Fichert, Frank: B2B-Beziehungen im Internet und Wettbewerbspolitik, in: Smekal, C., Starbatty, J. (Hrsg.): Old and New Economy auf dem Weg in eine innovative Symbiose?, Köln 2001, S. 175 – 179.

Filc, Wolfgang: Internationale Finanzbeziehungen, Trier 2002.

Fischer, Daniel; Stelzer, Dirk; Eichholz, Andreas; Vogt, Björn; Weisheit, Susanne: Ein Modell zur Ermittlung von Erfolgsfaktoren elektronischer B2B-Marktplätze, Internetveröffentlichung, 10 S., in früherer Fassung erschienen in: Journal für Betriebswirtschaft, 5-6/2001, S. 215 – 225.

Franck, Egon; Opitz, Christian: Internet-Start-Ups – Ein neuer Wettbewerber unter den „Filteranlagen" für Humankapital, in: Zeitschrift für Betriebswirtschaft (ZfB), 4/2001, S. 453 – 469.

Franck, Egon; Jungwirth, Carola: Das Open-Source-Phänomen jenseits des Gift-Society-Mythos, in: WiSt, 3/2002, S. 124 – 129.

Frankel, Jeffrey A.; Froot, Kenneth: The Dollar as a speculative Bubble: A Tale of Fundamentalists and Chartists, NBER Working Paper 1854, 1986.

Freeman, Richard; Schettkat, Ronald: Low Wage Services: Interpreting the US-German Difference. Paper to the LOWER Conference, Groningen Nov. 1998.

Freeman, Richard; Schettkat, Ronald: Skill Compression, Wage Differentials and Employment: Germany vs. the US, NBER Working Paper Nr. 7610, 2000.

Freeman, Richard; Schettkat, Ronald: The Role of Wage and Skill Differences in US-German Employment Differences, NBER Working Paper Nr. 7474, 2000.

Fröbel, Volker; Heinrichs, Jürgen; Kreye, Otto: Die neue Internationale Arbeitsteilung, Reinbeck 1977.

Fromhold-Eisebith, Martina: Technologieregionen in Asiens Newly Industrialized Countries, Münster 2001.

Funk, Lothar: Ein New Economy-Effekt für Deutschland?, in: Wirtschaftsdienst, Nr. V/2000, S. 271-276.

Geiger, Hans: Electronic Commerce – Herausforderung für Wirtschaft und Banken, Erweiterte Fassung eines Referats vor der Generalversammlung der Zürcher Handelskammer, Juli 1999.

Geller, Paul E.: Geistiges Eigentum auf dem Weltmarkt: Welche Bedeutung hat die Streitbeilegung nach TRIPS?, in: GRUR Int., 12/1995, S. 935 – 944.

Gilbert, Richard J.; Katz, Michael L.: An Economist's Guide to US vs. Microsoft, in: Journal of Economic Perspectives, 2001, S. 25-44.

Glückler, Johannes; Schmidt, Nadja: Netzwerkeffekte in der Erschließung internationaler Beratungsmärkte – Ausländische Beratungsunternehmen in Frankfurt/Rhein-Main, DfG-Projekt "Internationalisierung der Unternehmensberatung in Europa", Frankfurt 2002, Internetveröffentlichung.

Gordon, Robert J.: Does the „New Economy" measure up to the great Inventions of the Past, NBER Working Paper Nr. 7833, 2000.

Haid, Alfred; Münter, Markus T.: Neuere Entwicklungen in der industrieökonomischen Forschung und die aktuelle Berichterstattung über die technologische Leistungsfähigkeit Deutschlands, in: DIW-Diskussionspapiere Nr. 188, 1999.

Hars, Alexander: Open Source Software: Revolution auf dem Softwaremarkt?, in: WiSu, 4/2002, S. 542 – 552.

Hess, Thomas; Schumann, Matthias: Das Internet setzt die Verlage unter Zugzwang, in: Schmidt, Holger (Hrsg.): Die Potentiale der Internet-Ökonomie, Frankfurt 2001, S. 89 – 96.

Heyder, Stefan: Mehr Motivation: Mitarbeiterkapitalbeteiligungen, in: Arbeit und Arbeitsrecht – Personalprofi, 1/2003, S. 38 – 43.

Hofmann, Herbert; Holzner, Christian: Mitarbeiterkapitalbeteiligung – Ein internationaler Vergleich, in: ifo-Schnelldienst, 12/2002, S. 7 – 13.

Hübl, Lothar; Swieter, Detlef: Der Spielemarkt in der Fußball-Bundesliga, in: Zeitschrift für Betriebswirtschaft, Ergänzungsheft: Sportökonomie, 2002, S. 105 – 126.

Hutter, Michael: Wettbewerb und Preisbildung in der Internet-Ökonomie, in: Schmidt, Holger (Hrsg.): Die Potentiale der Internet-Ökonomie, Frankfurt 2001, S. 17 – 22.

iwd: Informationsdienst der Instituts der deutschen Wirtschaft, Ausgaben vom 21.03.2002, 04.04.2002, 11.04.2002, 01.08.2002.

Jungmittag, Andre; Untiedt, Gerhard: Kapitalmobilität in Europa aus empirischer Sicht, in: Jahrbücher für Nationalökonomie, Stuttgart 2002, S. 42 – 63.

Kadritzke, Ulf: Die „neue Selbständigkeit" als Gratwanderung – Zwischen professioneller Lust und Angst vor dem Absturz, in: WSI-Mitteilungen, 12/2000, S. 796 – 803.

Kalmbach, Peter: Zu den Ursachen der unterschiedlichen Beschäftigungsentwicklung in den USA und in Deutschland, Bonn 2000.

Kalmbach, Peter: Eine Wirtschaft mit neuen Regeln – Zur ökonomischen Bedeutung der Informations- und Kommunikationstechnologien, Bonn 2001 [Kalmbach(2001a)].

Kalmbach, Peter: Ökonomisch Neues oder „Same Procedure as Every Year"?, in: Friedrich-Ebert-Stiftung (Hrsg.): New Economy – Herausforderungen für das neue Jahrhundert?, Bonn 2001, S. 7 – 42 [Kalmbach(2001b)].

Katz, Michael L.; Shapiro, Carl: Product Compatibility Choice in a Market with technological Progress, 1986, in: Oxford Economic Papers, Supplement: Strategic Behaviour and Industrial Competition., 11/1986, S. 146-165.

Kaupa, Isabella; Steiner, Karin: Atypische Beschäftigung: Notlösung, Übergangslösung oder Freie Wahl, in: Eichmann, Hubert; Kaupa, Isabelle; Steiner, Karin (Hrsg.): Game Over? – Neue Selbständigkeit und New Economy nach dem Hype, S. 121 – 140, Wien 2002.

Kawatra, Gagun K.: The Taxation of Computer Software and Technical Expertise in India, in: Intertax, 1996, S. 147 – 152.

Kelly, Kevin: New Rules for a New Economy – 10 Radical Strategies for a connected World, New York 1998.

Kenney, Martin: The Role of Information, Knowledge and Value in the late 20th Century, in: Futures, Vol. 28, 1996, S. 695 – 707.

KfW: Beteiligungsmarkt in Deutschland – Trends und Entwicklungen, in: KfW-Beiträge Nr. 26, 8/2001, S. 17 – 23.

Klodt, Henning: Die Neue Ökonomie: Aufbruch und Umbruch, in: Die Weltwirtschaft, 1/2001, S. 78 – 98. [Klodt(2001a)]

Klodt, Henning: Und sie fliegen doch: Wettbewerbsstrategien für die Neue Ökonomie, in: Donges, Jürgen B.; Eekhoff, Johann (Hrsg.): E-Commerce und Wirtschaftspolitik, Stuttgart 2001, S. 31 – 48[Klodt(2001b)].

Klodt, Henning; et al.: Die neue Ökonomie: Erscheinungsformen, Ursachen und Auswirkungen, Berlin 2003.

Koch, Gottfried; Claus, Peter H.; Köhne, Thomas: NEW Economy und Versicherungswirtschaft, Internetveröffentlichung, 2003
http://www.versicherungsforen.net/dokumente/forschung/NEWeconomy.pdf.

Kohl, Stephan; Zapf, Hubert; Fludernik, Monika: Vorbild Nordamerika? Zum problematischen Vergleich des deutschen/nordamerikanischen Hochschulsystems, 2002 – Internetquelle.

Kollock, Peter: The Economies of Online Cooperation: Gifts and Public Goods in Cyberspace (working draft), Endversion in: Smith, Marc; Kollock, Peter: Communities in Cyberspace, London 1999.

Kretschmer, Friedrich: Sicherung eines weltweiten Mindeststandards für geistiges Eigentum durch die WTO (TRIPS), in: Die Bedeutung der WTO für die europäische Wirtschaft, Referate des XXX. FIW-Symposions, 1997; S. 49 – 66.

Krings, Ulrich ; Diehm, Sven: Unternehmensbewertung in der New Economy – Alte Probleme bleiben, in: Der Schweizer Treuhänder, 11/2001, S. 1133 – 1138.

Leo, H.: Österreichs Innovations- und Forschungsleistung im internationalen Vergleich, in: Monatsberichte des Österreichischen Instituts für Wirtschaftsforschung 72, 6/1999, S. 435 – 443.

Lerner, Josh; Tirole, Jean: The Simple Economics of Open Source, NBER Working Paper Nr. 7600, 2000.

Lerner, Josh; Tirole, Jean: The open source movement. Key research questions, in: European Economic Review, Vol. 45, 2001, S. 819 – 826.

Lerner, Josh; Tirole, Jean: The Scope of Open Source Licensing, NBER Working Paper Nr. 9363, 2002.

Lettau, Martin; Ludvigson, Sydney: Understanding Trend and Cycle in Asset Values: Reevaluating the Wealth Effect on Consumption, NBER Working Paper Nr. 9848, 2003.

Lévêque, François: The Conduct vs. Structural Remedies Controversy: An Irrelevant Dichotomy of Antitrust Policy Instruments, CERNA Working Paper 2000.

Litan, Robert; Noll, Roger G.; Nordhaus, William D.; Scherer, Frederic: Remedies Brief of Amici Curiae, Civil Actions Nr. 98-1232 und 98-1233, 2000.

Litzenroth, Heinrich A.: Dem Verbraucher auf der Spur, in: Marketingjournal, 4/1997, S. 242 – 244.

Löschner, Peter; Schuster, Hermann: Neue Modelle der Mitarbeiterkapitalbeteiligung: Erfahrungen aus dem Projekt Conti100, in: Personal, 11/1996, S. 604 – 609.

Ludvigson, Sydney; Steindel, Charles: How Important Is the Stock Market Effect on Consumption, in: FRBNY Economic Policy Review, 7/1999, S. 29 – 51.

Markfort, Carsten: Geistes Eigentum im Zivilprozeß – Zur Durchsetzung von Patent- und Urheberrechten in Deutschland und Indien nach dem Übereinkommen über handelsbezogene Aspekte der Rechte des geistigen Eigentums – TRIPS, Berlin 2001.

Mayer, Colin: Financing the New Economy, WIDER Discussion paper 2001/4, 2001.

Meier, Gerald M.: International Economics – The Theory of Policy, New York / Oxford 1980.

Merz, Joachim: Scheinselbständigkeit, 630-Mark-Jobs und Freie Berufe – Ein Kommentar, 1999, Internetveröffentlichung.

Meyer, Axel-Jörn: "New Economy" – Anmerkungen zu Sinn und Unsinn eines Forschungssubjektes, in: Füglistaller, Urs; Pleitner, Hans Jobst; Volery, Thierry; Weber, Walter (Hrsg.): Umbruch der Welt – KMU vor Höhenflug oder Absturz? Radical change in the world – will SMEs soar or crash?, S. 215 – 222, St. Gallen 2002.

Mildenberger, Udo; Mack, Oliver: Funktionsmechanismen und Erfolgsfaktoren der New Economy, in: Dangelmaier, Wilhelm; Emmrich, Andreas; Kaschula, Daniel: Modelle im E-Business, Paderborn 2002, S. 39 – 59.

Milleker, David F.: Renaissance des Sparens in den USA?, in: Dresdner Bank (Hrsg.): USA Aktuell – April 2002 Wirtschaft International.

Moore, Stephen; Kerpen, Phil: A Capital Gains Tax Cut: The Key to Economy Recovery, IPI Policy Report 164, 2001.

Müller, Reinhold: Rückkehr in den klassischen Mittelstand – Beteiligungskapital, in: Wirtschaft – Das IHK Magazin für München und Oberbayern, Onlineausgabe, 2001, S. 1 – 4 [Müller(2001a)].

Müller, Rolf A.E.: Ökonomische Aspekte neuer Informationstechnologien im Agrarbereich, in: Doluschitz, R; Spilke, J. (Hrsg.): Agrarinformatik, Stuttgart 2001, S. 30 – 49 [Müller(2001b)].

Neumark, David; Reed, Deborah: Employment Relationships in the New Economy, NBER Working Paper Nr. 8910, 2002.

OECD: The New Economy – Beyond the Hype, 2001, Internetveröffentlichung.

Pfeiffer, Friedhelm; Falk, Martin: Der Faktor Humankapital in der Volkswirtschaft, Baden-Baden 1999.

Picot, Arnold: Die Bedeutung von Standards für die Internet-Ökonomie, in: Schmidt, Holger (Hrsg.): Die Potentiale der Internet-Ökonomie, Frankfurt 2001, S. 23 – 30 [Picot(2001a)].

Picot, Arnold: Die Internet-Ökonomie – Transformation von Unternehmen und Märkten, in: Friedrich-Ebert-Stiftung (Hrsg.): New Economy – Herausforderungen für das neue Jahrhundert?, Bonn 2001, S. 43 – 79 [Picot(2001b)].

Pongratz, Hans J.; Voß, Günter: Vom Arbeitnehmer zum Arbeitskraftunternehmer – Zur Entgrenzung der Ware Arbeitskraft, in: Minssen, H. (Hrsg.): Begrenzte Entgrenzung, Berlin 2000, S. 235 – 247.

Pongratz, Hans J.; Voß, Günter: Unternehmer der eigenen Arbeitskraft – Reichweite und Folgen des Typus des Arbeitskraftunternehmers, in: Eichmann, Hubert; Kaupa, Isabelle; Steiner, Karin (Hrsg.): Game Over? – Neue Selbständigkeit und New Economy nach dem Hype, S. 15 – 36, Wien 2002.

Priddat, Birger P.: Im Internet werden Händler zu Nomaden, in: Schmidt, Holger (Hrsg.): Die Potentiale der Internet-Ökonomie, Frankfurt 2001, S. 31 – 36.

Raffa, Mario; Esposito, Gianluca; Iandoli, Luca; Bruno, Giuseppe: Hi-tech small firms in development countries: An extrapolatory analysis, in: Füglistaller, Urs; Pleitner, Hans Jobst; Volery, Thierry; Weber, Walter (Hrsg.): Umbruch der Welt – KMU vor Höhenflug oder Absturz? Radical change in the world – will SMEs soar or crash?, S. 333 – 345, St. Gallen 2002.

Rahmen-Zurek, Klaus: Die Effizient des Verzichts auf Property-Rights, in: Smekal, Christian; Starbatty, Joachim: Old and New Economy auf dem Weg in eine innovative Symbiose?, Köln 2001, S. 82 – 87.

Raymond, Eric S.: Homesteading the Noosphere, www.tuxedo.org/~esr/writings/, 2000 [Raymond(2000a)].

Raymond, Eric S.: The Cathedral and the Bazaar, www.tuxedo.org/~esr/writings/, 2000 [Raymond(2000b)].

Raymond, Eric S.: The Magic Cauldron, www.tuxedo.org/~esr/writings, 2000 [Raymond(2000c)].

Reichwald, Ralf: Das Internet bricht die Strukturen der Arbeitswelt auf, in: Schmidt, Holger (Hrsg.): Die Potentiale der Internet-Ökonomie, Frankfurt 2001, S. 37 – 42.

Riewerts, Susanne; Twele, Cord: New Economy und US-Wirtschaftspolitik, FHWT-Diskussionsbeitrag Nr. W-2001-01, 2001.

Sachverständigenrat zur Begutachtung der Gesamtwirtschaftlichen Entwicklung: Chancen auf einen höheren Wachstumspfad (Jahresgutachten 2000/2001), Stuttgart 2000.

Sailer, Katharina: Regulierungsbedarf in Netzwerken: Implikationen für die Internetökonomie, in: Die Weltwirtschaft, 4/2001, S 350 – 378 [Sailer(2001a)].

Sailer, Katharina: Wettbewerb in elektronischen Märkten, in: Smekal, Christian; Starbatty, Joachim: Old and New Economy auf dem Weg in eine innovative Symbiose?, Köln 2001, S. 141 – 147 [Sailer(2001b)].

Schartau, Harald: Einkommen der Zukunft, in: Mitbestimmung, 3/2001, S. 19 – 28.

Schellhaaß, Horst M.; May, Frank C.: Die neuen FIFA-Regeln zur Transferentschädigung, in: Zeitschrift für Betriebswirtschaft, Ergänzungsheft: Sportökonomie, 2002, S. 127 – 142.

Schlueter-Langdon, Christoph: Elektronische Märkte und Netze ändern Industriestrukturen, in: Schmidt, Holger (Hrsg.): Die Potentiale der Internet-Ökonomie, Frankfurt 2001, S. 63 – 68.

Schmidt, Holger: Das wirtschaftliche Potential der Internet-Ökonomie ist bisher erst in Ansätzen ausgeschöpft, in: Schmidt, Holger (Hrsg.): Die Potentiale der Internet-Ökonomie, Frankfurt 2001, S. 9 – 16 [Schmidt(2001a)].

Schmidt, Holger: Die wahre New Economy findet auf den Gütermärkten statt, in: Schmidt, Holger (Hrsg.): Die Potentiale der Internet-Ökonomie, Frankfurt 2001, S. 97 – 107 [Schmidt(2001b)].

Schmidt, Ingo: Wettbewerbspolitik und Kartellrecht – Eine Einführung, 6., neu bearb. und erweiterte Aufl. , Stuttgart 1999.

Schöning, Werner: Bildungs- und Arbeitsmarktpolitik für die Informationswirtschaft, in: Friedrich-Ebert-Stiftung (Hrsg.): New Economy – Herausforderungen für das neue Jahrhundert?, Bonn 2001, S. 80 – 123.

Schröder, Jürgen: International Risk and Exchange Rate Overshooting, in: Journal of International Money and Finance, 9/1990, S. 193 – 205.

Schulte-Noelle, Henning: New Economy aus Sicht der Finanzdienstleistungsbranche, in: Siebert, Horst; Staudt, Erwin; Schulte-Noelle, Henning: Die Neue Ökonomie, Chancen für Europa, Kiel 2001, S. 31 – 40.

Shapiro, Carl; Varian Hal R.: Information Rules – A strategic guide to the network economy, Boston 1999.

Shy, Oz: The Economics of Network Industries, Cambridge 2001.

Siebert, Horst: The New Economy – What Is Really New?, Kiel Working Paper Nr. 1000, 2000.

Siebert, Horst: Die Neue Ökonomie – Was ist wirklich neu?, in: Siebert, Horst; Staudt, Erwin; Schulte-Noelle, Henning: Die Neue Ökonomie, Chancen für Europa, Kiel 2001, S. 5 – 14.

Smarzynska, Beata K.: The Composition of Foreign Direct Investment and Protection of Intellectual Property Rights, The World Bank: Policy Research Paper 2786, 2002.

Smith, Adam: An Inquiry into the Nature and Causes of the Wealth of Nations, London 1776, Nachdruck von 1974.

Solow, Robert M.: We'd better watch out, in: The New York Times Book Review, 12. Juli 1987, S. 36.

Starr-McCluer, Martha: Stock Market Wealth and Consumer Spending, Federal Reserve Board of Governors, 1998.

Staudt, Erwin: Die Neue Ökonomie aus der Sicht der Informations- und Kommunikationsindustrie, in: Siebert, Horst; Staudt, Erwin; Schulte-Noelle, Henning: Die Neue Ökonomie, Chancen für Europa, Kiel 2001, S. 15 – 30.

Stelzer, Dirk: Digitale Güter und ihre Bedeutung in der Internet Ökonomie, Internetveröffentlichung, in gekürzter Fassung erschienen in: WiSu, 6/2000, S. 835 – 842.

Stierle, Michael H.: Neue Ökonomie: Charakteristika, Existenz und Herausforderungen für die Wirtschaftspolitik, in: Aus Politik und Zeitgeschichte, 9/2001, S. 15 – 22.

Theuringer, Thomas: Die „Neue Ökonomie" in Deutschland, in: Rissener Jahrbuch, Hamburg 2000, S. 178 – 186.

Thum, Marcel: Netzwerkeffekte, Standardisierung und staatlicher Regulierungsbedarf, Tübingen 1995.

Tichy, Gunther: Informationsgesellschaft und flexiblere Arbeitsmärkte, Wien 2002.

Tichy, Gunther: Erfordert die Informationsgesellschaft flexiblere Arbeitsmärkte, in: Perspektiven der Wirtschaftspolitik, 1/2003, S. 29 – 41.

Tracy, Joseph; Schneider, Henry; Chan, Sewin: Are Stocks overtaking Real Estate in Household Portfolios?, in: Federal Reserve Bank of New York: Current Issues in Economics and Finance, Vol. 5, Nr. 5, 1999, S. 1 – 6.

US Court of Appeals for the District of Columbia Circuit: No. 00-5212 US vs. Microsoft Corporation, consolidated with No. 00-5213.

Vassaliki, Irini E.: Materielle Strafrecht, Strafprozessrecht, Rechtsinformatik und Informationsgesellschaft, in: Bitzer, Johan; Lutterbeck, Bernd; Rieß, Joachim (Hrsg.): Umbruch von Regelungssystemen in der Informationsgesellschaft – Freundesgabe für Alfred Büllesbach, Stuttgart 2002, 347 – 362.

Vigfusson, Robert: Switching Between Chartists and Fundamentalists, A Markov Regime-Switichung Approach, in: International Journal of Fin. Economics, 1997, S. 291 – 305.

Wagner, Klaus R.: Mitarbeiterkapitalbeteiligung: Aktuelle Gestaltungs- und Einsatzmöglichkeiten, in: Bilanz und Buchhaltung, 4/1997, S. 155 – 157.

Wagner, Klaus R.: Mitarbeiterbeteiligung: Erfolg und Risiko teilen, in: Personalwirtschaft, 11/1990, S. 13 – 17.

Wallis, John J.; North, Douglas C.: Measuring the Transaction Sector in the American Economy 1870-1970, in: Engerman, Stanley L.; Gallman, Robert E.: Long-Term Factors in American Economic Growth, S. 95 –164, Chicago 1986.

Weiber, Rolf: In der elektronischen Beschaffung liegt der Gewinn, in: Schmidt, Holger (Hrsg.): Die Potentiale der Internet-Ökonomie, Frankfurt 2001, S. 55 – 62.

Welch, Ivo: Herding among Security Analysts, in: Journal of Financial Economics, Vol 58, 2000, S. 369 – 396.

Welfens, Paul J.J.: Interneteconomics.net, Heidelberg 2002.

Welfens, Paul J. J.; Jungmittag, Andre: Europäische Telekomliberalisierung und Außenhandel, in: Jahrbücher für Nationalökonomie und Statistik 2002, S. 98 – 111.

Weltbank: Weltentwicklungsbericht 1998/1999, Bonn 1998.

Weltbank: Weltentwicklungsbericht 2000/2001, Bonn 2000.

Wiedmer, Thomas: Taxation, Asset Bubbles, and Endogenous Growth, in: Jahrbücher für Nationalökonomie und Statistik, Vol. 222/4, Stuttgart 2002, S. 500 – 507.

Wiese, Harald: Strategic Trade Policy in the Presence of Network Effects, in: German Economic Review, 3/2002, S. 155 – 183.

Williamson, Oliver E.: The Economics of Organization: The Transaction Cost Approach, in: American Journal of Sociology, 1981, Vol. 87, S. 552.

Wirtz, Bernd W.: Der virtuelle Kunde im Internet ist flüchtig, in: Schmidt, Holger (Hrsg.): Die Potentiale der Internet-Ökonomie, Frankfurt 2001, S. 49 – 54 [Wirtz(2001a)].

Wirtz, Bernd W.: Electronic Business, 2. vollst. überarbeitete und erweiterte Aufl., Wiesbaden 2001 [Wirtz (2001b)].

Witt, Frank H.: New Economy – Erfolgsfaktoren für Regionen im globalen Wettbewerb, Bonn 2001.

Zerdick, Axel; Picot, Arnold; et. al.: Die Internetökonomie – Strategien für die digitale Wirtschaft, Berlin 2001.

Webseiten

Neben den genannten Literaturen wurden Daten, Bekanntmachungen und Nachrichten der folgenden Internetpräsenzen verwendet:

Amazon: www.amazon.de
AOL Presse: www.aolpresse.de
Börsendschungel: www.boersendschungel.de
Bombay Stock Exchange: www.bseindia.com
Bundesregierung: www.bundesregierung.de
Bureau of Economic Analysis: www.bea.doc.gov
Computergeschichte: www.computergeschichte.info
Ebay: www.ebay.de
Federal Reserve Board of Governors: www.federalreserve.gov
Financial Times Deutschland (online): www.ftd.de
Frankfurter Allgemeine Zeitung: www.faz.net
Die Grünen: www.basisgruen.de
Hardtecs4u: www.hardtecs4u.com
Heise News-Ticker: www.heise.de
Informationweek: www.informationweek.de
Lindows: www.lindows.com
NASSCOM: www.nasscom.com
PC Welt: www.pcwelt.de
Rechnerbetriebgsgruppe Uni München: home.in.tum.de/~nollmann/glossar
Shareholder: www.shareholder.com
Teltarif: www.teltarif.de
Trident: www.tridentmicro.com
US Department of Labor, Bureau of Labor Statistics: www.bls.gov
Weltbank (Entwicklungsdaten): devdata.worldbank.org
Die Welt Online: www.welt.de
Wissen.de: www.wissen.de
Yahoo: de.yahoo.com und www.yahoo.com
ZDNet News: news.zdnet.de

CENTAURUS VERLAG

■ El-Shagi, El-Shagi / Knappe, Eckhard / Müller-Hagedorn, Lothar (Hg.)
Umweltpolitik in der Marktwirtschaft.
Herausforderungen für Unternehmen, Verbraucher und Staat
Bd. 1, 1991, 219 S., ISBN 3-89085-601-2, 19,43 €

■ Ambrosi, Gerhard Michael
Systemtransformation und Zahlungsunion
Bd. 2, 1993, 190 S., ISBN 3-89085-808-2, 44,99 €

■ Osbild, Reiner
Staatliche Eingriffe in Arbeitsverhältnisse.
Allokationstheoretische Begründungen, volkswirtschaftliche
Nebenwirkungen und Ausgestaltung im europäischen Vergleich
Bd. 3, 1993, XII 219 S., ISBN 3-89085-890-2, 34,77 €

■ Bell, Gerwin
Rigide Märkte und Arbeitslosigkeit
Bd. 4, 1995, 276 S., ISBN 3-89085-908-9, 35,28 €

■ Rosar, Alexander
Strategie der Markteintrittsverhinderung
Bd. 5, 1997, 216 + X S., ISBN 3-89085-776-0, 35,28 €

■ Hallet, Martin
Wirkungen wirtschaftlicher Integration auf periphere Regionen.
Eine Untersuchung anhand der Integration Griechenlands und
Portugals in der Europäischen Gemeinschaft
Bd. 6, 1997, 240 S., ISBN 3-8255-0070-5, 44,99 €

■ Schlichting, Georg
Das Verschuldungsproblem der Dritten Welt.
Lösungsmöglichkeiten und Ansätze zur Vermeidung zukünftiger Schuldenkrisen
Bd. 7, 1997, 316 S., ISBN 3-8255-0142-6, 44,99 €

■ Hennecke, Joachim
Umweltökonomik, Umweltpolitik und Marktwirtschaft.
Mit einer Betrachtung der bundesdeutschen Verhältnisse
Bd. 8, 1999, 192 S., ISBN 3-825-0266-X, 35,28 €

■ Müller, Willy
Anreizstrukturen bei deutschen Kreditgenossenschaftbanken.
Eine agencytheoretische Untersuchung
Bd. 9, 2000, ISBN 3-8255-0277-5, 40,80 €

■ Berck, Oliver
Die EU-Osterweiterung. Konsequenzen für die erforderlichen
Reformprozesse in Deutschland und in den Beitrittsländern
Bd. 10, 2003, ISBN 3-8255-0453-0, 25,90 €